[美]杰弗里·伯曼 —— 著
丁凡 —— 译

欧文·亚隆的心理课

**Writing the Talking Cure:
Irvin D. Yalom and the Literature of Psychotherapy**

广东旅游出版社

中国·广州

只为优质阅读

好
读
Goodreads

献给未来——我们挚爱的孙辈：

奥黛丽（Audrey）、麦克斯（Max）、内特（Nate）、斯凯勒（Skyler）、斯隆（Sloane）和塔莉亚（Talia），也献给朱莉（Julie），我生命中的闪亮宝石。

目录
CONTENTS

致谢 / 001

引言：存在的痛苦 / 005

01 | 《团体心理治疗的理论与实践》：自我表露的艺术 / 023

02 | 《日益亲近》：治疗的双重视角 / 042

03 | 《存在主义心理治疗》：与死亡焦虑共存 / 058

04 | 《觉醒与超越》：指导观察者和被观察者 / 080

05 | 《爱情刽子手》：与存在的痛苦共存 / 088

06 | 《当尼采哭泣》：感恩与不满 / 129

07 | 《诊疗椅上的谎言》：违背"性界限"造成的威胁 / 182

08	《妈妈及生命的意义》：创造力的"内在闷烧的堆肥" / 219
09	《给心理治疗师的礼物》：身为治疗师的危险与特权 / 247
10	《叔本华的治疗》：寻找解药 / 256
11	《直视骄阳》：用小说疗愈 / 309
12	《浮生一日》：期待终点 / 333

结论：《欧文·亚隆的心灵疗愈》与《成为我自己》 / 356

致谢

我深深感谢欧文·亚隆在我把手稿交给出版社之前花时间阅读它,并提出宝贵意见。他指出与事实有出入的地方,帮助我串联整合内容,并允许我把他的意见放进我的研究中。2017年春天,我在斯坦福大学的亚隆文献库做研究,欧文和玛丽莲(Marilyn)邀请我和我的妻子朱莉吃饭。与亚隆夫妻的会面非常愉快,他们亲切无比。读着欧文·亚隆对我的手稿提出的意见,感觉就像在阅读他的书一样:他是亨利·詹姆斯(Henry James)[①]在《小说的艺术》(*The Art of Fiction*)中说的那种人——"什么都难逃他的法眼"。和其他人一样,我很久以前就知道,阅读与写作都有疗愈效果。写一本关于欧文·亚隆的书,是我这辈子接受的最划算、最有效的心理治疗。

我很感激斯坦福大学特殊收集部门的同仁在我于亚隆文献库进行研究时,给予我额外的协助;亚隆文献库包含好几百封信件,

[①] 亨利·詹姆斯(1843—1916)是美国知名作家、心理学家威廉·詹姆斯的弟弟,被誉为意识流写作技巧的开创者之一、心理分析小说先驱,曾数次提名诺贝尔文学奖。——编注

见证了他著作的力量,一位刚刚经历丧父之痛的女性所写的信函便是例证:"我要为所有你宽容大度的著作谢谢你。你帮助我拥抱死亡,了解死亡焦虑以及将生命发挥到极致的重要性。最重要的是,向与我们相遇的生命表达我们的爱。若非沉浸在你的文字里,我不认为我能够像现在这样,适应得这么好。谢谢你,由衷地感谢你。"单是关于亚隆的信件,就可以写一整章了,尤其是他对心理健康专业人士的影响,如同2004年一封来自澳大利亚的治疗师的信中所言:"在我的训练中,你是最有影响力的治疗师,我很不愿意想到有一天你不在了,从而无法再分享你的智慧和幽默。"

本书中,关于《当尼采哭泣》里对心理传记的讨论,有一部分在我的一篇名为《海明威的自杀:心理传记之文学手法》(Hemingway's Suicides: A Psychobiographical Approach to Literature)的文章中出现过,该文章收录在2017年由灰屋(Grey House)出版、罗伯特·埃文斯(Robert C. Evans)编辑的《决定性的洞见:评论的心理学取向》(Critical Insights: Psychological Approaches to Criticism)一书中。关于安妮·塞克斯顿(Anne Sexton)和她的精神科医师弗雷德里克·杜尔(Frederick J. Duhl)曾经发生性关系的某些信息,出现在保罗·莫舍(Paul W. Mosher)和我合著的《保密及其不满:心理治疗隐私的困境》(Confidentiality and Its Discontents: Dilemmas of Privacy in Psychotherapy)一书中,该书由福特汉姆大学出版社于2015年出版。

我很感激纽约州立大学出版社的两位匿名读者,他们提供了很有帮助的建议,让本书变得更好。这是我在纽约州立大学出版社出版的第四本书,一如以往,我很感激詹姆斯·佩尔茨(James Peltz)毫不动摇的支持。我还要特别感谢出版社的助理策划编辑拉斐尔·查克(Rafael Chaiken),是他的协助加速了这本书的出版。我总是花时间修正学生在语法上和格式上的错误,因此,我很感激我出色的校对编辑达纳·富特(Dana Foote)指出我语法和格式上的错误。最后,我要感谢朱莉,感谢她在各方面协助我,包括花好几个小时,耐心地删除排版时出现的难解老旧符号。

引言

存在的痛苦

我与欧文·亚隆的其他读者一样，翻开他书的第一页后便心知肚明，自己会读完整本书，并且仔细倾听他说的每一个字。我对他的信任油然而生，九年来毫无例外。我了解他，好像他是为我而写的（这个说法虽然又蠢又自负，但是最能为人理解）。

前面这几句话精准地描述了我阅读欧文·亚隆著作的感觉，不过，老实说，这些不是我说的，而是尼采说的，出现在他的论文《教育家叔本华》（Schopenhauer as Educator）一书中，用来对他的智性导师表达无尽的崇仰。我在为了研究亚隆的两本小说《当尼采哭泣》和《叔本华的治疗》而阅读了这两位哲学家的著作时，读到了这些话。

我无意暗示我自己是尼采之流，或亚隆是叔本华之类的人。但是长久以来，亚隆就是我的英雄之一，而且这段时间远远超过了尼采提到的九年。我钦佩亚隆对心理治疗和小说文学的深远贡献，也钦敬他宏大的博爱。他不是第一位写"存在的痛苦"的人，但很长一段时间以来，在这个主题上很少有作者能够超越亚隆的敏锐，无论是非小说类著作还是小说类著作。其实，他已经将存在的痛苦转变为走进心理治疗以及心理治疗小说艺术的独特路径。

从头到尾，我写这本书的目的就是呈现亚隆身兼存在主义心理治疗师和说书人的成长与发展。尼采最后转而对抗之前的导师，拒绝了叔本华灰暗的悲观主义和否定人生；相对地，我对肯定生命的亚隆的欣赏与日俱增。多年前，我先读了亚隆的《爱情刽子手》，然后读了《当尼采哭泣》，对他的信任油然而生。这两本书都令我如身临其境。于是，我开始系统地阅读他所有的书。我是个英文教授，不是心理治疗师，但是我相信我了解他，就好像他是为我而写的——这个告白让尼采觉得自己愚蠢、自负，但我觉得这样表达完全无妨。

亚隆小传

治疗师的自我表露（self-disclosure）是亚隆著作的基石，因此，我们理应从他的"自传"开始研读。他的父母"一战"后从俄国的一座村庄移民美国，1931年，亚隆出生在美国华盛顿哥伦比亚特区。一家人住在他父母开设的杂货店楼上的一间狭小公寓里，该公寓位于贫穷的黑人小区，当时的华盛顿仍是种族隔离城市。亚隆在《自传笔记》中透露，阅读是他的避难所。一周两次，他都出现

在"危险的自行车道"上,从公寓骑到公共图书馆:

得不到任何建议或指引:我的父母事实上完全没受过世俗教育,从没读过书,完全耗在生意存续的奋战中。我选书的方式既任性又随意,多少受到图书馆建筑的引导;摆在中央的传记类大书架,很早就引起了我的注意,我花了一整年的时间,把那个书架上的传记,从A的约翰·亚当斯(John Adams)读到Z的琐罗亚斯德(Zoroaster)。但我主要是在小说里找到了避难所,这是个不同且更令人满意的世界,一个灵感与智慧的源泉。在生命早期的某个时刻我就生发出一个信念——一个从未弃绝过的想法——写小说是一个人所能做的最好的事情。

亚隆知道,靠写作养活自己可能非常困难,参照同龄人的经历,他似乎只有两个选择:读医学院或继承家业。他选择了医学院,主要是因为医学院似乎和托尔斯泰及陀思妥耶夫斯基——两位无法企及的心理学家——比较沾边。他决定念精神科,因为无论是当时还是现在,他都觉得精神医学对他有无尽的吸引力。亚隆特别指出了精神医学的叙事元素,而这也是驱动他小说的元素——"我带着一种对将要揭露的故事充满惊异的感觉去面对我所有的病患。我认为,针对不同的病患,必须建构不同的治疗方案,因为每一位病患都有自己独特的故事。"

1954年,亚隆和成为他灵魂伴侣的玛丽莲·柯尼克(Marilyn Koenick)结婚。玛丽莲担任法文教授多年,后来成为斯坦福大学克莱曼性别研究所的资深研究员,写过很多本深受好评的书。他们有四个孩子,两人经常在各自的书中提到对方,称彼此影响了对方的思想与写作。

1956年自波士顿大学医学院毕业后,亚隆进入约翰斯·霍普金斯医院的亨利·菲普斯精神诊所,于1960年完成训练。在《直视骄阳》一书中,他写到两位约翰斯·霍普金斯医院的导师约翰·怀特霍恩(John Whitehorn)和杰罗姆·弗兰克(Jerome Frank)的去世,也写到另一位导师兼他的分析师与好友罗洛·梅(Rollo May)的辞世。亚隆在纽约西奈山医院精神科实习结束后进入军队服役,驻扎在夏威夷的火奴鲁鲁。1960年,他开始在斯坦福大学担任精神科讲师。1968年,他升为正教授。1981年至1984年,他担任斯坦福大学医院精神科住院部的医学主任,也是加州帕洛阿尔托行为科学高阶研究中心的研究员。

在学术事业初期,亚隆写出具有突破性的精神医学教科书,建立起早期名声。他的第一本书《团体心理治疗的理论与实践》出版于1970年,目前已经出到第五版,这在精神医学教科书中实属难能可贵;这本书销量已经超过一百万本,被翻译成十八种语言。三年后,他和别人合著了《会心团体:最初的事实》(Encounter Groups: First Facts)。1974年,亚隆与一位笔名为金妮·艾肯(Ginny Elkin)的病患合著了《日益亲近:心理治疗师与来访者的心灵对话》。1980年,亚隆出版了深具影响力的《存在主义心理治疗》,为谈话式治疗指出一个新的方向,这个新方向的灵感来自亚隆本人对哲学的爱好。《觉醒与超越》则在1983年出版。

心理治疗故事三部曲的第一本《爱情刽子手》，于1989年出版后大获成功、广受欢迎，为亚隆赢得了非虚构创作大师的声誉。书中有十则心理治疗故事，全部基于隐去真实身份的真人真事，透露出亚隆对于说故事所感到的乐趣。基本书局负责出版亚隆所有的书，这在一个作者与出版者很少对彼此做出毕生承诺的行业里并不常见。对亚隆而言，"承诺"是关键词：他亲身示范了对家庭、病患、专业和读者的毕生承诺。

出版于1992年的《当尼采哭泣》，是亚隆第一本也可能是最有名的一本小说，直到今天依然叫好又叫座。该书已经销售了四百万册，被翻译成二十七种文字，还被拍成了电影。《当尼采哭泣》是一本历史与哲学小说，想象活在同一个时代却从未见过面的两个杰出人物——约瑟夫·布雷尔[①]和尼采——运用一种由布雷尔协助发展出来的新式疗法"谈话治疗"（talking cure）来治疗彼此。《当尼采哭泣》也代表一种新的小说类型——"教学小说"（teaching novel），该类小说的目的是对年轻治疗师阐述心理治疗的不同方面。亚隆身为精神科医生和说书人所要面对的挑战，是要兼顾教学和娱乐——一个根据简·奥斯汀在《傲慢与偏见》里讽刺的观察来说，是极端困难的任务："我们都好为人师，即使我们只能教那些不值得知道的事情。"

继《爱情刽子手》和《当尼采哭泣》之后，亚隆相继发表了两本心理治疗故事集《妈妈及生命的意义》（1999年出版）和《浮

[①]布雷尔是奥地利心理医生，曾与弗洛伊德合作。——译注

生一日》（2015年出版）以及小说《诊疗椅上的谎言》（1996年出版）、《叔本华的治疗》（2005年出版）。《亚隆文选》（*Yalom Reader*）由亚隆的儿子本·亚隆编辑，于1998年问世，是一部从他的教科书、小说和心理治疗故事中精选出来的长达五百页的文集。《给心理治疗师的礼物》发表于2002年，为心理治疗师和一般大众提供了丰富的洞见。《直视骄阳：征服死亡恐惧》于2008年问世，针对人类最深的恐惧冥思默想。纪录片《欧文·亚隆的心灵疗愈》（*Yalom's Cure*）于2014年问世，记录了治疗师迈入八十岁大关的人生现状。亚隆的最后一本书《成为我自己：欧文·亚隆回忆录》于2017年出版。1994年，亚隆从工作了三十二年的斯坦福大学精神医学系退休，不再教学，但是仍在帕洛阿尔托和旧金山进行小规模的心理治疗。

获奖与冠名奖项

亚隆获得过很多文学及精神医学组织颁发的奖项。1993年，《当尼采哭泣》赢得加州联邦俱乐部金牌奖，并在2009年维也纳国际书展受到表扬，当局免费提供了十万本送给维也纳公民。基于对宗教和精神医学的贡献，亚隆获得了美国精神病学会于2000年授予的奥斯卡·普菲斯特奖。针对他在精神病学的研究，美国精神医学基金会于1976年授予其经费奖。因为对精神病患照护做出重大贡献，亚隆于1974年获得宾夕法尼亚医院学会颁发的爱德华·斯特雷克奖。斯坦福大学医学院的精神与行为科学系创建了欧文·亚隆文学奖,每年颁发给一位正在读本科或研究生的学生,奖励其以优异的论文或文字创作描述自己身为医生、实习医生或病患的医疗经验。

许多专业心理卫生期刊都评论过亚隆的精神医学教科书、心理治疗故事和治疗小说,一些杂志和报纸也出现过亚隆的访谈。他是现今仍存在世的美国精神科医师中最负盛名者之一。2006年,为了庆祝《心理治疗网络》(*Psychotherapy Networker*)杂志创刊二十五周年,该杂志进行了一项调查,看谁是美国最有影响力的心理治疗师,当受访者被问到"过去二十五年间,谁对你的执业影响最大"时,受访者可以列举最多十位人物。亚隆排名第四,仅次于卡尔·罗杰斯(Carl Rogers,人本主义心理学代表人物)、亚伦·贝克(Aaron Beck,认知行为疗法创始人)和萨尔瓦多·米努钦(Salvador Minuhcin,家族疗法创始人之一)。弗洛伊德根本没有上榜,荣格则名列第八。在同一个调查中,亚隆被认为是"美国最有名的存在主义心理治疗理论家和临床治疗师"。亚隆也进入流行文化之中。电视剧《扪心问诊》(*In Treatment*)中的治疗师保罗对自己的临床工作感到困惑时,对上司吉娜抱怨:"或许亚隆说得对;或许这全都跟人与人的关系有关。"

然而,除朱瑟琳·乔塞尔森(Ruthellen Josselson)2008年的研究作品《在生命最深处与人相遇:欧文·亚隆思想传记》外,没有任何关于亚隆著作的完整研究了。我这项研究从头到尾都采取编年方式,借此可以让我们看到他身为存在主义心理治疗师兼虚构与非虚构创作大师的成长和发展。他的写作很有延续性,没有什么断裂，但也有几个令人惊讶的转变，尤其是他身为治疗师在自我表露上的演变。亚隆在早期的书中，有时候讨论了某位匿名病患，但在之后的书里才揭露那其实是他自己。他经常在早期的书中做部分的自我表露，然后在之后的书中详细地予以交代。他所有的书都揭露了他当时的生命阶段。编年方式让我们看到，亚隆如何、何时、在何处、为何改变了他对某些主题的看法。例如，在他的第一本书中，他对"存在的"（existential）一词持矛盾的看法，因此将这个词放在括号里，以示自己不喜欢这个词。十年后，他出版了《存在主义心理治疗》。

我的小传

由一位英文教授而不是精神科医师或心理学家来写一本关于亚隆的书，似乎很奇怪，但长久以来，我一直对小说和心理分析之间的关系深感兴趣，而且针对这个主题我写过几本书，第一本是《谈话治疗：文学里的心理分析》（*The Talking Cure: Literary Representations of Psychoanalysis*, 1985），探索经历过精神崩溃并接受了某种治疗的知名文学作家，他们之后以小说或非小说的形式写出了自己的经验。多年前，我访问了杰出的心理分析师兼小说家艾伦·惠利斯（Allen Wheelis），写成了一篇篇幅很长的文章，被收录在一本向他工作致敬的书中。我原本也想用这种方式书写亚隆，但是我发现，他的著作太过浩繁又复杂，无法仅用一篇文章涵盖，于是就有了这本书。

我不像亚隆那么年长——我生于1945年，正如我反复告知我的学生的，我现在已经七十多岁了。我在奥尔巴尼的大学教了四十五年的书，外加之前在康奈尔大学念博士的时候当过五年讲师。在我的事业接近黄昏的时候书写谈话治疗——一个长久令我着迷的主题——对我来说意义非凡。

亚隆的书让我更深刻地了解，为什么我的某些教学法会有效。我立刻想到两个例子。第一，亚隆长久以来坚持心理治疗最重要的要素就是医患关系，大量的实验研究也支持这个观察。我相信，师生关系是教育中最重要的要素，比老师教给学生的任何知识都更为重要。我鼓励我的学生直呼我的名字，亚隆也鼓励他的病患直呼他的名字。我的学生知道我很关心他们，正如老师可以在学生的生命中产生影响，学生也可以在老师的生命中产生影响。我很幸运，几十年来都跟我的学生保持联络，甚至教到了他们的孩子，或许有一天，还可以教到学生的孙辈呢。

第二，在心理治疗师的自我表露上，亚隆是最有影响力的倡议者。自我表露一直是我教学的基石，教师的自我表露可以带动学生的自我表露，而我试着为学生示范自我表露。从已经发表的、对我的书的评论中，我得知我是文学课堂上极少数鼓励自我表露写作的人。学生告诉我，大部分高中和大学老师不准他们在写作中使用第一人称，主要是害怕助长过多的主观性。确实，学生不应该每句话都从"我认为"或"我觉得"开始，但是用第一人称写作可以鼓舞他们勇于反省，这在"客观"书写中就算可以做到，也非常困难。我的书《危险书写：课堂中的自我表露与自我转化》（*Risky*

Writing: Self-Disclosure and Self-Transformation in the Classroom, 2001）针对的就是一个富有同理心的课堂如何让学生书写他们生命中最重要的议题。文学课不是支持团体，但是我尽力创造一个安全、有同理心的课堂，让学生可以互相支持。《叔本华的治疗》里的一个角色说："教育和治疗之间至多只有一点模糊的界限。"

和亚隆一样，我也写过几本教科书，每一本都收录了很多学生针对各种个人主题的写作。为了避免可能产生的微妙压迫感，我都是在我的课程结束、学生得知自己最终成绩之后，才询问他们是否可以让我在书中引用他们的作品。他们可以隐藏自己的身份信息，并使用笔名。然后，我让学生清楚地看到我对他们作品的评论以及我如何将它们安排到书中的脉络里。我也会取得大学审查会的许可，该单位负责监督校园中所有的人类研究。如同亚隆一样，我发现学生就像病患，想要说出自己的故事，他们也从聆听同学和老师的故事中获得了许多帮助。

我的人生非常充实，无论家庭或工作都充满欢乐。矛盾的是，我的许多著作都是关于我生命中的两个悲剧：1968年劳动节，我的导师兼大学教授伦恩·波特（Len Port）自杀身亡；2004年，结发三十五年的第一任妻子芭芭拉（Barbara）于五十七岁时死于胰腺癌。我好几本书的书名里都有"自杀""濒死""死亡""切割""鳏寡"等字眼。对我而言，阅读亚隆的书一直是一种疗愈体验，他帮助我发现，我写的许多（或许是大部分）书都是在持续努力理解并适应我自己的死亡焦虑。书写亚隆十分令人着迷，并能肯定生命、获得深度疗愈。阅读亚隆列出的许多哲学书籍，如奥勒留、斯宾诺莎、叔本华和尼采的书，也非常有益。

本书的规划

这本书从头到尾提供的都是对亚隆小说和心理治疗故事的详细阅读。我也会讨论到他广泛而精确运用的哲学、心理学和文学的参考数据。此外，我也参考了专业期刊和报纸对亚隆作品的许多评论。亚隆的作品既吸引心理健康专业人士，也吸引一般大众。他创造了一种通晓博识的散文风格，使他得以跻身最伟大的说书人这一传统行列。

基于国王克劳狄斯在《哈姆雷特》里所说的话——"良善会因自身的过度发展而死，就像人因充血而死"——我没有谈论亚隆和别人合著的三本书，包括《会心团体：最初的事实》（1973年出版）、《团体心理治疗简明指南》（*Concise Guide to Group Psychotherapy*, 1989）和以电子书形式在美国出版、共四十一页的短篇故事《我要叫警察了》（*I'm Calling the Police*, 2009）。

第一章从亚隆第一本且至今最受欢迎的教科书《团体心理治疗的理论与实践》开始。我对这本教科书的主要兴趣是其中强调的自我表露这项技术，这项技术无可避免地引领亚隆进入文学领域，让亚隆探索了赫尔曼·黑塞的小说《玻璃球游戏》（*The Glass Bead Game*）和尤金·奥尼尔（Eugene O'Neill）的剧作《送冰人来了》

(*The Iceman Cometh*)。①亚隆经常使用文学例子来支持他临床上的洞见。《团体心理治疗的理论与实践》是他最多的自我表露之一,直到十九年后他才承认。

《日益亲近》是第二章的主题,这是亚隆"述说两次"的治疗故事,和金妮·艾肯合著而成。亚隆和他的病患针对每周的晤谈,提供各自的感想,在各章中交替呈现。本书的结构在精神医学个案研究文献的历史中很独特,我们从中可以看到医生和病患对于医患关系的不同观点。病患付费的方式也很独特:每次晤谈之后写一篇摘要。我们发现,一切都是"治疗师磨坊的材料"——这一隐喻是亚隆第一次但绝非最后一次使用。我们也发现,对于治疗师来说很重要的事情,或许病患并不以为意,甚至是忽视的。《日益亲近》中最怪异的时刻之一,发生在亚隆的妻子玛丽莲进入故事之时,这致使亚隆体验到利益冲突,在病患和妻子之间受到拉扯。

第三章聚焦《存在主义心理治疗》,这是一本提倡新的心理疗愈方式的教科书,也是亚隆之后所有著作的根据。困扰亚隆的病患和小说主角们的主要问题是死亡焦虑,而这是否认死亡文化所试图逃避的主题。作者很容易指出别人的死亡焦虑,但是很少有作者承认自己的死亡焦虑。就像弗洛伊德在《梦的解析》中一样,亚隆用自身作为例子,呈现出一个人为自己试图疗愈的冲突所苦,不同

---

①赫尔曼·黑塞是得过诺贝尔文学奖的德国小说家,著名作品包括《流浪者之歌》《彷徨少年时》等,《玻璃球游戏》为其晚年巨著,探讨极端理性的失衡。尤金·奥尼尔(1888—1953)也是诺贝尔文学奖得主(1936),为美国现代戏剧先驱,表现主义文学(以呈现主观的情绪、思想为主)的代表,《送冰人来了》主要探讨人类对自我欺骗的需求。——编注

的是，弗洛伊德很少承认是在写自己。但亚隆会承认，他不怕揭露自己也接受了治疗，以面对他试图协助病患克服的死亡焦虑，如此坦承使亚隆更有人性。他对死亡焦虑在众生（包括与他同时期的人）生命中所扮演的角色提供了洞见。关于死亡，伊丽莎白·库伯勒·罗斯的临终五阶段理论虽深具影响力，但仍有其缺陷，因为其中泄露了她自己没有承认的死亡焦虑。亚隆也讨论了海明威生命中的死亡焦虑。充满洞见的《存在主义心理治疗》提供了一个新的理论，指出为什么病患寻求自我发掘在心理治疗中如此重要。洞见虽极有价值，但寻求知晓的主要重点在于它强化了医患关系。

安排在第四章的教科书《觉醒与超越》，可以说是亚隆早期临床研究写作和备受欢迎的心理治疗故事之间的桥梁。他写这本书的主要目的是在病患快速流动的病房里，提供独特方法进行团体心理治疗。住院病人的团体心理治疗可能让某些读者想到治疗的恐怖故事：肯·克西（Ken Kesey）的《飞越疯人院》（*One Flew Over the Cuckoo's Nest*），其中的病患受到医护人员煽动，把心理治疗当作武器，用来揭穿彼此的脆弱之处。亚隆则对住院病人的团体心理治疗提供了较为正面的肯定观点。本书包括许多临床小插曲，但是故事多半都太短了，给人的印象不深。不过，《觉醒与超越》的确提供了许多基于对观察者和被观察者不断演进的理解而获得的有用技巧，进而创造出一种教学方法。这些技巧可以被运用到课堂上或是医院里。

第五章聚焦亚隆的第一本文学杰作《爱情刽子手》，惊悚的书名宣告着美国精神医学个案研究中极少见到的人物。十个故事涵盖一群惊人的有趣人物，他们都在与存在的痛苦奋战，他们挑战亚隆身为存在主义心理治疗师和说书人的想象力。读者会发现，自己就像亚隆和他的病患一样，看着心理治疗中上演的剧情又哭又笑。百年来的文学传统都把心理分析师描绘成熟练的侦探，仿佛是心理学里的福尔摩斯，但是亚隆却给了我们一个全新的、令人震撼的心理治疗师形象——爱情的刽子手，这个角色挑战着我们所有否认死亡的策略。

第六章以讨论心理传记（psychobiography）的概念作为开端，这是亚隆在三本哲学小说中掌握得非常成功的技艺。《当尼采哭泣》描绘了三个极具吸引力的人物形象：约瑟夫·布雷尔、尼采和年轻的实习医生弗洛伊德。历史中，早期布雷尔在精神分析领域是一个影子般的存在。虽然布雷尔是《歇斯底里研究》（*Studies on Hysteria*）——第一本关于精神分析的书——的共同作者[1]，但是后来弗洛伊德提到这位年长的同事时却带着高傲优越的态度。根据弗洛伊德的说法，布雷尔对他的病患安娜·欧——她首先使用"谈话治疗"一词——迷恋不已，因此深陷痛苦。亚隆努力呈现布雷尔的人性面，让他成为焦点，并在某些方面比弗洛伊德更有先见之明。尼采也以凡人的样貌出现，极其聪明，但正为无望的爱恋所苦，他爱恋的女性最近刚一脚踢开他。

第七章探究的是亚隆的第二本小说《诊疗椅上的谎言》，引人遐想的书名，其中隐含着诸多讽刺与模棱两可。故事里的两位存在

---

[1]《歇斯底里研究》由布雷尔与弗洛伊德合著，1895年出版。——编注

主义心理治疗师,一位身兼完美说书人和骗子(这两个身份不一定相同),另一位则是遵守专业伦理的治疗师,女病患试图用诱惑诡计摧毁他,但是他终能全身而退。亚隆并非第一位探索医患关系中的性诱惑的小说家,但他率先指出治疗师的自我表露会加剧性诱惑的威胁。《诊疗椅上的谎言》是亚隆最诙谐的小说,充满作者精心安排的意外惊喜。本书依然是他对跨越性界限最维持不坠的分析,而这是亚隆非常严肃面对的主题。

亚隆的第二本心理治疗故事《妈妈及生命的意义》,构成了第八章的内容。这六个故事缺乏《爱情刽子手》里的丰富性,但是保留了先前作品的讽刺与模棱两可。亚隆不但透露出故事的自传基础,并且表示生命就是他艺术的"内在闷烧的堆肥"。本书最后两章,亚隆让欧内斯特·拉许(Ernest Lash)[①]复活了。很显然,福楼拜的名言——"包法利夫人,是我"——套用在亚隆之于欧内斯特·拉许的关系上同样真实:现实与小说中的存在主义心理治疗师有许多相似之处。亚隆并没有躲在他虚构的心理治疗师身后,相反,他表示这些角色代表了他不同的方面,而他对病患并不见得会呈现所有的方面。

第九章集中讨论《给心理治疗师的礼物》,亚隆在此书中对自己四十五年的心理治疗师生涯发表感想。本书代表了亚隆事业的一个转折点:从此刻起,他和病患都强烈地察觉到他年事已高。《给心理治疗师的礼物》是送给年轻治疗师的珍贵洞见,亚隆为他们感

[①]《诊疗椅上的谎言》中那个全身而退的治疗师。——编注

到担忧,因为他害怕自己热爱的心理治疗受到外在与内部的问题围攻而陷入危机之中。不过,这本重量轻巧的书并没有摆出一副警世的口吻,而是做出令人安心的保证;我们可以感觉到,这项专业将会安然度过风暴,部分原因便在于有类似《给心理治疗师的礼物》这样的书存在。

亚隆的第三本小说《叔本华的治疗》是第十章的焦点,它对哲学中最厌世的思想家之一以及在训练中情绪脱节的治疗师进行了深入的探讨,他试图在有缺陷的哲学上塑造自己的生活。20世纪初期,维也纳讽刺作家卡尔·克劳斯(Karl Kraus)苛刻地认为,心理分析其实就是它所宣称要治愈的那个疾病。叔本华完全缺乏喜悦的哲学也可以如此看待,他对生命问题所提出的激烈疗法,需要同样激烈的矫正方法。亚隆在《叔本华的治疗》里创造了一位得了绝症的存在主义心理治疗师,企图通过团体治疗,为一位他多年前没能帮上忙的病患提供救赎生命的解药。如此便产生了这本迷人的哲学小说,以一个充满情绪张力的故事形式提供宝贵的生命课程。

《直视骄阳:征服死亡恐惧》占据了第十一章的关注重心。本书显露出亚隆在检视死亡焦虑对病患生命的作用时毫不退缩的态度。他认为死亡焦虑是人类最基本的焦虑:没有比这更深的恐惧了。我们对《直视骄阳》最主要的兴趣在于其第六章《死亡意识:我的回忆录》,他在其中讨论了他早期直面死亡的经历,这个主题从来没有远离他当下的人生经历。我们无法逃避死亡焦虑,但是我们可以与死亡焦虑共存,无须寻找超自然的解药。《直视骄阳》让我们看到,死亡焦虑可以成为启发艺术创作的力量,成为一个可靠的、亚隆依然献身其中的灵感之神。

第十二章聚焦《浮生一日》，这本书是亚隆迈入八十岁大关后对人生和工作的洞察。亚隆讨论的病患多半是因为读了他的一些书而来接受治疗。病患对于一位将治疗过程书写出来的治疗师作何感想？病患，包括那些即将死亡的人，为什么想要亚隆使用他们的真名？关心这些问题以及相关问题的人，一定要阅读《浮生一日》。

我在结语中讨论了2014年的纪录片《欧文·亚隆的心灵疗愈》以及2017年的回忆录《成为我自己》。纪录片提供罕见的一瞥，让我们看到亚隆和妻子、孩子及孙辈的关系。有趣的是，玛丽莲·亚隆比她丈夫更能自我表露，而且我们看到他们对于爱情的不同看法，包括爱情受性别影响的本质。看过《欧文·亚隆的心灵疗愈》的人无法不注意到死亡的迫近，然而亚隆暗示道，他很享受自己的黄金岁月——其中充满他的两大热情：爱与工作——渴望将自己的洞见传递给他人。我写完本书初稿之后，《成为我自己》才出版，我还是简短地评论了亚隆在持续半个世纪的写作生涯之后对读者的道别。

时而冲突的双重身份

许多人只有一个身份都照应不过来，亚隆却必须周旋在两个身份之间，一个是心理治疗师，另一个是创作型作家。他在《亚隆文选》里以典型的自我调侃的方式表示，他在读到《美国精神病学杂志》（American Journal of Psychiatry）里自己无法理解的文章时，例如关于精神药理学或大脑造影研究等与病患的人文关怀毫无关系的文章，他就会想："我不属于医疗甚至精神医学，我是一个作家——这才是我生之所依。"然而，在因为负面的书评而感到受伤时，他会安慰自己："我不是作家，我是医师，永远都是。"虽然有这样的分裂，但就心理治疗的艺术和作为艺术的心理治疗的创作而言，没有人比他写得更好，而且，没有人把这两项融合得如此巧妙。

01 《团体心理治疗的理论与实践》：自我表露的艺术

"我相信，没有任何一位治疗师比我更尽力为治疗过程除去神秘面纱。"这句话出自亚隆的第一本教科书《团体心理治疗的理论与实践》第四版，其精准地描述了亚隆一生追求的目标之一。这本书首版于1970年，现在已经是第五版了，仍是业界标准的教科书。《美国精神病学杂志》把这本书列为当今十年内最具影响力的十本精神病学读物之一。亚隆在约翰斯·霍普金斯大学医学院的导师杰罗姆·弗兰克夸赞这本书是"今天以及看得到的未来，这个主题上最好的书"。《团体心理治疗的理论与实践》是亚隆唯一一本不断更新的教科书。

朱瑟琳·乔塞尔森1970年在马萨诸塞州精神健康中心这个"令人敬畏的心理分析思想堡垒"担任临床心理实习医生时观察到，亚隆的教科书受到她的教授和督导的"鄙视"，他们认为这本书里提倡的激进方法对那个年代盛行的正统做法是一种破坏。这本书慢慢在她这一代的年轻人中"宣告着一个重大改变",而她在2008年写道,现在这本书"在所有心理卫生专业里可能是最被广泛阅读的了"。这本书至今仍是亚隆最被广泛阅读的教科书。

亚隆悔恨地承认,他一开始写《团体心理治疗的理论与实践》时,心目中的主要读者是斯坦福大学晋升委员会。当校方通知他已经提前获得终身教职和晋升之后,亚隆立刻大幅更改心目中的读者群以及写作的方式。"我将晋升委员会丢到脑后,把专业术语、琐碎的研究分析及不必要的复杂理论架构全部拿掉,心里只有一个目的——吸引并指导有心学习团体治疗的人。"

对于临床工作者来说,《团体心理治疗的理论与实践》最吸引人的部分在于,针对主题的所有方面都提供实际的操作方法。这是一本表达清晰、没有术语的著作,探讨团体治疗在理论和实践中所有想象得到的问题。对于我们而言,这本书最吸引人之处在于概括了亚隆对于自我表露的看法,并预示了他蜕变成小说家的未来。

在《团体心理治疗的理论与实践》的前言中,亚隆写道,心理治疗"既是艺术又是科学"。他在该书最后一页又说:"心理治疗是如同艺术一般的科学。"这句话有言外之意。在这本教科书中,亚隆呈现出洞悉人类处境的文学艺术、虚构的故事和剧本。他提到的文学著作中有两本特别值得注意:赫尔曼·黑塞的小说《玻璃球游戏》以及尤金·奥尼尔的剧作《送冰人来了》。检视这两本文学著作,你会发现心理治疗与小说对叙事艺术的依赖程度。

临终的告解：《玻璃球游戏》

亚隆在《治疗师：移情与透明度》一章提到这两本文学作品。这一章讨论的是治疗师与团体成员的关系，一开始的写法就很不寻常，是教科书作者极少用的开场白：移交给读者。"作为治疗师的你，是在扮演某种角色吗？你能自在地自我表现到什么程度？你能有多'诚实'？你能允许自己有多少透明度？"亚隆在此章快结束时讨论了治疗师是否应该对病患承认自己的弱点。他引述了一位同事帕洛夫（M. B. Parloff）的话："诚实的治疗师试着提供病人能消化、确认并运用的东西。"亚隆在注释里列举了一个适当时机之必要性的生动例子。他摘述了黑塞小说中长达三十一页的一章《告解神父》（*The Father Confessor*），其主旨是两位具备治疗天赋并成为传奇的知名基督教告解神父成为朋友，并疗愈了自己：

> 约瑟夫是其中一位医疗者，那时他受到缺乏价值感及自我怀疑的严重干扰，而开始了一段长途旅行，以便从他的对手戴恩那里寻求帮助。约瑟夫在一处沙漠绿洲对一位陌生人描述他的困境，而这个陌生人就是戴恩，于是约瑟夫接受戴恩的邀请，以病人及仆人的角色跟他一起回家，一段日子之后，约瑟夫重拾了之前的平静及热情，并成为其主人的朋友及同事。直到许多年后，躺在病床上的戴恩在临终之际告诉约瑟夫，当他在绿洲碰上约瑟夫时，他同样走进了生命的死胡同，也在寻求

约瑟夫的帮助。

这个典型的亚隆式故事表明：对不可或缺的真诚医患关系的坚持、医患双方自我表露的价值、受伤的治疗师的概念、改变与成长的可能性以及约定——治疗存在孤独的解药——的重要性。

简短的注释无法抓住《告解神父》里的各种细微之处，尤其是约瑟夫同理倾听的天赋。黑塞写道，每个受伤的灵魂来找约瑟夫，他都"知道如何倾听，如何打开自己的耳朵和自己的心，如何将对方的苦难与焦虑收拢到自己身上，因此忏悔者离开时，心无挂碍，内心平静"。擅长谈话治疗的约瑟夫，在病患说个不停却没有说出来找约瑟夫的原因时，从未表现出不耐烦的样子。他对于听到的忏悔和良心不安也不会加以批判。他的拒绝批判不但让忏悔者能够自我表露，也让他们了解自己说的话的重要性。黑塞说，无论对约瑟夫忏悔什么，"似乎都不是白说，而是在倾诉与倾听之中获得了转化、缓解和救赎"。

亚隆对《玻璃球游戏》的思索出现在第一版的《团体心理治疗的理论与实践》中。他在三十二年后于《给心理治疗师的礼物》中再度提到对这本小说的思考。他对黑塞小说的诠释并未改变，但是这次他注意到了两位受伤的疗愈者之间的关系，这是他之前所没有看到的。

他们可能与某种更深刻、更真诚、更有力的改变失之交臂。也许，真正的治疗发生在临终的那一刻，两人坦承彼此是旅行的同伴，都只是人，纯粹的人罢了。二十年的守口如瓶，虽然彼此都得到了帮助，却可能妨碍了更深刻的帮助。如果戴恩临终的坦承提前二十年说出来，会发生什么事呢？如果治疗者和寻求帮助的人能团结起来，共同面对没有答案的问题，会有什么结果呢？

亚隆对黑塞小说中两位受伤的疗愈者——年轻的约瑟夫与年长的戴恩——有所认同，这点黑塞于1946年在瑞典皇家科学院被授予诺贝尔文学奖时就特别提及。亚隆也认同创造出这两个角色的小说家。黑塞写这本小说的目的，在于警告世人崛起中的纳粹威胁。《玻璃球游戏》设定在五百年后的未来，警告知识分子不要在学术的象牙塔里孤芳自赏，亚隆在自己的作品中也发出同样的警告，他鼓励像他一样的思想家真正参与现代生活中的日常问题。

亚隆两度提到黑塞时都提及《告解神父》的主旨，但是同一章里还有第三个角色，亚隆完全未提及。一位"学者或文学人士"造访约瑟夫与戴恩，"学识渊博、雄辩滔滔地长谈星象以及人类与神祇必须进行的朝圣之旅：世世代代自始至终巡行黄道十二宫所有星座"。这位无名的说书人只简单被冠以神话学者的身份，他看得到宇宙的意义，超越狭窄的思想观念或宗教信条。约瑟夫无法理解为什么戴恩全神贯注地倾听这个人说话，在约瑟夫看来这个人是异教徒，满嘴虚假的学说。戴恩的解释——他为何对这个人所说的话感兴趣——反映出黑塞重视从神话、文学与艺术之中得来的智慧。当约瑟夫宣称他和戴恩的信仰比异教徒的过时教义更为优越时，年长的疗愈者指出，那位说故事的人"活在他掌握的意象与符号的智慧中",一种没有人能够超越的智慧。

在某个层次上,那位神话学者可以代表卡尔·荣格;黑塞认识荣格并钦佩他:黑塞接受过荣格学派的心理分析,对于荣格的原型与集体无意识特别感兴趣。在另一个层次上,那位神话学者就是小说作者,这位说书人或许可以为没有宗教信仰的人提供洞见、希望和启发。戴恩在神话学者身上看到了年轻时候的自己,他告诉约瑟夫,从先人那里获得古老智慧的人理应得到尊敬。而在其他层次上,神话学者是亚隆本人,他在发展成说书人的过程中,将会活在意象与符号的智慧中,寻找超越狭隘思想观念或宗教信条的智慧。

戴恩的自我表露以临终的告解来展现,说明了治疗师承认自己和病患有同样人性弱点的重要性。亚隆在《团体心理治疗的理论与实践》中,从头到尾都肯定自我表露对病患和治疗师的益处。自我表露的治疗师能够不带防卫地承认自己的局限,这便鼓励了病患接受自身的弱点。"研究显示,治疗成功的病患甚至会采纳治疗师复杂的价值系统。"

亚隆指出自我表露对大学生也有好处,就像对病患有益一样。他引述了两位研究者梅德罗斯(D. Medeiros)和理查兹(A. Richards)1991年的研究成果:如果大学生匿名与同学分享自己的秘密,在教育和心理上都会获益良多。亚隆说,这两位研究者想尽一切方法确保学生的身份不会暴露:把秘密写在同样的纸张上,在黑暗的房间里由助教念出来,这样就没有人可以看到别人脸上的不自在神情。这些秘密包括性倾向、非法或不道德的行为、心理疾病或酗酒之类的家庭问题。念出秘密的时候,整个课堂被各种情绪包裹,但过后学生会感到解脱,就像接受心理治疗的病患所体验到的那样。"学生说,听到自己的秘密被念出来时会有种解脱的感觉——仿佛重担被拿掉了。接下来的课堂讨论甚至带来更大的解脱,学生在其中分享自己听到各种秘密的反应,交流类似的经验。而且,决定指出自己写下的秘密是哪个的情况并不罕见。同侪的支持总是很正向,带有强烈安抚人心的力量。"

亚隆其实可以引述得克萨斯大学实验心理学家詹姆斯·潘尼贝克(James Pennebaker)的开创性研究成果,其经典书籍《打开》(*Opening Up*, 1990/1997)便描述了大学生自我表露对健康的益处。潘尼贝克在他编辑的《情绪、表露与健康》(*Emotion, Disclosure and Health*, 1995)中观察到,"表露自己最深的想法和感觉是很有力量的社交现象,无论是在治疗的情境中还是日常生活中"。潘尼贝克不建议学生和别人分享私人写作,担心他们自我表露之后会后悔。我同意这种写作有其风险,但是我相信教师可以运用一些适当的规则,让课堂成为分享私人写作的安全场所。学生可以从别人的故事中学习到很多,而且学生自己就是很好的老师。亚隆写道:"教育者长久以来都知道,最有成效的老师往往是亲近的同侪,这样一个跟学生亲近到能够被接受的人,可以通过认同学生的心理过程,进而用一种时机恰当且容易理解的方式呈现材料。"

愚人哲学家的自我表露:《送冰人来了》

当自我表露以愤世嫉俗、鲁莽的方式进行时,尤其是在团体情境之下，会发生什么？亚隆在《团体心理治疗的理论与实践》中提出这个疑问。他指的是20世纪六七十年代流行的会心团体运动，当时许多治疗师出于一己私欲，操控病患的自我表露，后果往往是跨过了性的界限。亚隆引述了一个相当恶劣的例子：从一个汽车推销员变身成大师的沃纳·埃哈德（Werner Erhard）——一位剥削自己追随者、很有魅力的治疗师，埃哈德讨论训练课程（Erhard Seminars Training）的创办人。不过，亚隆选择了《送冰人来了》作为详细讨论文学上自我表露出了差错的例子。奥尼尔的剧本讲的是一群被社会遗弃的人，二十年来相安无事地住在酒吧后面。多年来这群人一直非常稳定，因为每个人对自己人生的幻想——"白日梦"——都受到团体其他人的尊重。

团体的存续在送冰人希基到来后受到威胁。希基是一位"巡回推销员"，用亚隆的话来说，是一位"完全开悟的治疗师，一位假先知。他相信通过强迫每个人抛弃自我欺骗，真诚、毫不闪躲地注视生命的太阳，便可以为每个人带来圆满和持久的宁静"。通过鼓励团体中的每个人攻击和摧毁别人的幻想，送冰人极大地动摇了整个团体，导致一个人自杀，其他人则互相攻击。直到这个团体出于自保的直觉，开始认为送冰人是一个疯子，把他驱逐出团体，他们才有办法重新拥抱旧有的幻想，再次获得之前的团结，只是已经永远不一样了。

希基让自己融入众人，称呼他们的名字，请他们喝酒，假装对他们的人生感兴趣，不只是想把自己从罪恶中解脱出来，实则是协助他们放弃"该死的骗人白日梦"。希基是被自己的认罪击垮的，因为到了剧作的尾声，他承认自己趁着妻子伊芙琳睡着的时候杀了她，声称这样做是为了解除她对丈夫四处拈花惹草所受到的伤痛。他邀请两位警官到酒吧，当着他们和一群男人的面，承认了自己的罪行，并表示希望自己死在电椅上。这一切都暴露出他的自杀冲动正是他的行为动机。读过《送冰人来了》，了解亚隆说希基是一位"完全开悟的治疗师"的讽刺，一个受了伤并且伤了别人的疗愈者。希基和亚隆没有多少相似之处，但讽刺的是，亚隆在他第一本心理治疗故事《爱情刽子手》中，认为自己是爱情的刽子手，一个终结爱情不实幻想的摧毁者。因此，我们可以视亚隆为正向的希基，一位开悟的哲学家，而不是愚人的哲学家。

亚隆讨论《玻璃球游戏》和《送冰人来了》时，表示自我表露是一种艺术。太少、太晚的自我表露，如同《玻璃球游戏》里的那样，可能错失成长与交友的机会。太多、太早的自我表露，则如同《送冰人来了》里的那样，可能造成个人和社群的灾难。自我表露的艺术仰赖许多要素，包括恰当的时机。

垂直与水平的自我表露

在《团体心理治疗的理论与实践》中，亚隆始终鼓励谨慎的自我表露，并将之区分为垂直的与水平的两种。垂直的表露指的是与秘密有关的内容，涉及戳破、剥除、揭露、挖掘。相对地，水平的表露则是关于表露本身的表露，或者称为后设表露（metadisclosure），也就是表露的"互动面向"。亚隆说，团体心理治疗最重要的是自我表露如何影响团体成员以及当下正在发展的关系,而不是与秘密的内容有所牵涉的过往关系。他举例说明:一位病患约翰对团体表露自己的变装癖。成员的"自然反应"是想获得更多关于这个表露的信息:约翰一开始变装的年纪、他穿什么衣服、当时的性幻想是什么。相反,亚隆的处理方式是从约翰那里获得更多关于这个表露的水平信息:等了十二周才对团体说出这个秘密,对他来说是否很难熬?他对于表露这个信息是否觉得不自在?他是否可以预见团体中谁会比别人更容易接受他表露的信息?亚隆的结论是,"比起实际卸下一个人的重担,更重要的是表露使得自己和别人的关系更深、更丰富、更复杂"。

阅读亚隆对垂直与水平的自我表露的区分令我茅塞顿开。四十多年来,我一直在教个人写作课程。我不会依据写作内容或自我表露的程度打分数,"只"根据写作的质量打分数(我强调"只"是为了指出老师协助学生改善写作质量所面对的挑战)。因为学生经常写黑暗的主题,如自杀、忧郁、自残、饮食异常、性侵等,我们不会讨论写作的内容,至少不会直接讨论。学生朗读完一篇作文,坐在他右边的三个学生要提出他们想请作者思考的问题,而作者不用在课堂上回答。例如,作者写一篇关于忧郁的文章,同学可能针对内容问他:忧郁何时开始?是什么造成忧郁?忧郁何时消失?同学也可能提出另一类问题,牵涉的是自我表露的过程:跟全班表露这件事,你的感觉如何?跟全班分享这件事,对你而言是困难还是容易?你对同学的反应有什么感觉?在阅读亚隆之前,我从没想过第一类问题是关于"内容"的问题,第二类问题是关于"过程"的问题。由于写作课程比较像团体心理治疗而非个人心理治疗，所以水平问题往往比垂直问题更有价值。

托勒密式变化观 vs 哥白尼式变化观

亚隆对会心团体的研究中一个不起眼的暗指，也可以应用到团体心理治疗中。如亚隆在1973年与人合著的《会心团体：最初的事实》中所指出的，领导会心团体（你也可以加上心理治疗团体）的人，"对于改变的过程，必须抛弃托勒密式概念。改变并不会围绕着带领人这个唯一的太阳旋转；有确凿的证据显示，团体中的心理社会关系在改变的过程中扮演了极其重要的角色"。从托勒密式概念转换到哥白尼式概念，强调了团体成员需要彼此诚实、开放以及在人际交往中愿意付出和接受回馈。

亚隆的自我表露

《团体心理治疗的理论与实践》的前四版中，亚隆偶尔会谨慎地自我表露，而且总是处于当下。他将自己之所以能认知到当下治疗的重要性，归功于一位"非常聪慧的心理学家"多萝西·塞门罗·加伍德（Dorothy Semenow Garwood）。结束军旅生活的亚隆进入全国训练实验室后，参加了加伍德带领的一个团体治疗课程。"她见到大家的第一句话是'我希望我们大家完全处于当下'，我对此感到很困惑。"亚隆告诉乔塞尔森，"这对我来说很新鲜"。

在亚隆的临床故事里，他常常用第三人称描述一位匿名治疗师或一位男性协同治疗师，此人可能是亚隆本人。他偶尔用第一人称写到自己，其中包含一些负面细节，而这些细节很少成为精神病学个案研究的内容。他最为深刻的自我表露之一，是他提到团体中的三位女性成员从他身上而不是另一位男性协同治疗师身上，感受到了强烈的性吸引力。亚隆请她们协助找到他无意间引发病患对他产生性反应的盲点：

> 我的邀请使得团体成员就对两位治疗师的感觉，展开了一段长而富有成效的讨论。不少人都同意，我们两个差别很大。我比较爱慕虚荣，比较在意我的外表及衣着，而且我的发言十分精确，使得我极具吸引力，显得温文尔雅。另一位治疗师邋里邋遢，做事马虎，他发言不经大脑，比较爱冒险，敢于犯错，因此对病人比较有帮助。对我的评价在我看来说得很对，我以前也听过，之前也和团体说过。整个星期我都在思考他们的评语，并在下次聚会中表达了谢意，告诉他们这些对我很有帮助。

我不知道有没有别的男性治疗师在教科书、个案研究或回忆录里承认，女性病患受到他强烈吸引的部分原因在于治疗师爱慕虚荣。即使治疗师愿意如此自我表露，也不太可能使用"温文尔雅（suave perfection）"这种自我调侃的用词。治疗师也不会将病患带有性意味的行为归因于治疗师的盲点。更为讽刺的是，亚隆承认他那邋遢、搞不清楚状况、敢于犯错的协同治疗师对病患更有帮助。

还有一次亚隆以第三人称提到自己,描述对自己在团体中的行为感到不满。"他认为自己太过主导某些事情、太过活跃。无疑,因为他内疚前两次的缺席,所以今天他就尽可能地贡献以作补偿。"

有时候,病患的批评暴露出亚隆人性的一面。多年前,病患问他为什么戴着铜手环时,他说是为了医治网球肘,病患对这种说法的表态既敏捷又无情。"他们很生气,觉得我怎么会这么迷信或接受庸医的治疗方法(他们之前还在责备我什么都讲科学、不够人性化)。有些人认为,如果我多花点时间和我的病人在一起,少去网球场,大家都会好过些。"他还提到团体成员抱怨很难找到他,一位成员帮亚隆说话,顺带提到自己曾打电话给亚隆,而亚隆忘记跟大家提起这件事。"他们嘲笑我:'你的潜意识在哪里?'"

"这似乎是我们都会有的想法":迟来的自我表露

《团体心理治疗的理论与实践》中最有趣的自我表露是保持匿名。这本教科书前四版的第一章包含一段叫作"普同感"的内容,亚隆在其中指出,大多数接受心理治疗的病患都害怕"他们的不幸是独特的"。而当这些病患发现团体其他成员有类似的担忧时,他们的焦虑就会减轻。因为他们知道"大家都在同一条船上",这在个人治疗中也是同样的道理。然后,亚隆举出以下例子,以显示共识确认(consensual validation)的重要性:

035

有一次，我和一位病人回顾另一个治疗师为他进行的六百小时个别分析，当我问及治疗中对他最有意义的事件时，他说了这样一件事。当时，他对母亲的感情陷入深深的痛苦之中，尽管那时还伴有强烈的正向情感，他依旧希望母亲早日过世，这样他便能继承庞大的财产。那时，他的分析师简要地说道："那似乎是我们都会有的想法。"那直率的回答给他带来了无限的安慰，同时使病人更进一步直面自己的错杂爱恨。

这段临床插曲之所以在亚隆第一本教科书的许多故事中显得与众不同，是因为十九年后他在《爱情刽子手》里重提此事，在此亚隆首度揭露那个例子说的就是他本人。在描述一位"对以父亲为耻的自己深感羞耻"的病患时，亚隆回想起他的第一位分析师奥利芙·史密斯（Olive Smith）三十年前对他说的话，"（我之所以记得很清楚，是因为这是她在和我共处的六百个小时里，唯一稍微牵涉到个人的话，也是最有帮助的话。）我表达了一些对我母亲很恶劣的感受，因而感到非常不安，而奥利芙·史密斯倾身靠向沙发，轻声说道：'这似乎正是我们都会有的想法。'"

对于亚隆迟来的自我表露，我们应该说什么呢？在1970年《团体心理治疗的理论与实践》刚出版的时候，他并未准备好向公众表露这件事，在这本书的第二版、第三版和第四版出版时，他也没有准备好。到了《爱情刽子手》出版时，他才准备好，这时他已经有足够的自信去揭露他和父母的冲突关系中令他极为尴尬的细节。他在自己的教科书中提到了治疗时很少讨论的"三大禁忌"：性、金钱、死亡。现在他准备好与读者分享其中两个禁忌主题了。正如奥利芙·史密斯用"我们"两个字表示她和亚隆一样，承认了她自己的阴暗面，亚隆现在也准备好通过承认自己与读者一脉相承的人性，去安慰《爱情刽子手》的读者。

那些鼓励冒著风险的自我表露艺术的人，必须对潜伏其中的羞耻有足够的敏感。美国心理学家西尔万·汤姆金斯（Silvan Tomkins）、耶鲁临床心理学家海伦·刘易斯（Helen Block Lewis）和瑞士精神分析学家里昂·维尔姆塞尔（Leon Wurmser）让我们更深刻地了解了羞耻的力量。例如，维尔姆塞尔指出羞耻的三个不同意义：害怕丢脸、被人鄙视的感觉以及避免暴露以防丢脸的性格特质。与这些理论家不同的是，亚隆一再地表露自己的羞耻，从而使自己成为病患的模范。

亚隆迟来的自我表露是送给读者的礼物，让读者知道负面的情绪是我们的一部分，因而感到放心。借助揭露那位因他的基本冲动而控诉自己的治疗师身份，他把自己对于谨慎自我表露的信念付诸实践。我们可以猜测，亚隆在写《爱情刽子手》时，对于首次用文字表露他心中多年的负担，他一定感到非常高兴吧。

亚隆在自我表露方面的改变，也包括表达方式的改变。在《团体心理治疗的理论与实践》里，他的行文从头到尾非常清楚明确，完全没有心理学行话，但是文字没有他后来的著作那么生动活泼了（学者都知道，生动活泼的文字很难打动晋升委员会）。亚隆在隐喻上的才华非常明显，例如，他挖苦自己是受到"起诉"而"放低姿态"，这个隐喻让我们想到卡夫卡的《审判》（The Trial）。亚隆

037

不仅仅提到自己渴望继承遗产，甚至是"贪婪地"期待得到。而且他用几个单音节的字，捕捉到他的分析师接受并化解了阴影自我潜在致命本质的力量。

揭开治疗的神秘面纱

《团体心理治疗的理论与实践》宣告了亚隆持续一生致力于揭开治疗神秘面纱的开端。这本书成为里程碑式的著作有很多原因，包括书中对治疗师要保持透明这一事情上的执着。这本书的每一页都透露着亚隆的真实。任何不真实的事物都会妨碍治疗。例如，在教科书第四版中，他反对1993年《美国精神病学杂志》上的一篇文章，该文章建议治疗师要回避治疗核心——"人性"。用亚隆的话来说，那篇文章以"充满维多利亚时代的语调，警告精神科医生不要为病患提供咖啡或茶水，不要称呼病患的名字，不要以自己名字自称，会谈时间绝对不要超过五十分钟，绝对不可以在每天工作时间的最后一个小时和病患晤谈（因为这时候最容易触犯行为规范），绝对不可以碰触病患——甚至连面对一位觉得自己像是被驱逐的麻风患者的艾滋病患者，在治疗上需要碰触时，对于捏捏手臂或拍拍背部这样的动作都应该谨慎并加以记录"。亚隆坚持认为，这些警告会"对医患关系带来不利影响"。这篇惹人厌恶的文献的合著者名字出现在参考书目里，但是名字拼错了，正确的是：古赛尔（T. Gutheil）和加巴德（G. Gabbard）。在教科书的第五版，亚隆又一次对这两位作者提出了批评，但是亚隆更改了他的评语："值得赞扬的是，1993年那篇文章的两位作者认识到了他们第一篇文章对于治疗产生的不利影响，并在五年之后写了第二篇文章，针对第一篇文章引起的过度反应加以更正。"

造成灾难的自我表露

亚隆从未美化真相，或是将自己的失败合理化。他也不会说过于令人不安的话，让病患或读者无法接受。但是这不会阻止他揭露"心理治疗师最终、最可怕的秘密"，那就是"团体治疗室里充满张力的戏码，不过是治疗师在生活中扮演的一个非常小、被区隔开来的角色"。亚隆只揭露了一次这个秘密——向一个精神科实习医生的治疗团体吐露的，这个团体因他即将为了长达一学期的教授休假而离开感到哀伤。他向团体指出一个他们已经知道但拒绝承认的事实："比起他们对我的重要性，我对他们重要得多了。毕竟，我有很多病患，他们却只有一位治疗师。他们在与自己病患的心理治疗工作中，清楚知道这种不平衡，但是从未将之套用在自己身上。当他们认清这个现实，发现自己并没有什么特别之处，面对心理治疗固有的残酷现实时，全部倒抽了一口气。"

亚隆原本可以缓和这个残酷的事实，例如，他可以说自己几个月后就会回来，也可以说他虽然不在了，但是仍然会祝福他们，还可以说他相信就算没有他还是会成功，甚至可以说自己只不过是个传达坏消息的人。他也可以引述他以前的分析师的话："这似乎就是我们都会有的想法。"但是我们猜想，通过呈现出他也是心理治疗固有的残酷的一部分，亚隆容许他的病患，事实上应该是鼓励他的病患，不要神化他，从而让他们在没有他的情况下也能轻松做得到。

具有讽刺意味的是，虽然亚隆从未修饰这个"心理治疗师最终、最可怕的秘密"，但他的小说和心理治疗故事竟然呈现了另一个同样值得注意的秘密。在《叔本华的治疗》里，即将死亡的心理治疗师朱利亚斯·赫茨菲尔德（Julius Hertzfeld）对团体成员的需要，正如他们需要他一样。他只有执行他挚爱的工作直到生命终点，才能实现在工作中死去的希望。那个团体的成员，无论是个人还是整体，对于朱利亚斯都是不可或缺的，正如他们也需要他一样。

即使提出了诸如治疗师自我表露这样激进的想法，亚隆还是在他教科书第四版和第五版中建议"凡事保持中庸"。"治疗师的隐瞒也有合理的地方；而最好的治疗师绝不是最完全且持续地表露自己的人。"喜爱文学的亚隆忍不住为这句话加上批注：许多"治疗上更狂野的创新"都来自南加州。然后，他提到诺贝尔奖得主索尔·贝罗（Saul Bellow）"在《抓住这一天》（*Seize the Day*）中奇特的想法，描述一个人斜拿着一张很大的美国平面地图说：'所有没被拴住或用螺丝钉住的东西都滑到南加州去了。'"

"渴望更有人性的关系"

在《爱情刽子手》和《当尼采哭泣》出版之后，亚隆收到了"大量病患和治疗师的来信,证明了人们对治疗事业的广泛兴趣和对更人性化关系的渴望"。《团体心理治疗的理论与实践》不断更新版本,证明了它总能切中问题要害。他在《亚隆文选》中表示,每一版的修订都需要花费两年紧凑的时间。这本教科书依然是病患、治疗师和公众最佳的指引。亚隆明白,即使他全力以赴,也无法写尽个人或团体治疗的一切,而且他敦促读者保持质疑的精神,尤其当他告诉一位病患"你赋予我太多智慧了"的时候。这大概是书中会让读者不认同的少数言论之一吧。

02 《日益亲近》：治疗的双重视角

任何心理治疗师在写自己的临床经验时，都会遇到一个可能无解的恼人问题：如何在揭露病患最深的秘密的同时还能维护他的隐私。修改太多会改变故事的意义，修改太少会揭穿他们的身份。弗洛伊德也遇到过相同的问题。他在《鼠人：强迫官能症案例之摘录》(*Notes Upon a Case of Obsessional Neurosis*, 1909)的开篇便承认"我无法提供完整的治疗过程，因为那样我就必须详细说出病患生活的状况。首都（维也纳）特别关注我的医学活动，这妨碍我如实交代个案的过程"。弗洛伊德的所有病患都已经被指认出来，许多是在生前便被揭露——还有一些是病患自己承认的，如狼人（Wolf Man）。

然而，治疗师的隐私呢？分析师能够自我表露多少，而不至于担心个人资料会让治疗变得太复杂，甚至破坏治疗？为了避免这些以及其他问题，弗洛伊德强调分析师保持中立的重要性。他在

《对心理分析师的建议》(*Recommendations to Physicians Practicing Psycho-Analysis,* 1912)里提出警告:"我再怎么急切建议我的同事都不为过,在进行心理治疗时,要以外科医师为榜样,把所有的感觉甚至他的同情心放到一边,全神贯注、尽可能熟练地进行手术这个单一目标。"弗洛伊德承认,他的建议中隐含着"情感冷淡",但是他愿意冒这个险。

弗洛伊德断言,外科手术式治疗"为双方都创造了最有利的条件:医生自身的情感生活得到了很好的保护,病患则获得了我们今天可以提供的、最大的协助"。接下来,他为医患关系做了一个更客观的比喻。"将治疗套入一个公式:他必须把自己的无意识变成接收病患无意识传递讯息的工具。他必须调整自己以适应病患,就像电话机听筒要校准对正传递讯息的麦克风。"到了文章结尾,弗洛伊德不允许"年轻"又"急切"的心理治疗师"把他们自己的个性"带进治疗中。"因此,我不假思索地谴责这种错误的技巧。医生在病患面前应该是不透明的,像面镜子一样,除了病患向医生显露出的样子之外,看不到任何东西。"

弗洛伊德会做此建议,一部分原因是他想将心理分析建立成一门医学科学——他之后态度改变,认为分析师不一定需要医生,但是他对于心理分析是科学而不是艺术的看法则没有改变;另一部分原因是他怕分析师若在情绪上过度投入,将会揭露他们自身不利于治疗的那些方面。弗洛伊德发现了移情作用(病患无意识投射情感的倾向)、反移情作用(分析师无意识投射情感的倾向)以及临床抗拒,这些都是他独到的见解。他提醒分析师移情和反移情都是危险的。他在《移情之爱的观察》（*Observations on Transferrence-Love,* 1915）一文末尾写道："心理分析师知道他面对着高强度的工作，他需要像化学家那样谨慎、尽责。"

然而，弗洛伊德显然从未以身作则。例如，我们从狼人谈到自己分析的描述中知道，弗洛伊德毫不犹豫地给他建议，如不要被自己的欲望迷惑去成为一个画家，也不要回到革命后的俄国，那里很危险，而且很难重获失去的财富。此外，弗洛伊德还送给狼人礼物，并告诉他关于他家庭、朋友和同事的个人信息。许多接受分析的人后来都成了分析师，写出自己被弗洛伊德分析时的经验，证实弗洛伊德对他们来说从来都不是一面空白的镜子。从事业一开始，亚隆就拒绝了弗洛伊德建议的外科手术式治疗，他认为这种模式妨碍治疗的真实性。

"重讲一遍的治疗"

为了解决隐私的问题，可以邀请病患合写一本书，并容许她做出必要的修改，以遮掩自己的身份。亚隆在1974年出版的《日益亲近》中就用了这个方法，与笔名为金妮·艾肯的病患共同写作。这本书的副标题是"重讲一遍的治疗"，可能是引用了美国知名小说家霍桑写的短篇小说集《重讲一遍的故事》（*Twice-Told Tales*）。本书包括亚隆对每周一次与金妮晤谈的印象和金妮本人对晤谈的印象，因此我们能以双重的视角去看待治疗师与病患的关系。此外，两人各自写了一篇前言，在结束治疗的一年半后，又各自写了一篇结语。

这本书在精神病学史上是独一无二的,病患付费的方式也很独特。亚隆请她为每一次晤谈写一份总结,作为她负担不起的治疗费用,总结"既要包括她对所泄露的事情的反应,又要描述她在那个小时里心理的暗流,这是一份见不得光的记录——不能公开地说出来的念头与幻想"。这个被亚隆称为"大胆的程序计谋"能够协助金妮克服自己的写作"瓶颈"吗?——对于一个渴望成功、最近才参加当地大学创作课程的二十三岁小说作者来说,这是一个费解的难题。

亚隆很快补充说明,这个安排并不会造成他的经济损失,因为他是斯坦福大学的全职教授,他在临床工作赚的钱全都要交给大学。亚隆和金妮都同意好几个月不读对方的手稿,以免不自在。他们一开始合作的时候,从未考虑过出版的问题。

亚隆知道这项治疗实验有风险。他比金妮更习惯自我表露,而如果金妮的隐私被泄露,她的损失会更大。毕竟,她是一位脆弱的病患,生命中有许多事情让她感到痛苦、自责和羞耻。但是,亚隆大胆的自我表露也会让他的公众形象受损。他从不回避那些难以解决的道德问题。他不确定他们的"约定"是不是一种剥削。"我猜,我对金妮有很大的期望;我是否在利用她的写作才华,好让她为我写出些什么?我要她用写作代替付费,到底因为纯粹的利他主义,还是出于自私?"这些问题的用语显示,利他与自私并不彼此排斥。透过双重视角看病患,亚隆希望自己主要是对金妮这个人感兴趣,而对作家金妮这个身份"只有非常轻微的兴趣"。

不情愿的作者

金妮从未像亚隆那样主动写她对晤谈的印象。她有时候会拖延，有时候不知道要写什么，尤其是当她觉得忧郁的时候，而她经常会觉得忧郁。亚隆无法决定是要好好规劝她写，还是责备她没有遵守约定。如果选择后者，她的忧郁是否会更深？毫不意外，他比金妮更愿意提供信息，也更自省。他的文章更长、更详细，也更多篇。为了做到尽可能的平等，亚隆称呼她为"金妮"，但是金妮只称呼亚隆为"你"，而不是叫他的名字。

整个故事里，金妮不愿意自我表露的态度一直很明显。她拒绝照着要求写作，这让人想到美国小说家梅尔维尔（Melville）的短篇小说里抄写员巴托比（Bartleby the Scrivener）总是在说"恕难从命"，让故事里的第一人称叙述者快要发疯了。虽然有合约，但是金妮有很好的理由谨慎地书写自我表露。"这整件书写晤谈内容的事情，是我想隐藏的文字魔法。我不想让任何人看到。"她并不喜欢写治疗报告，而且一直害怕男朋友卡尔发现这些报告（结果，卡尔后来参与了一些晤谈，并提供了他自己对治疗印象的书写，创造出重讲三遍的治疗故事）。金妮担心她的写作会变成对自己的控告，也担心亚隆和她自己写的内容都无法正确诠释她的人生。

阅读亚隆的评论文字会让金妮感到不安。心理医生早已知道，情绪像病菌一样会传染，而金妮如果知道她的黑暗情绪影响了亚隆，只会使她更加忧郁。不过，通常情况下，亚隆的评论几乎都是支持金妮的，而且她也明白亚隆是她的盟友。亚隆肯定她的文学才华，认为他自己的文字与她相比，是"笨拙而缺乏想象力的"。他并没挑出特定的句子予以夸赞，但是佳句非常多。金妮猜想，讨论她的写作就是"讨论我的灵感缪斯的计策"。下一页，她对于书写如何影响治疗，进行了独特的描述。"我仿佛活在治疗的'如果'从句中；我的人生就挂在悬荡的'如果'上摇晃。"接近治疗尾声时，她写了一篇名为《不适应环境的人》（The Misfit）的讽刺性文章，在那篇文章中，她梦想将自己未来的所有著作都献给"那个给了我哭泣的自由、飞翔的活力和不要死去的十个理由的Y医师"。

金妮对自己两年治疗的书写报告得出几个结论。晤谈越是温和，就越难写。我们是否可以据此推断，冲突既是她写作的源头也是创作灵感。或许如此，但是她从未对此多做讨论。我们也不清楚，书写是否可以减少她的内在冲突。她在九页的结语中说，无论她的书写是"刻意的忧郁和严肃或是草率和松散"，她都无法强迫自己写出亚隆想要的那种"疗愈文字"。她认为，先写出自己对治疗的印象，然后阅读亚隆的文字，但并没有带来任何特别的洞见或突破。这些内容在临床上也没有什么用处。她提到自己找到了一个需要做研究和书写的工作，但是我们并不清楚她的新工作是不是治疗的结果。

尽管金妮抱怨这些书写，但在治疗期间以及治疗结束之后，她还是继续对亚隆忠诚。亚隆帮助她认识到自己的优点，也让她对自己的人生更有信心。慷慨和感恩一直是亚隆心目中最有价值的性格特质，他提醒金妮，她努力帮助别人的行为是值得肯定的。他提醒她注意，不要像以往那样轻易将自己仁慈的直觉贬低为缺陷。"事实上，我告诉她停止这种弗洛伊德式的简化论，并接受自己是慷慨或温柔的这一积极且重要的事实，而这些事实本身就是理由，无须进一步分析了。"我们将会看到，亚隆的评论将成为《当尼采哭泣》的基石，书中这位哲学家学着将感恩当作一个礼物，同时丰富了施与受的双方。

文学上的不自在

亚隆的非凡强项之一，就是承认自己的多疑与没有安全感，而别的作家则往往试图遮掩。他在书中第一页就承认，在和金妮说话时他会想到最近和存在心理医师维克多·弗兰克（Viktor Frankl）的对话。他认为其他治疗师影响了他对金妮的治疗，让他觉得"像是只没有自己颜色的变色龙"。几页之后，他做出同样的观察，但是用了强烈的自我谴责的方式。"每次读到别人的著作之后，发现自己在下一次晤谈时就用了这个人的技巧，就让我觉得自己很恶心。"这种自白很少出现在心理个案研究的众多文献中。亚隆也对书写中的表演成分充满了怀疑，又对希望自己的书能得到读者赞赏这种心理而感到不自在。但是他又明白，渴望赢得读者肯定的欲望与他想协助病患的需要并不冲突。他的结论是，对于不自在的解决之道就是"持续注意着它——用第三只眼睛、第三只耳朵观察一切"。后面这句话或许是出自弗洛伊德嫡传弟子、心理分析学家西奥多·赖克（Theodor Reik）的《用第三只耳朵倾听》（*Listening* with the Third Ear）。

亚隆的著作充满文学参照，然而在他早期的一些书里，他有时候会像博士班学生准备考试似的，因自己知道得太少而感到愧对自己的导师。有一次，亚隆为第二天现代思潮研讨会（Modern Thought）的演讲感到焦虑，他承认自己"在文学知识上的明显欠缺远远超过了在文学上的兴趣"。但是，对于读者而言，那些欠缺一点儿也不明显。例如，当亚隆观察到金妮有时候会用一种悲剧的方式将她的痛苦浪漫化时，他会轻松地用文学作家举例子。他提到"有一天，弗吉尼亚·伍尔芙（Virginia Woolf）在口袋里装满石头，走入海洋"[更精准地说，伍尔芙是跳进了她在英国苏塞克斯（Sussex）的房子后面的乌兹河（River Ouse）中]。还有一次，亚隆警告自己正在对金妮的过去"陷入普鲁斯特式（Proustian）的追忆"。在提到金妮非常喜欢英国小说家安东尼·鲍威尔（Anthony Powell）一系列的小说时，亚隆也敢于承认自己尚未阅读过他的作品。

治疗师磨坊中的材料

几乎一切事物都是心理治疗写作者磨坊中的材料，包括一个没有人写过的主题——治疗师和病患的关系如何影响他的婚姻。《日益亲近》开篇编辑写的前言，是由玛丽莲·亚隆以法文教授的身份执笔，描述自己第一次读到她的丈夫和金妮写的双重视角时的感想："我私下怀疑，晤谈之后写的报告可能无法作为文学作品出版，因为里面有两个截然不同的角色和两种不同的文学风格，它有点像书信体小说。"她的文学判断是正确的。她说服了丈夫和金妮一起写这本书，然后亚隆再说服金妮。亚隆向金妮提出保证，他们写的文字会成为共同财产。只有他们双方都同意，才会将最后的手稿交给出版社。如果书籍出版了，他们会平分版税。玛丽莲·亚隆负责编辑《日益亲近》，而她无意中也成为书里的一个角色。在最后一次晤谈过了十四个月之后，亚隆和他的妻子与金妮见了面，亚隆称这次见面为"工作兼社交的会议"。这种情况让每个人都感到很困惑。"我的妻子叫我欧文，金妮对我的名字无法说出口，于是我只能继续做亚隆医师。"他承认更"奇怪"的是，"在金妮面前，如果我的妻子表现出和我很亲近的关系，我会退缩。我忘记了我计划要为金妮做些什么。噢，对了，'借助真实的测试，让她能够解决她的正向移情'"。

接下来发生的事情更奇怪了。亚隆在办公室跟金妮说话，他的妻子敲门，要和金妮讨论治疗报告中的一些句子。亚隆和金妮试着忽视这个干扰，但是他的妻子逐渐感到不耐烦，再度敲门。就在这时，令亚隆惊讶的是，金妮尖锐地回答："再等几分钟。"然后，在门还是关着的情况下，金妮开始哭泣，悲叹地说："我刚刚意识到，我真的只剩下几分钟了。倒不是说你的妻子总是拥有你，而是这个时间对我真的很宝贵。"亚隆是什么反应呢？"她是为我们两人哭泣。"几页之后，亚隆再次陷入"爆发"的困惑情绪中，因为他的妻子试图介入他与金妮的关系。"金妮离开后，我感到很懊恼、莫名其妙的焦躁，阴沉着脸拒绝与我妻子讨论聚会。尽管我与金妮进行的都是简短而专业的电话交谈，但是只要我的妻子也在房间，我就会不自在。我邀请我妻子加入我们的关系，帮助我处理我的反移情，这让我感到很矛盾。"亚隆总是谨慎观察着专业界限，但他描绘的是一个无法避免超越界限的情况：以前的病患成为现在的写作伙伴，同时还和治疗师的妻子一起对一个涉及这三个角色的写作项目进行专业上的合作。亚隆利用这个状况中所有在文学上的丰富性以及他的妻子是法国文学教授这个事实，强化了其中法国闹剧的意味。

双重视角

亚隆长达二十四页的后记总结了对金妮的治疗目标要专注于人际理论，这个理论认为心理困扰来自人际关系的冲突。他运用一个也在他后来的著作中出现的词语，即心理治疗是一种"循环治疗"（cyclotherapy），治疗师与病患于其中"一起走上一个摇摇晃晃的缓升螺旋楼梯"［在《存在主义心理治疗》的脚注里，他将"循环治疗"一词归功于他和汉堡（D. Hamburg）的口头交流，汉堡是斯坦福大学精神医学系的主任，而亚隆当时是系里的助理教授］。双重视角的做法让亚隆获得一个显著的结论：病患和治疗师对治疗的价值往往看重不同的部分。对于金妮而言，治疗最重要的部分是她和亚隆的关系。她重视的是，能够与自己信任又尊敬并且提供她所需要的支持的人在一起。亚隆也重视病患和治疗师之间的关系，但是他最在意的是帮助金妮获得可以带来人格转变与治疗上成长的见解。"她很少承认,更别说珍惜我的努力了,而她似乎是从我简单的人性行为中获益。"有时候,她接受亚隆的诠释,仅仅是为了保持医患关系的亲近感。

《日益亲近》里的双重视角创造了一个罗生门效应,对于治疗中发生的事情,病患和治疗师的观点极为不同。朱瑟琳·乔塞尔森说:"这本书是后现代写实主义的习作。我们认为发生的事情只是现实的一个版本,如果不了解病患对于互动可能有完全不同的体验,那么治疗师就会有麻烦了。"

亚隆将治疗比作英国剧作家汤姆·斯托帕德(Tom Stoppard)的剧作《君臣人子小命呜呼》(*Rosencrantz and Guildenstern Are Dead*)[①],剧本中舞台上的戏码和舞台下的戏码不同。"治疗师是许多不同但同时发生的戏剧中的主角,这是他最可怕的秘密。"而这成为亚隆最大的揭露,从此改变了他对治疗的看法。从来没有作者这样明白地描述心理治疗的诸多矛盾了;如果幸运的话,病患和治疗师会达到某种在治疗之前或治疗之后都不会存在的亲近。"我们的关系既深刻又真诚,但是这个关系处于无菌时空中:我们在规定的五十分钟内见面,诊所办公室会发电子通知给她。同样的房间,同样的椅子,同样的位置。我们对彼此的意义重大,但是我们是彩排中的角色。我们深深关怀对方,但是晤谈时间一结束,我们就会消失。当我们的'任务'完成之后,我们将永不见面。"

[①] 这是根据莎士比亚《哈姆雷特》中两个不起眼的小角色而编写的剧本,以这两人的视角诠释哈姆雷特的故事。——译注

需要治疗的治疗师

在《日益亲近》里，亚隆最大的自我表露出现在结语即将近尾声的时候，他写了一段介于承认与告解之间的陈述。他在这个自我表露中尽全力注入最多的悬念，用他无法再隐藏的秘密逗弄我们。然后，他揭露了自己在治疗金妮时的反移情。"要说她是病人，我是治疗师，其实不是完全正确的。几年前，我在伦敦度教授休假年时发现了这个事实。当时我有很多时间，没有什么俗务，计划好要写一本关于团体治疗的书。显然这样还不够。我开始感到沮丧、不安，最终安排去治疗两个病人——主要是为了帮助我自己，而不是真的为了帮助他们。这时候到底谁是病人，谁是治疗师呢？我的状况比他们还要糟糕，而且，我想我得到的帮助要超过他们得到的。"

亚隆在《日益亲近》里没有用"受伤的治疗师"一词，但是在他之后写的小说和非小说书籍中，这一词语成为核心概念。这个词由卡尔·荣格率先使用，再被后来的治疗师逐渐广传，其概念就是：受伤的疗愈者因为自身的创伤而不得不去疗愈病患。因此，治疗的一个悖论，就是疗愈别人可以让受伤的疗愈者得以疗愈自己。亚隆从自身经验出发，认为分析师的部分反移情有着反抗恐惧的动机。治疗师和病患受伤的方式可能不同，但是他们各自都在与对方一起工作中有所收获。

亚隆在治疗中使用的双重视角，预告了三十年后"叙事医学"

（narrative medicine）所使用的一个类似方法；叙事医学是21世纪初于哥伦比亚大学开始推行的一个运动，指医生试图尽可能得知病患故事的每一件事。叙事医学将文学研究的价值和方法融入临床工作与教育中。了解患者的健康与疾病史的最终目标是改善医疗服务。其中一个技巧是医生写下研究个案之后的笔记，然后由病患阅读并给予回应。哥伦比亚大学的临床医学教授丽塔·卡伦（Rita Charon）和临床精神医学教授埃里克·马库斯（Eric R. Marcus）合写的《叙事医学的原则与执行》（*The Principles and Practice of Narrative Medicine,* 2017）里说，怀着"一起发现的精神"阅读彼此的文字，会带来一种"共鸣的情感"。亚隆在《日益亲近》里便传达出了这种情感。

受伤的说书人和教师

与受伤的疗愈者相对应的是受伤的说书人，这也是医学社会学家阿瑟·弗兰克（Arthur W. Frank）1995年那本深具影响力的书的标题：

> 身为受伤的人，可能受到照顾，但是身为说书人，却是照顾别人的人。病人以及所有那些受苦的人，都可能成为疗愈者。他们的创伤成为他们故事的力量来源。经由他们的故事，病人创造出他们自己和听众之间的移情纽带。这些纽带随着故事被一再叙述而延伸扩展。人们听到故事之后再告诉别人，

于是分享经验的循环便越来越广。因为故事可以疗愈，受伤的疗愈者和受伤的说书人并不是分开的，而是同一个人的不同方面。

亚隆既是受伤的疗愈者，也是受伤的说书人，这两个角色在他的作品中巧妙地融合在一起。除越来越多的教室枪击案之外，我们很少听到"受伤的教师"，可是，就像受伤的疗愈者和受伤的说书人一样，受伤的教师用自身的创伤创造出和学生的移情纽带。教师的创伤成为学术上的生命现实，适合任何牵涉到痛苦的主题。受伤的疗愈者、说书人和教师见证了痛苦的必然性和康复的可能性，这个见解既适用于病患、读者、学生，也同样适用于教师。

故事的结尾

阅读了《日益亲近》之后，我们对亚隆的了解多于对金妮的了解。这并不令人意外。她在整个个案研究中都不愿意揭露过多私人生活，或许因为她觉得自己不应该受个人或公众的审视。她一直很害羞，保持私密，不愿受到关注，也不愿有任何展露，是一位对生活有适度期待的女性。我们很容易理解，为何她认为她的治疗记录"极端"对自己不利，虽然这些笔记也很有洞见、很勇敢。我们也可以理解，为何她在表达生气或不安这种强烈情绪时会感到无力。她的人生让她从未准备好透过亚隆的放大镜来检视自己的人生。她是一位好病患，却为了自己不是亚隆期待的卓越病患而自责。因为觉察到亚隆的失望,她无法阻止自己在书写时有所保留。

故事结束之后,我们想要知道她后来过得如何,或至少读到一段关于她多年后重读她人生的双重视角描述时有何感想的陈述。她治疗后的生活是否像一些弗洛伊德的病人,如朵拉和狼人那样,"她是亚隆第一位重要病患"的身份成为她生命的重心?她有没有克服她的作家"瓶颈",成为她想要成为的作家呢?她是否重读了个案研究,并重新肯定或修改她的身份认同?因为我们将她当成一个角色来关心,所以这些是我们读完故事之后萦绕不去的问题。对于亚隆我们有不同的问题。让大家注意他的过度虚荣,是一件困难还是容易的事?他不断提醒我们他的文学野心、他想要成为伟大作家的渴望。他在开头就坦言,他发现自己希望金妮注意到书架上有些书不是精神医学相关的书。"奥尼尔的剧本、陀思妥耶夫斯基。老天爷啊,多么沉重的负担!真是荒谬。我正在协助金妮的生存问题,却还要被自己无足轻重的虚荣拖累。"

在《北美心理期刊》(*North American Journal of Psychology*)2007年的一篇访谈中,亚隆指出他已经和金妮失去联络好几年了,直到金妮寄给他一本她为得克萨斯州创建一百五十年纪念而出版的访谈记录,里面访问了一些八十多岁或九十多岁的得克萨斯州人。再次见到她,是他在柏克莱一家书店演讲时,金妮意外现身。在那之后他们有几次很长的对话。亚隆又说,后来她在柏克莱的学校系统中担任英文老师,2005年死于马凡氏综合征(Marfan syndrome)。这是一种遗传性疾病,会让身体的结缔组织虚弱,有时造成主动脉瘤。

亚隆试图将金妮和自己脱离联系，那么，亚隆在《日益亲近》的书名中暗指的是什么？与什么亲近？在一个层面上，书名暗指美国摇滚乐作曲家巴迪·霍利（Buddy Holly）和诺曼·佩蒂（Norman Petty）写的歌曲《每一天》（*Everyday*）。金妮引述过这首轻快歌曲的几句歌词，歌词中暗示真爱就在转角。在另一个层面上，书名暗示金妮在治疗上的逐步进展。她的结语最后一行指出她和亚隆治疗关系的亲密与恒久："每当我蜷缩成一团，你就会解开我。"在其他层面上，书名宣告亚隆的文学见习结束了，现在要以一位重要作家之姿出场。书评家对于《日益亲近》未产生多少兴趣。我只找到一篇发表于《科克斯书评》的文章；匿名的书评家不知道对这本书有何想法："无论这本书对别人有何种臆测的价值，它确实呈现了渗透及催化的运作过程。"虽然亚隆对自己的文学创作有过不安，书评家也感到迷惑，但是这位精神科医生即将很快写出足以名列个案研究文学经典的故事。

03 《存在主义心理治疗》：与死亡焦虑共存

《存在主义心理治疗》出版于1980年，长达550页，不适合胆怯的读者。亚隆告诉乔塞尔森，他花了十年时间阅读哲学书籍，然后写出这本教科书。它是"我此后所有作品的数据库。所有的故事和小说都是对《存在主义心理治疗》里的某一方面或其他方面的延伸"。在《亚隆文选》里，他平淡地说，写这本教科书"是为了还没开的一门课，描绘了一个既无定型、又有争议性的专业科目"。

亚隆在《存在主义心理治疗》开篇，就下了清楚的定义："存在心理治疗是一种动力取向的治疗，聚焦在从个体的存在之中发展出来的关切事项。"他毫无防备地承认，"在所有的治疗词汇中，没有哪个比'存在'更模糊不清、更令人困惑了"。亚隆所有的书都显示，他致力于清晰的写作和清晰的思考，而这个决心往往和他所感激的存在主义思想家们相违背。"海德格尔的《存在与时间》（*Being and Time*）是该领域最重要的哲学著作，毫无疑问也是语言混淆的一本书。"亚隆自己的作品并没有受到这种混淆的影响。

《存在主义心理治疗》有着丰富的洞察力,是一个哲学与治疗智慧的聚宝盆,但是我们的兴趣主要在于关于亚隆作为一个人、一位治疗师和一位作家,这本书到底揭露了些什么。除死亡焦虑之外,存在的罪恶感、存在的孤立以及治疗关系,也在亚隆的讨论里占有重要部分。除此之外,这本书也提到其他作者,包括亚隆的精神科医师同事伊丽莎白·库伯勒·罗斯(Elizabeth Kubler-Ross)。《存在主义心理治疗》从头到尾都受到像海明威和卡夫卡那样知名小说作家的启发,同时也增加了我们对他们的理解。他也提到斯宾诺莎、叔本华和尼采,预示了之后分别为他们写的三本小说。

正如亚隆其他的书一样,《存在主义心理治疗》对人性本质最伟大的见解是汲取文学和哲学的人性世界,而不是来自实证心理学研究。"小说角色的真实感动着我们,因为那也是我们的真实。"或是正如毕加索观察到的,艺术是说出真相的谎言。亚隆引述美国小说家兼剧作家桑顿·怀尔德(Thornton Wilder)说过的一句话:"如果伊丽莎白女王或腓特烈二世(Frederick the Great)或海明威读到他们自己的传记,可能会大叫'啊——我的秘密没有被揭露!'但是如果娜塔莎·罗斯托夫(Natsha Rostov)读了《战争与和平》,可能掩面惊叫'他怎么会知道?他怎么会知道?'"学者总是批评其他学者,但是很少批评自己,更不会写成文字发表。亚隆对心理研究的质疑也延伸到他自己的著作上。他说,几年前,他和两位同事进行了一项关于会心团体效能的大型研究计划。他们将研究结果发表在《会心团体:最初的事实》一书中。有些学者对此书在临床工作上的精准度给予夸赞，但也有一些学者则从人性的背景激烈抨击这本书。亚隆的两位同事对批评提出"有力且有效"的反驳，但是亚隆保持沉默，部分原因是他同意那些批评者的看法。虽然有所保留，他仍然进行实证研究，但他主要对了解病患内在世界的现象学方法感兴趣。

存在的先驱

亚隆使用"家庭"的隐喻，描述他和心理健康先驱的关系。像路德维希·宾斯汪格（Lugwig Binswanger）、维克多·弗兰克和罗洛·梅等存在分析师，属于"乡下的老堂兄"。像高尔顿·奥尔波特（Gordon Allport）、亨利·默里（Henry Murray）、加德纳·墨菲（Gardner Murphy）、乔治·凯利（George Kelly）、亚伯拉罕·马斯洛和卡尔·罗杰斯等人本心理学家，是"时髦的美国堂哥"。至于奥托·兰克（Otto Rank）、卡伦·霍妮、埃里希·弗洛姆和赫尔姆特·凯泽等人本心理分析师，都在欧洲接受训练，然后移民到美国，是"家族的朋友"。他挖苦地说，存在心理治疗师则是"无家可归的流浪汉"，不属于任何地方。

亚隆无法忍受学术上的招摇，但是他不吝惜给予应得的赞赏。他告诉我们，认真的读者在阅读维克多·弗兰克的著作时，常常因为书中出现的干扰而感到困扰。"几乎每本书里都有许多自我膨胀的话：引述他自己的文字、提醒读者他在许多大学演讲过、他有诸多头衔、许多杰出人物赞成他的方法、许多专业人士协助他、访谈时医学生爆出无法遏止的热烈掌声、对于别人所提出的愚蠢问题给予简练隽永的答辩。"我们可以注意到，在亚隆的著作中从来不会出现这种干扰。他不喜欢弗兰克的装模作样，但是他也肯定弗兰克的深刻见解。例如，亚隆指出，弗兰克使用"去除反思"（dereflection）的技巧，告诉病患不要过分关注自己，这样做虽然过于简化和强制，但是背后的想法还是有其价值的。"治疗师必须找出方法培养病患对别人的好奇心和关怀。"

死亡焦虑

心理健康专业人士很少在著作中承认自己和病患有相同的问题。亚隆是一个例外。在《存在主义心理治疗》的写作开始不久，他就揭露了自己对死亡焦虑的问题，包括他开车时和另一辆车迎头相撞的状况。两辆车都撞毁了，而另一位应该承担肇事责任的驾驶员则身受重伤。亚隆很幸运，他的身体没有受伤，并且当天还飞到另一个城市，晚上在那里进行演讲。车祸之后，他开始出现一些心理症状，例如，在正式午宴上和同事讨论学术问题时他会感到焦虑。"我有重要的话要说吗？我的同事会如何看待我？我会让自己看起来像个蠢蛋吗？"他非常焦虑，以至于开始逃避那些他曾经十分期待的正式午宴。几乎丧命的车祸所引发的死亡焦虑变得"世俗化"，成为"比较小的忧虑，如自尊心太强、害怕被别人排斥或使自己蒙羞"。与此相关的问题接踵而来，如害怕开车、骑脚踏车和滑雪。对于他而言，世界变得更加危险了。

对另一个不同议题的焦虑——失眠——驱使亚隆在即将前往"不易入睡的城市"克里夫兰演讲之前,去拜访一位行为治疗师。亚隆做了四五次晤谈,用系统脱敏法治疗,都没有什么帮助,但是在亚隆要离开办公室的时候,治疗师不经意地说了一句话,反而意外奏效。"他说:'当你打包行李准备去克里夫兰的时候,记得放一把左轮手枪进去。'我问他:'为什么?'他说:'哦,如果睡不着,你总可以射死自己。'"很多病患会被这句俏皮话得罪,但这句话却成为"深具启发性的治疗策略"。这句话"击中了"亚隆的内心深处,多年后仍能引起共鸣。这句话帮助他重新架构处境,让他用有意义的存在角度看待自己的焦虑。而尼采所说:"自杀的念头是很大的安慰:这个念头帮助我们度过许多暗夜。"这句话应该也同样有帮助,但是这句警语并不在这位行为治疗师的工具配备之中。

死亡焦虑在《日益亲近》中并未具有显著重要性,但是亚隆在前言中对此有所暗示。"看到旧的约谈登记簿里面写满我快要遗忘的病患名字,总是让我感到揪心,我们曾经和他们有过那么亲密的经历。"他的多层档案柜里塞满个案研究记录和堆积如山的录音带,这让他联想到"巨大的坟墓"。和这些"纪念碑"一起生活,让他充满"强烈的稍纵即逝的感受"。写出他和金妮的治疗经验,是"抗拒腐烂,延长我们一起度过的那段短暂生命"的一个方法。他在《日益亲近》的最后指出:"这本书就可以确保金妮永远不会成为我预约簿上一个快被遗忘的名字,或是录音带上一个消失的声音。在实际与象征的意义上,我们打败了终结。如果说我们的感情在这次共同的工作中达到了圆满,是不是太过分了?"于是,书写个案研究成为一个与病患一起达到永生的方法,或者至少是达到了永生的幻觉;也是写作的一个有力动机。

亚隆在《存在主义心理治疗》中,针对死亡焦虑在他自己以及其他理论家身上所扮演的角色,提供了很有说服力的分析,一开始的分析对象就是弗洛伊德,弗洛伊德偏好讨论阉割焦虑而非逼近内心深处的死亡恐惧。历史上,很少有人比弗洛伊德更有资格达到永恒的地位,亚隆提醒我们:"他有伟大的想象力、无限的能量和不屈不挠的勇气。"弗洛伊德多次接近伟大的境界,但是每一次他都功亏一篑,成就无法延续下去。揭开心智结构的秘密变成了弗洛伊德的"情妇"。他把所有的赌注都放进性冲动理论(libido theory),即使这意味着赶走不接受他观点的门徒。无论是作为引起焦虑的原因,还是作为动机的重要部分,死亡的角色对弗洛伊德都没有多少吸引力。即使在他最后的著作《超越快乐原则》(Beyond the Pleasure Principle)中,他也是集中在强迫性重复原则(repetition compulsion principle)和企图掌控创伤经验的欲望上,但弗洛伊德忽视了最基本的恐惧:人的死亡。以亚隆的说法,对弗洛伊德而言,死亡是"旧帽子,旧约",而不是可以带来永恒名气的议题。亚隆引述了弗洛伊德最喜欢的笑话之一,一个男人跟他的妻子说:"如果我们其中一个人比另一个人先死,我想我会搬到巴黎去住。"

当治疗师是世界著名作家时,病患是什么感觉呢?治疗师的自我表露被出版成书,又对病患有何影响呢?在《存在主义心理治疗》里，亚隆举出一个例子，病患对他的书做出的反应与他的期待完全相反。凯伦是一名四十岁的病患，她接受了两年的治疗，她对亚隆形成了强烈的正向移情关系。我们可能认为，如果病患将治疗师神化成一个非凡的人物，赋予他全知全能，那么病患应该会欢迎一个更人性化的形象。其实不然，"她读了一本我和一位病患合写的书，我在那里面高度自我揭露了我自己的焦虑和局限"。阅读了《日益亲近》反而让凯伦更加仰慕他。这个结果可能并不如亚隆所感受的那么令人意外：毕竟，公开书写自己的焦虑与局限需要不寻常的勇气和力量。亚隆指出，凯伦的治疗成功地减轻了她的一些问题，但是后续的持续治疗却显得阻碍了她进一步的成长。所以，他决定六个月后结束治疗。当结束时间接近时，她变得很恐慌，威胁着说如果终止治疗，她会自杀，但是亚隆没有动摇。她最后终于能够克服恐惧，重新控制自己的人生。两年后，亚隆又和她晤谈了一次。她明白了，治疗和人生一样，"基本上都逃不开孤独的工作和孤独的存在"。

违反直觉的主题

亚隆的小说和非小说著作，都显示出死亡焦虑和生活满意度成反比。他承认，这个主题或许违反直觉，因为我们可能认为那些对生命感到失望、幻想破灭的人会欢迎死亡，将死亡当作解脱。但是亚隆认为事实刚好相反，接着他引述了尼采用"典型的夸张"方式所说的话，"已臻完美，一切都已成熟的人——想要死去。所有尚未成熟的人想要活着。所有痛苦的人想要活着，因为生命可能变得成熟、令人喜悦、充满希望——渴望更进一步、更高、更明亮"。

伊丽莎白·库伯勒·罗斯：将死亡剥去死亡面貌

1980年，出生于瑞士的精神科医生伊丽莎白·库伯勒·罗斯正处于事业巅峰，当《存在主义心理治疗》出版时，她已经是一位备受崇拜的人物了。亚隆认为，虽然在事业早期，她拒绝通过童话故事中天堂、上帝和天使等意象给儿童灌输宗教习俗，但是1978年，她在斯坦福医学院演讲时，却做了她曾经拒绝的事情：她告诉儿童，人在死亡的那一刻，会"像蝴蝶一样"得到转化或释放，会到一个舒适的彼岸世界。亚隆的批评一如他典型的作风，针对的是这个想法，而不是这个人。"这位杰出的治疗师曾经无畏地面对死亡，而她现在的立场让我们看到，面对死亡而不自我欺骗是多么困难。"

生于1926年，仅比亚隆大五岁的库伯勒·罗斯，是20世纪后半叶最有名的生死学家。她和亚隆有很多相似之处。两人都挑战当时牢不可破的精神医学传统智慧，包括医生不应该告诉临终患者病情真相的信念。两人都疾声呼吁以同理心、不带批判的方式面对临终议题。两人都认为生与死彼此依赖。亚隆同意库伯勒·罗斯在1969年出版的突破性著作《论死亡与临终》（*On Death and Dying*）里的话："我们在科学上越是进步，似乎就越是害怕和越想否认死亡这个现实。怎么会这样呢？"库伯勒·罗斯也同意亚隆在《存在主义心理治疗》里的话："我们不可能将死亡留到临终。"两人都说，让他们学到最多的，不是从医学院教授或同事那里，而是从病患那里，而且病患一直是他们的指导老师。两人都尊敬许多相同的理论家，包括欧内斯特·贝克尔（Ernest Becker）；贝克尔在他1973年赢得普利策奖的著作《否认死亡》（The Denial of Death）中认为，毁灭与死亡是人类最深的恐惧。两人都相信，坦率而开放地讨论死亡，可以获得对生与死更健康的态度。两人都研究心理分析，并接受过长期的个人分析，但是都不痴迷于古典心理分析理论。两人都对精神医学越来越依赖精神药物这个观点提出了批评。

库伯勒·罗斯和亚隆都是多产作家，书里包含数百个生动的临床故事，强过大多数精神医学个案研究的枯燥讨论。他们的书由商业出版公司而非大学出版社出版，吸引更广大的一般读者，并且总是避免使用心理学术语。

死亡是库伯勒·罗斯的灵感女神，对亚隆也是如此。"临终"或"死亡"的字眼出现在她十二本书的书名或副标题里。她一辈子都在书写否认死亡的破坏性后果，包括临终者体验到的孤独。她在《论死亡与临终》里提出以下问题："是谁说过'我们无法一直凝视太阳，我们无法一直面对死亡'？"这个她并未揭晓的答案，是17世纪法国箴言作家拉罗什福科，他曾说过："烈日和死亡一样，令人无法直视。"亚隆用了同样的格言作为《直视骄阳》的书名。他在该书后记中写道："我不会建议任何人凝视太阳，但是凝视死亡完全是另一回事。这本书要传达的信息是对死亡的全面而坚定的审视。"

库伯勒·罗斯主要是以临终的"阶段理论"闻名于世,这个理论认为临终者会依次体验到哀伤的五阶段:否认、愤怒、讨价还价、沮丧、接受。目前,阶段理论仍是现代生死学里最具影响力的理论,但是仍存在缺陷。库伯勒·罗斯的理论受到批评的原因,包括缺乏实证证据支持;忽视了临终的其他阶段,如恐惧、罪恶感、希望和绝望;将特殊地位赋予"最终"的接受阶段以及没有讨论文化在形成死亡习俗中所扮演的角色。虽然有这些批评,但临终的阶段理论依然带有某种科学上可信的氛围。可是库伯勒·罗斯接下来对死亡的理论就不是这样了,她后来的书读起来像是科幻小说。她是最先支持"灵魂出窍"的人之一,并且还写到她自己遇到天使般的灵魂、宇宙意识、重生的经验以及与耶稣对话。对她来说没有什么事是奇怪到无法置信的,甚至当她的某些同事宣称自己是灵媒,后来被揭发是骗子之后,她依然宣称自己有永生不死的科学证据。

在库伯勒·罗斯1997年出版的传记《生命之轮》(*The Wheel of Life*)里,谈到1969年她飞到瑞士探视七十七岁的母亲,她的母亲担心自己的健康,对她说:"如果我变成植物人,我要你结束我的生命。"库伯勒·罗斯听了很生气,回应道:"如果发生了什么事情,我会为你做我为所有病患做的同样的事,我会协助你活到死亡的那一刻。"不久,她的母亲严重中风。虽然活了下来,但是无法行动或说话,撑了四年。库伯勒·罗斯质问,为什么上帝让她以植物人的方式活了这么久?她因母亲的状态诅咒上帝,然后顿悟了。"虽然听起来不可思议,但是我改变想法了,而且真的为了上帝的慷慨而感谢他。听起来很疯狂，对吧？我也觉得很疯狂——直到我想通了，我母亲的最后一课就是学着接受爱与照顾，这是她一向不擅长的。从那时候起，我赞美上帝只用了四年教导她这一课。我是说，原本可能耗费的时间更久。"

多年后，当库伯勒·罗斯发现自己处于母亲当年的处境时，她的看法改变了。在1990年下半年，她经历数次中风，导致瘫痪，必须依靠轮椅。这时的她已经离婚了，和两个孩子都很疏远，基本上远离社会，在她写完《生命之轮》之后，开始不耐烦地等待死亡。美国灵性类畅销书作家凯洛琳·梅斯（Caroline Myss）在2008年出版的《死后的生命》（*On Life after Death*）前言中，透露出库伯勒·罗斯寻求她的协助，以面对死亡。"在她最后的两年里，身体状况很差，她打了三次电话给我：不是为了学习如何协助自己疗愈，而是要找到如何让自己快点死去的方法。她觉得在轮椅上活着，慢慢等待死亡迫近，是种无法忍受的折磨。直到最后一刻，她都在和上帝争吵，对于无法决定自己死亡的时间感到愤怒。似乎，即使是伊丽莎白，也必须走过那知名的死亡与临终各个阶段。"最后一句暗示着，梅斯仍然支持临终的阶段理论，但是我们永远不会知道，库伯勒·罗斯在生命最后阶段是什么感觉。她于2004年逝世，享年七十八岁。

亚隆从未将《存在主义心理治疗》的见解运用在库伯勒·罗斯的生与死上，但是她的理论可以被视为她为否认自己的死亡焦虑所做的努力。亚隆引述了美国精神病学家罗伯特·杰伊·利夫顿（Robert Jay Lifton）的言论，说弗洛伊德的性冲动理论"将死亡剥去死亡面貌"（dedeathifies death），这个言论也同样适用于库伯勒·罗斯的理论。确实，她在《生命之轮》里坚持"死亡并不存在"。她对前世与来世的信仰让人质疑今世生命中自由、选择和责任的重要性。亚隆和存在主义者认为，临终是一个寂寞的过程，没有人能够代替别人死，库伯勒·罗斯则不同，她坚称临终时会有守护天使陪着死者到"彼岸"。儿童早夭的原因很简单："他们在很短的时间内就已经学到了他们必须学的东西，不同的人要学习的事情都不一样。"（《论死亡与临终》）她还说，如果你好好地活着，就永远不需要担心死亡。她之后的著作充满了对救世主的想象。我在《死得其所》（Dying in Character）中已经指出了这一点。"救苦救难的幻想普遍存在于医生和心理健康专业人士心中，但这些幻想在她的著作中特别强烈。她'拯救'了她的病患和读者，首先，向他们保证临终与死亡没有什么可怕的；其次，承诺他们死后将会在狂喜中和上帝无条件的爱融合为一；最后，她告诉他们，必须解决未完成的事情，以免被迫再次投胎出生，重新经历一次痛苦体验。"而亚隆从未对读者做出这些承诺。

海明威的死亡焦虑

海明威的死亡焦虑和库伯勒·罗斯不同，而亚隆对这位小说家夸大的英勇典范有一个值得注意的观察，在这个典范中"没有年老和衰弱存在的余地，因为年老和衰弱散发着平凡的气息"。然后，亚隆写到一个自相矛盾的情况，海明威自杀的原因之一正是对死亡的恐惧。"实际上,许多人都说过'我对死亡害怕到忍不住想要自杀'这样的话。"

海明威最具自传意味的小说《丧钟为谁而鸣》,详细描绘了对于自杀的恐惧,小说中罗伯特·乔丹(Robert Jordan)在结尾时即将发生的英雄式死亡,其实是经过伪装的自杀。乔丹一生中最大的恐惧就是步了他父亲的后尘,他父亲是自杀身亡,跟海明威的父亲一样。亚隆没有讨论这本小说,但是提到过16世纪英国玄学派诗人约翰·多恩(John Donne)的布道词——《丧钟为谁而鸣》原文书名的来源。亚隆引述了两行布道词,"因此,永远不要试图知道丧钟为谁而响。它是为你而响",借此强调对许多人而言,"亲密伙伴的死亡提供了一个人对自身死亡最亲密的认识"。

欧文和玛丽莲·亚隆一起写了一篇关于海明威的文章,1971年6月在《精神医学总档案》(Archives of General Psychiatry)发表,之后也被收录在《亚隆文选》里。这篇文章发表多年以后,美国历史学家肯尼斯·S. 林恩(Kenneth S. Lynn)于1978年出版了具有开创性的心理传记,揭露了海明威的母亲格雷斯·海明威(Grace Hemingway)抚养自己的前两个小孩马莎琳(Marcelline)和欧内斯特(Ernest),将这两个相差一岁半的孩子当成相同性别的双胞胎养大。格雷斯让儿子穿女孩的衣服,一直穿到六岁。有几位文学评论家,包括阿帕拉契州立大学英文教授卡尔·艾比(Carl Eby)都认为,无论是在生活上还是在创作上,这个行为对海明威建构和探究身份认同与性别都有终身影响。这个新的研究巩固了亚隆夫妇认为海明威的理想自我和真实自我之间剧烈分裂的主要论点。"当理想化的形象既严格又难以企及，如同对海明威的情形那样，就可能造成悲剧后果：个人在真实生活中无法趋近理想形象的超人范围，现实终究会入侵，于是他明白了他想要成为什么样的人与他实际上是什么样的人之间存在的差距。"海明威年老之后，这个分裂扩大到了致命的地步。"当我们读到海明威六十岁时那些可笑的不当行为时，会忍不住想要像《李尔王》里的弄臣一样大喊：'你不应该在变得有智慧之前就老了！'"

然而，亚隆夫妇的某些说法值得商榷。他们认为，海明威厌恶女性的短篇小说《弗朗西斯·麦康伯短促的幸福生活》（*The Short Happy Life of Francis Macomber*）里，主角的妻子射死丈夫是一起意外事故，但是这一点仍有争议，很多证据显示其实是蓄意谋杀。亚隆夫妇认为《战地春梦》主角弗雷德里克（Frederic）的情人凯瑟琳·巴克利（Catherine Barkley）生产后死去"相当没有意义"，但"没有意义"正是海明威接下来那句尼采式句子的用意："这世界击碎了每一个人，而之后许多人在破碎之处变得强大。但是那些不肯破碎的人，世界会将之宰杀。"海明威决定让凯瑟琳死去还有其他心理方面的理由，包括美国文学评论家莱斯利·菲德勒（Leslie Fiedler）在《美国小说中的爱与死》（*Love and Death in the American Novel*）里讽刺的观察：如果凯瑟琳没有死，她会变成海明威笔下常见的泼妇。

桑顿·怀尔德认为，如果海明威读了他的传记，会觉得自己生命的"秘密"没被揭露，亚隆在《存在主义心理治疗》里对此表示赞同，但事实与此相反，当曾任宾夕法尼亚州立大学英文教授的菲利普·杨（Philip Young）将他的心理传记研究初稿寄给海明威时，这位小说家吓坏了。杨分析了海明威小说中的重要角色，发现每个角色都有生理上或心理上的创伤，他认为这和海明威在第一次世界大战时受到的重伤有关，那时他被迫击炮弹击中，几乎丧命。海明威坚持杨的研究不但侵犯了他的隐私，并且伤害了他写作的能力。海明威愤怒地声称，在世作家不应该让自己的生活变成一本打开的书供他人阅读和分析。海明威威胁并阻止杨出版这本心理传记研究，但是他最终妥协了，这本书于1952年出版了。杨在1996年新出版的前言中惋惜地回忆1961年7月2日接到的几通电话，那些电话"恭喜"他预言正确。如同杨在前言中所写的，他在1952年的书中并没有"预言"海明威会自杀，而是描述了"海明威的生活和工作的情况、模式、过程，自杀的行为并非完全与之抵触"。

亚隆夫妇非常谨慎，不在文章中做过多的主张。他们没有试图解释海明威的天赋，但是他们很有说服力地呈现海明威文字背后的反恐动机。他们同意海明威对美国作家霍奇纳（A. E. Hotchner）吐露的那句名言，他的"分析师"就是他的那台可罗娜（Corona）打字机。反恐动机是许多作家背后的驱动力，但是在海明威的例子中，这个动力仍然无法让他活下去，尤其当他发现自己在生命接近尾声之际无法写作之时。

洞见在强化治疗关系中扮演的角色

与弗洛伊德一样，亚隆相信知识就是力量，这对于心理改变与成长十分重要。亚隆认为，没有改变的治疗洞察力是不够的。他引述了美国精神分析师兼作家艾伦·惠里斯（Allen Wheelis）1950年的观察："只有当治疗让病患采取新的行为模式，才可能带来个性的改变。没有行动的话，在实际和理论上都不可能有真正的改变。"后来在《存在主义心理治疗》中，亚隆引述了惠里斯另一篇发表于1956年的文章中的一段，关于"坐在人生岔路口的"人因为需要放弃什么，而无法做出决定。

亚隆对于洞见会强化治疗关系的原因提出了一个新的解释。他在最重要的声明中提到了这一点："寻找理解，提供了形成治疗师与病患关系的脉络；这是把病患和治疗师连接在一起的黏着剂；让他们忙于一项双方都满意的工作。"病患因为受到治疗师的关注而感到满足，治疗师协助他们理解自己的行为中之前所不知道的一面；治疗师因为知性与心理发现的挑战而感到满足。但是这是否表示非心理学的解释在治疗中可能有效？亚隆承认，是的，然后解释了原因。"如果占星术、萨满教或魔法的解释可以增强一个人的掌控感，进而有了内在的个人改变，那么它就是有效的（要注意，附带条件就是必须符合这个人的参照架构）。跨文化的精神医学研究发现，有许多证据支持我的立场；在最原始的文化中，只有魔法或宗教解释能够获得接受，因此，魔法或宗教解释就是合理有效的。"

经验的支持

同时代的研究支持亚隆关于"治疗师与病患关系是治疗核心"

的信念。威斯康星大学咨询心理学荣誉教授布鲁斯·E.瓦姆波尔德（Bruce E. Wampold）和犹他大学教育心理学助理教授扎克·E.艾梅尔（Zac E. Imel）长期钻研大量的实证研究，结论是同理心"与结果的相关性要比心理治疗中的任何其他研究变量更高"。两位研究者证实了美国心理学家索尔·罗森兹维格（Saul Rosenzweig）1963年的假说，他认为所有的治疗方法，只要合理运用，都一样能成功。罗森兹维格引用刘易斯·卡罗尔（Lewis Carroll）1865年的小说《爱丽丝梦游仙境》，将自己的推测称为"渡渡鸟效应"（Dodo bird effect）。"最后，渡渡鸟说：'每个人都赢了，每个人都会有奖品。'" 瓦姆波尔德和艾梅尔说，"渡渡鸟假说通过了许多测试，因此必须被视为'正确'的，直到某一天出现足够的反面证据为止。"

亚隆不否认移情关系的重要性，移情牵涉到病患将自己的情感（通常是与过去某人之间的情感）投射到治疗师身上，但是他主张，是现在的关系（在此时此地）产生疗愈。亚隆小说里的分析师对调查病患当前存在的细节感兴趣，而不是像弗洛伊德那样对挖掘病患的过去感兴趣。对于存在心理治疗师而言，最重要的是病患现在和未来的选择，而不是过去的选择。

存在的罪恶感

亚隆在《存在主义心理治疗》中提供了一个罪恶感的分类。传统的罪恶感指的是对别人真实或想象的侵犯，存在的罪恶感却来自懊悔,是"觉察到未曾活过的人生、未曾实现的可能性"。在指出没有人能够像卡夫卡那样深刻描述存在的罪恶感之后,亚隆针对《审判》里乔瑟夫(Joseph K.)的罪恶感,提出一个敏锐的分析,"如同读者逐渐明白的,乔瑟夫面对的是一个内在的法庭,一个驻扎在他自己内心深处的法庭"。乔瑟夫一直不懂,他的罪恶是虚度一生,没有抓住机会去实践自己的命运——这一直是尼采和卡夫卡的主题。事实上,亚隆所有的小说都是在呈现这个内在法庭。有趣的是,玛丽莲·亚隆在约翰斯·霍普金斯大学写的博士论文,就是《卡夫卡与加缪的审判神话》(The Myth of the Trial in Kafka and Camus)。

在《存在主义心理治疗》后面的《意志》(Willing)一章里,亚隆认为,存在的罪恶感来自拒绝为自己生命负责任。但是,责任是一把双刃剑:"如果一个人接受对自己生命负责,并做出改变的决定,这意味着只有他一人得为自己生命中过往的残破负责,而且可能很久之前就可以有所改变。"

创造力

亚隆在《存在主义心理治疗》中只短暂提到创造力,但是这个主题在他之后的著作中却变得越来越重要。他指出,有创造力的生活总是有意义的。他提到几位小说家、诗人、画家、哲学家、心理学家和天文学家,他们克服了生理或心理缺陷,对艺术和科学作出卓越的贡献。他特别提出贝多芬,作为历史上创造力战胜绝望的最伟大例子。"贝多芬说得很明白,他的艺术使他不至于自杀。在三十二岁的年纪,贝多芬因为耳聋而感到绝望,他写道:'几乎没有什么事情能够阻止我结束生命。唯有艺术让我回心转意。唉,对我来说,在我完成所有我想要做的事情之前,便离开人世,似乎是不可能的,于是我在这悲惨的生命中苟延残喘着。'"亚隆小说中的好几位历史人物,包括斯宾诺莎、叔本华、尼采和弗洛伊德,都同意贝多芬的看法,认为追求创造是他们生命中最伟大的目标,一个让他们的生命有了意义的目标。

存在的孤立

正如罪恶感有不同种类,孤立也有不同种类:人际关系上的孤立、孤独,指的是和别人缺乏联系;个人内在的孤立,是指心灵有一部分和其他部分分裂开来,如强迫症以及占据了亚隆主要注意力的存在的孤独感。存在的孤独感可能指的是自己和他人之间"无法跨越的鸿沟",或是自己和世界更根本的分离。亚隆承认自己受益于马丁·海德格尔之类的哲学家、阿尔贝·加缪之类的小说家以及马丁·布伯(Martin Buber)之类的理论家,他们对存在的孤立提供了非常有力的描述。与他们一样,亚隆也相信,一个人和他人的关系无法消灭存在的孤立。

矛盾的是,虽然我们每一个人都是孤单的,我们却能和别人分享我们的寂寞,从而帮助我们自己和他人忍受痛苦的孤立。"我相信,如果我们能够承认我们存在之中的孤立处境,并坚决面对孤立，我们将能够怀着爱面对别人。反之，如果我们在寂寞的深渊前被恐惧征服，我们将无法朝向他人伸出手，而是会向他们猛击，以免为生存的海洋所淹没。"在亚隆的任何书里，没有比这段话更能将亚隆对生命的看法传达得如此生动、简洁的了。用不着将亚隆笔下的复杂角色简化为单一的概念，我们就可以说，他所有的故事都是这个潜在主题的变体。

为了描绘存在的寂寞，亚隆转向了奥地利犹太哲学家马丁·布伯。布伯认为存在主要是关系，由两种对话构成：我—你以及我—它。亚隆赞成"我—你"的关系，并引述了布伯的话："每一个参与者心里都有他人独特的存在，并且试图想要在自己跟他人之间建立一个活生生的对等关系而转向他人。"认知到在我—你和我—它的关系之间必须取得平衡，亚隆回忆起犹太教士希勒尔（Hillel）的话："如果我不为了自己，那么谁会？而如果我只是为了自己，那么我是谁？"

亚隆尊敬强烈主张与宇宙高度合二为一的神秘传统，但是他对由此产生的自我（ego）的丧失、自我（self）的毁灭持谨慎态度。这种"融合"，无论是和另一个人、团体还是信念融合，都是"和魔鬼打交道"，会导致存在的罪恶感，"这种罪恶感的哀伤悲叹着我们每个人未曾活过的人生"。亚隆没有试图掩藏他的现世主义[1]，但他不是像弗洛伊德那样专断的无神论者，他拒绝宗教并不意味着拒绝灵性。

---

[1]现世主义是指在社会生活中排除宗教成分。——译注

与癌症病患工作

20世纪70年代中期,亚隆创建了第一个为转移性乳腺癌患者提供支持的小组,从这个小组中他学到了很多关于死亡焦虑的知识。他在《存在主义心理治疗》中写到的一些病患,是他在斯坦福大学医学院每周晤谈的门诊团体里的病人。他发现,"体验到深刻生命意义的病患,比起生命缺乏意义的病患,似乎活得更充实,面对死亡时也不会那么绝望"。玛丽莲·亚隆也在她1997年的《乳房的历史》(A History of the Breast)一书中提到过她丈夫跟乳腺癌病患的工作。她写道:"对于她们之中的大部分人来说,最基本的焦虑不是对死亡的恐惧,而是围绕着死亡之路的孤独——在当时,乳腺癌仍是禁忌的话题。"跟亚隆一起带领团体的同事之一,斯坦福大学的精神科医师戴维·施皮格尔(David Spiegel)主持一项十年的追踪研究发现,心理治疗可以提高这些女性的生活质量和存活率。玛丽莲·亚隆写道:"在支持团体里的女性,从加入研究开始算起,比在控制组的女性多活一倍的时间。"

亚隆和癌症晚期病人的工作显示,即使没有宗教或神灵意义,还是可能会创造出个人意义。无论宗教信仰是什么,或是没有宗教信仰,许多病患一直到生命最终都展现出利他主义精神。亚隆的目的并不是要让他的病患达到库伯勒·罗斯所说的最终接纳死亡,而是让我们看到人们如何创造自己的生命意义,然后决心予以完成。在寻找圆满的路上,创造力和利他主义精神会有同时出现的状况。

亚隆对心理治疗的乐观态度让他从未忽视自己职业固有的缺陷。他一直对20世纪70年代迅速增加的包装精巧的流行心理治疗保持怀疑的态度，而这些心理治疗许多便出现在他的家乡加州。他单独指出并批评新时代大师和先知，原名约翰·保罗·罗森伯格（John Paul Rosenberg）的维尔纳·艾哈德。他创办了艾哈德讨论训练课程，并承诺会有奇迹般的转变，在1971年到1991年间，估计有七十万人上过这个课。亚隆警告说："宣称在威权主义的过程中可以产生个人的责任感，这种主张简直就是诡辩，艾哈德讨论训练课程应该就是这样宣称的。"亚隆承认，相较之下，真正的心理治疗是"循环治疗"，是一种"漫长、颠簸的过程，同样的议题在治疗环境中一再面对、解决，然后在病患的生活环境中测试、再测试"。

亚隆经常引述非常悲观的小说家和哲学家的话，不是为了支持他们的世界观，而是要指出我们可以从他们那里学到什么。《存在主义心理治疗》是亚隆第一本但不是最后一本引述英国作家托马斯·哈代的评论的书："如果有一个达到更佳状况的方法，这方法会要求彻底地检视最糟的状况。"这或许是亚隆最喜欢的文学句子了。哈代笔下的悲剧角色无法从自己的错误中学习——"事已至此，木已成舟"成为哈代后来的小说主题——而亚隆笔下的角色不同，他们通常可以从过去的失败中学习，并且通过心理治疗的协助，继续过着充实的生活。

04 《觉醒与超越》：指导观察者和被观察者

《觉醒与超越》的封面上写着，亚隆1983年出版的临床教科书"特别适用于急性精神障碍病患只短暂住院的当代精神病病房"。亚隆的目标读者是"身处第一线的临床工作人员——在精神科急性病房常见的嘈杂混乱中带领团体而深感苦恼的精神医疗专业人员"。《觉醒与超越》是过渡性的作品，标志着亚隆深具影响的临床教科书写作的结束以及说书人事业的开始。对于许多人而言，住院病人的团体心理治疗会让人想起肯·克西（Ken Kesey）1962年的小说《飞越疯人院》（*One Flew Over the Cuckoo's Nest*）里"啄食派对"的恐怖景象，在雷切德护士（Nurse Ratched）负责的精神病房里，病患像是发疯而互相攻击的鸡一样，互相残杀。亚隆从未提及克西的小说，但是这位精神医师在《觉醒与超越》中对于治疗社群的看法，和小说中的情况完全不同。

和亚隆其他的临床教科书相比，《觉醒与超越》较为不同，本书提供了精神病理学的类型，比他的小说中的人物和心理治疗故事中通常看到的还要广泛得多：高度发展的精神疾病（florid psychosis）、物质滥用、精神分裂症、精神崩溃、老年精神病症候群、严重危机和代谢失调。《觉醒与超越》提醒我们，亚隆成为小说家之前，几乎对每一种精神疾病都有广泛的经验。他知道精神医学的所有方面，包括强有力的第三者，即"对入院和出院的决定拥有惊人影响力的经济条件"。《觉醒与超越》的不同之处还包括忽视了死亡焦虑和存在的痛苦，而这两者都是亚隆日后作品的重心所在。

出版将近三十年的《觉醒与超越》，显示出亚隆对治疗师与病患关系的持续投入，即使是在没有多少时间让这种关系得以发展的状态下。尽管这本书的故事都很短，也不完整，但还是展现了亚隆述说故事的魅力。

亚隆认为，住院和门诊的团体治疗都建立在人际理论上，认为"人的人格结构是通过以前的人际关系所形成，而病人现在的症状是以前病态人际关系的呈现。每位个案来求助时带着各式各样的抱怨，但其共通点是在建立并维持满意且持久的人际关系上有重大困境"。人际理论认为，治疗师不需要专注于病患过去的历史或团体外的行为；病患的人际困难会在治疗团体中具体表露出来。专注于此时此地（here-and-now）的治疗将会有助于造成改变。此时此地（与彼时彼地相反）的团体心理治疗包含两个阶段：体验阶段，将每一位成员介绍给团体，简短描述成员的生命经历；自省阶段，研究每一位成员说的话对团体的影响。亚隆使用"内容"（content）

一词来描述体验阶段，用"过程"（process）一词描述自省阶段。治疗师在自省阶段的任务就是，厘清或阐明团体成员之间的关系。自省阶段是比较难以维持的阶段，因为治疗师经常受到诱惑，容许成员带进无法被团体有效分析的素材。《觉醒与超越》完全只专注于此时此地的发言。通过以第二人称称呼读者，并使用他不曾在别处用过的明喻，亚隆告诫团体治疗师，只针对此时此地思考和行动。"你必须像个牧羊人，不断地阻止羔羊迷途——迷途于'外界'的素材，迷途于对生命中昔日的事件的讨论，迷途于对抽象的知识的讨论。"

住院和门诊团体治疗之间最主要的差别之一是，在大部分的急性病房，平均住院时间只有一到两周。因此，住院团体不像门诊团体，没有足够的时间处理冲突。住院团体治疗师的目标"必须是迅速地解决冲突，而不是引起冲突"。能够快速解决冲突的治疗师必须满足用简单的故事来说明一个临床重点，根本没有时间梳理出每个案例研究中的模棱两可之处。

"缓和"（gentling）愤怒

亚隆提供了几个有价值的治疗建议，以安抚住院团体成员的愤怒，让愤怒变得"缓和"。其中一个技巧就是让病患用假设语气，将愤怒"一劳永逸"地表达出来，他对一个病人说："如果你想表达自己的愤怒，你会说什么？"另一个技巧是请团体中的其他人来进行一到两分钟的角色扮演，"假装他们是那个愤怒的人，将他们认为那个愤怒的人可能感受到的愤怒表达出来"。还有一个技巧则是让一个人在一定的时间限制内，如六十秒，将愤怒表达出来。亚隆提倡治疗师保持透明，并建议协同治疗师可以当作表率，向整个团体表达两位治疗师彼此意见的差异。如果协同治疗师彼此意见不同，却能持续一起合作，"他们便为病患提供了绝佳的模范"。亚隆提醒我们，住院病患很脆弱，像《谁害怕弗吉尼亚·伍尔芙？》（Who's Afraid of Virginia Woolf？）[1]里的破坏性做法并不合适。

观察者和被观察者之间的互动

《觉醒与超越》里最有意思的段落之一，就是针对"结束"形式的讨论，这是和高级别（higher-level）住院病人团体工作的最后阶段。亚隆分享了几个独特的治疗技巧，既可以除去治疗的神秘面纱，又可以提供自我表露的模范，还可以用在许多教育形式上，是一种建立在观察者和被观察者互动上的教学法。

亚隆提出一个困扰治疗师数十年的简单问题。学生和正在接受训练的治疗师要如何观察投入心理治疗的住院病患，却不致让病患觉得自己是实验室里的老鼠呢？传统的心理治疗观察方法是使用双面镜，奇怪的是也有人称为单向镜：一面会反射影像，另一面则是

---

[1]《谁害怕弗吉尼亚·伍尔芙？》是得过三届普利策奖的美国剧作家爱德华·阿尔比（Edward Albee）第一部被搬上舞台的剧作，讲述一对中年夫妻痛苦而挫败的婚姻关系。——编注

透明的，可以从光线黑暗的那一边看透过去，但光线明亮的那一边看不透。待在光线明亮那一边的人，也就是住院心理治疗的病患，被蒙在鼓里，不知道有人在观看他们。审讯室和死刑室里都是用双面镜，但是没有告诉病患有人在观察他们，用双面镜观察接受心理治疗的病患，是不符合专业伦理做法的。

双面镜让人想到奥威尔主义（Orwellian）[①]和傅柯主义（Foucauldian）[②]恐怖的监视系统，使住院心理治疗团体成员失去原本拥有隐私的自由。心理治疗病患讨厌双面镜，他们要求知道"治疗师在镜子的哪一边"。每个人都同意学生受训的重点是观察治疗过程，但是观察制造出许多困难。一个问题是，双面镜侵犯了病患隐私。有些病患，尤其是有偏执想法的病患，很害怕失去隐私，会拒绝参与团体心理治疗。另一个问题是，有些病患认为，观察者的存在会剥夺治疗的亲密感和尊严。还有一个问题是，观察者会不可避免地影响到被观察者的一切。隔着双面镜观看心理治疗病患，会唤起海森堡（Heisenberg）的不确定性原理，"观察者效应"会影响被观察的一切。简言之，如何让接受训练的治疗师亲眼看见住院团体治疗，而不至于无意间破坏了治疗过程呢？

亚隆很有创意的解决方法是，不仅让观察者成为治疗过程的一部分，而且还让他们交换角色，让病患观察受训的治疗师。亚隆描

[①]奥威尔主义是指政府控制了人民生活每一层面的政治体系，就像奥威尔的警世寓言小说《1984》中所描述的专制政权。——译注
[②]傅柯是20世纪法国思想家，曾著述探讨监狱作为刑罚主要手段的文化主因，其中提及囚犯无法看到监视的警卫，但警卫可以清楚地看见囚犯的圆形监狱。——译注

述说，病患"对于有观察者兼治疗师在场的讨论非常感兴趣，他们一再提起这种方式所激起的许多感觉和思考，在结束会谈时，他们会懊恼自己还没有机会表达这方面的意见。此外，许多病患希望和观察者互动，不管是让观察者针对某句话再做阐明，还是对提出的问题给予反应"。

亚隆描述了几个相关的治疗技巧，鼓励观察者和被观察者交换角色，以了解对方的看法，结果不仅可以揭开治疗的神秘面纱，还可以增加自我表露的状况。亚隆指出，其中一个技巧是20世纪40年代设计出来的，当时已经有了早期的敏感度训练团体。"鱼缸"技巧指的是"一个团体坐成圆圈，围在另一个团体外面；定期交换椅子，让外圈团体变成内圈团体，并讨论刚才观察到的内圈团体过程"。亚隆摘述了两份使用鱼缸技巧的住院病患团体临床报告。病患坐在内圈，观察者坐在外圈。最后十五分钟，两组人交换座位：病患听取观察者讨论他们刚才没有带领人的会谈。亚隆曾在他的长期门诊病患团体里运用同样的技巧，看他的学生观察者如何讨论他的病患。

一个相关的技巧是共享团体过程摘要的记录。"门诊病患团体晤谈结束时，我会写一份详细的团体摘要（一份经过编辑的叙事摘要，包括详细的过程分析并大量披露我的治疗策略），然后在下周晤谈前寄给各个成员。"在《日益亲近》中，亚隆和金妮·艾肯也用过类似技巧。另一个技巧的名称很巧妙，称为"多重治疗"（Multiple Therapy），由多位治疗师组成，其中大部分是受训者，他们一次只和一位病患晤谈。"晤谈时，治疗师会单独与病患互

085

动，或是一起与病患互动，但治疗师常常会彼此讨论，分析整个团体互动的某些特定方面。"病患一律认为"多重治疗"有帮助。亚隆遗憾地承认，这个模式"从经济方面来看没有未来"，但是这显示出他不断努力开发新的治疗技巧，以便协助心理治疗病患、治疗师和学生。

提倡心理健康

在《觉醒与超越》里，亚隆从头到尾都肯定这些原则：治疗师的透明度、谨慎的自我表露、同理心的角色、运用此时此地治疗以及重要的治疗师与病患的关系。他向我们吐露，对于自己多年前的治疗，他印象最深刻的就是"我的治疗师对我说的那些温暖、关怀、肯定的话"。他在写作中展现出同样的质量，我们可以在他作品的每个地方都看到这点。他努力让治疗容易理解并且通俗，引用哈里·斯塔克·沙利文（Harry Stack Sullivan）对心理治疗的定义："一种两个人聚在一起，一个人比另一个人少了些焦虑的情境。"亚隆不惧怕修正以前说过的话；他在《团体心理治疗的理论与实践》里提到的"医治元素"，后来以更切实的"治疗元素"来称呼。他很喜欢用出人意料的方式表达老生常谈。"治疗几乎无可避免地需要病患某个程度的伸展，而伸展一定意味着张力（有人说过：'如果鞋子合脚，你大概就没办法让脚有长大的余地了。'）。"

《觉醒与超越》没有得到多少书评，但是看到的书评都很令人惊讶。前乔治亚医学院精神医学教授曼赛尔·帕蒂森（E. Mansell Pattison）在《精神治疗服务》（*Psychiatric Services*）中写道："所有临床医师、教师、督导以及在精神医院或精神病房工作的行政人员，请注意。这是一本你一直在等待的书——一本简单易懂的临床指导如何操作的团体心理治疗手册，专为住院病患设计的方法。还有更好的消息：该书售价低廉，你应该买好几本送给同事。"

甚至还有更好的消息：亚隆一向让人觉得他是大胆的实验者和说书人。有些治疗师不愿意分析病患的进步，因此引述"一个有关蜈蚣的老故事：有人问蜈蚣怎么能用这么多只脚走得这么顺溜，于是蜈蚣仔细检视自己的步伐，结果它自然行走的节奏就被破坏了，再也无法走路了"。这故事若由亚隆来说，治疗师便会称赞蜈蚣的脚，并且检视自己的脚行走的过程，然后很骄傲地和蜈蚣一起同行，彼此欣赏对方的步伐。①

---

①亚隆告诉我，好消息还更多呢。"最近又有人根据我在《觉醒与超越》里的模式进行团体工作，结果很好。请参考在泽维尔大学兼任教职的美国心理学家马丁·惠廷厄姆（Martyn Whittingham）（在短期焦点团体心理治疗上）的工作。"——原注

05 《爱情刽子手》：
与存在的痛苦共存

兰德尔·温加滕（Randall Weingarten）在《爱情刽子手》2000年永垂经典版本的前言中说："所有事物都不一定是表面上看起来的那样。虽然看起来是教学工具，但本书也标志着由真正文学天才所创造出来的崭新艺术类型。"温加滕是一位斯坦福大学精神医学系临床教授，他再次做出一个敏锐的观察，而亚隆在该系教学多年，直到1994年才以六十三岁的年纪退休。亚隆写的《爱情刽子手》从头到尾成功地揭开了治疗的神秘面纱，但矛盾的是，治疗的神秘却显得更深了。

亚隆不是第一位写出交错着艺术与科学的故事的心理治疗师。弗洛伊德是擅长书写引人入胜的个案研究的大师，许多最为人所知的研究不是它们的正式名称，而是它们生动的昵称，如"鼠人""狼人""小汉斯"（Little Hans）。其他治疗师也追随这个传统，包括狄奥多·芮克（Theodor Reik）的《用第三只耳朵倾听》和美国历史学家罗伯特·林德纳（Robert Lindner）的《五十分钟的时光》（*The Fifty-Minute Hour,* 1955）。但是，亚隆在《爱情刽子手》中创造出明显不同的精神医学个案研究类型，其中，治疗师学到的就算没有比病患多，至少也一样多；治疗永远不会照着预期的状况进行；治疗师明显的失败最终被证明是成功的。在其他方面，《爱情刽子手》也很独特。没有哪个治疗师比本书中的亚隆更能自我表露；也没有哪个治疗师会把自己描绘得比本书里的亚隆更困惑、更笨拙了。亚隆在书中扮演很多角色，包括单口相声演员，总是准备好要取笑自己的失败和缺点。然而，他也仿佛是个魔术师或巫师，将治疗的疗愈力量释放出来。

从个案历史进入短篇小说的旅程

完成临床教科书以后，亚隆发现自己身处十字路口。他渴望继续书写心理治疗的文章，但又为正式的精神医学文章所挫败。如同他在《亚隆文选》中所说的，他开始寻找更能令人回味的文章风格。他写《爱情刽子手》有两个目的：第一，传授临床心理治疗的基础知识；第二，实现他的文学抱负。他决定改变他在教科书中使用的策略。他不再把作为例证的故事"走私"到他的理论的讨论中，而是"把舞台中央交给故事，让理论在故事中透显出来"。为了做到这一点，亚隆须仰赖他为每一位病患保留的大量日志记录。他总是在两位病患晤谈期间保留十五或二十分钟的时间，用来记录他对每次晤谈的印象。他把这些日志记录比喻成意识流式的顿悟——"灵光闪耀的清明时刻"。

《爱情刽子手》的文学原型是美国医师兼作家刘易斯·托马斯（Lewis Thomas）的《细胞生命的礼赞》（*The Life of a Cell*）。亚隆计划用几页描述一个治疗事件，然后再用几页将它的意义与治疗的某一方面联系起来。而结果却让他失望：创造出来的角色扁平而不立体，完全没有在书页里活起来。解决之道就是写更长的故事，"一只脚踏在现实里，另一只脚踏在虚构里"。但是另一个问题又冒出来了。故事似乎有了自己的生命。他有一种"非凡的作家体验"，那就是他的潜意识接管了一切。当一个故事接近尾声时，另一个故事就冒出来了："好像不是我选择了故事——是故事选择了我。"

故事本身比理论的后记写起来更容易、更快。他删除了八篇结语，留下两篇，把它们合并成一篇很长的前言。亚隆很不情愿地同意编辑的建议，删除了所有的后记，将前言控制在八页之内。这个决定代表了"个人挣扎的分水岭，它让我放弃了说教模式，让故事自己说话"。

《爱情刽子手》出版于1989年，距离《觉醒与超越》的出版已有六年。它让亚隆得以深入书写少数病患，探索他们的复杂性，这在他早期的临床教科书中是不可能的。这十则临床故事展现了谈话治疗的新视野，奠基在治疗的关系模式和"存在的痛苦"这个概念上。此书还有一点值得注意，我们在此看到了亚隆发展角色、观点、对话、嘲讽、机智和矛盾的天赋，这些天赋在他的三本心理治疗故事和四本小说中获得了最大成就。《爱情刽子手》将谈话治疗变身为文学艺术，并将心理治疗介绍给更广大读者群。

亚隆小心翼翼地保守着《爱情刽子手》里十位病患的秘密。他们阅读过自己故事中的每一句话，似乎都在确保自己的身份被充分伪装。除一位在本书完成之前已经过世的病患之外，所有病患都允许本书出版。如果能够知道他们看到书里的自己时有何反应，应该会很有意思，尤其是当治疗并不成功时（至少就亚隆的角度来说不算成功）。例如，他们后来是否像弗洛伊德的病患一样，以亚隆的有名病人自居？

《爱情刽子手》的前言表达出亚隆的信念：心理治疗永远跟存在的痛苦有关，尽管在他之前很少有治疗师指出这一点。我们最深的欲望永远无法被满足："我们渴望青春，渴望停止衰老，渴望逝去的人复返，渴望获得永恒的爱、保护和意义，更渴望长生不老。"虽然死亡无可避免，我们却表现得好像可以逃过生命的终结。治疗师的角色就是要指出病患可能有的幻想，不再误以为自己可以逃离死亡。亚隆视自己为破坏幻想的人，他要提醒病患，这一生就是我们仅有的一切，而且，既然存在的孤独没有解决之道，"治疗师必须阻挡虚假的解决之道"。

当下主义者（Momentologist）

从弗洛伊德开始，精神医学个案研究的作者都将分析师放在侦探的位置上，他们作为内在生命的大侦探，要找出与病患过往生命问题有关的线索，用来解释现在的症状。在这个模式中，分析师就是"福尔摩斯",分析病患的口误、其他显露症状的行为、梦境、幻想和自由联想。福尔摩斯式的分析师比病患本人更了解病患,运用这些知识解读他们的秘密。有时,福尔摩斯本人也需要一位弗洛伊德,正如美国知名电影导演兼小说家尼古拉斯·迈耶(Nicholas Meyer)在他1974年出版的小说《百分之七的溶液》(*The Seven-Per-Cent Solution*)里写的一样,大侦探吸食可卡因上瘾,弗洛伊德从他痛苦的个人经历中了解到这个问题。在这个以及其他的个案研究中,分析师揭露过去以解释现在的行为,带来治疗上的解药。

这不是亚隆心目中的心理治疗。人际理论认为,病患的困难会具体呈现在目前的关系中。而存在理论认为时间是生命中不饶人的敌手。亚隆强调此时此地,给了我们一个新的治疗师形象,一个不像弗洛伊德那样对挖掘过去感兴趣的人——弗洛伊德在他维也纳的书桌上排列着古老的小雕像——而是对死亡的滴答作响感兴趣的人。亚隆书里的角色是因为死亡焦虑而生病,而不是因为阉割焦虑。治疗师必须处理好自己的死亡焦虑,才能帮助病患面对同样的恐惧。亚隆在治疗中强调的是此时此刻——他是一个可以被称为当下主义者的治疗师。为了抓住此刻,确定及时行乐,治疗师必须先分析当下,这一行为充满了重大意义。亚隆并不像英国作家弗吉尼亚·伍尔芙那样,在小说中用一连串意识流散文的风格来创造当下;取而代之的是,他让我们看到治疗的当下如何充满意外、逆转以及料想不到的发展。治疗师永远无法确定下一刻会带来什么,读者也一样。

存在的故事

在《爱情刽子手》里,亚隆对病患的开场白是"什么困扰着你?"——正是确认了存在的痛苦。在这个黑暗的宇宙中,必须有参与、承诺、真诚,才能避免陷入绝望。治疗师必须充分了解病患的焦虑,才不至于被它麻痹。"治疗师越是能忍受未知的焦虑,越不需要接受正统学说。"亚隆会同意美国作家史考特·费兹杰罗(F. Scott Fitzgerald)在《镇压》(*The Crack-Up*)里的观察:"衡量一个人是否具有一流智力的标准是,他是否能在头脑中同时持有两种相反的思想,同时还能保持正常工作的能力。"亚隆也同意莎士比亚在《李尔王》里的话:"成熟就是一切。"还可能加上一句:"模棱两可就是一切。"

《爱情刽子手》里的十个故事都是关于存在的,这不仅提醒了我们存在的痛苦和无法避免的死亡,在这些普通人和女人的故事中,这两者都给所有的病人带来了巨大的创伤,而且也提醒我们,亲密是可能存在的,无论它多么短暂。亚隆的角色都处在生死关头(in extremis),而治疗师的任务是协助他们过一个更为真实的生活。他知道过去会影响现在,往往还会塑造未来,但是他坚持,治疗不是永无止境地检视久远的个人历史。正如亚隆排斥弗洛伊德将治疗师的形象描绘成空白的投影屏幕一样,他也否定弗洛伊德对心理分析的核心隐喻:

我发现治疗师要做的不是和病人一起考古。如果有任何病人因这种方式获得帮助，也绝不能归因于寻找并发现了错误的线索（人生不会因为错误的线索而出差错，它出错是因为原先的路就是错的）。不，治疗师帮助病人的方法不是探究往事，而是把感情投注在病人身上，让他觉得你是可信赖的且对你感兴趣；治疗师要相信只要两个人共同努力，终究可以让病人得到救赎与治疗。

亚隆用括号说的那句话其实是一个洞见，完全不是附加说明。

亚隆是个讽刺大师，懂得表象和现实的对比。治疗就像人生，结果无法预期。在亚隆的世界里，任何事情都可能发生。治疗师跟病患一样感到意外——有时比病患更加意外，因为治疗师无法读到病患的心事。角色是神秘的、无法预测的、不可知的：我们能做的只是抓住另一个人内在世界的瞬息一瞥。我们永远不能将任何事情或任何人视为理所当然。我们会在某个角色死后，才会偶尔了解他生命中的某些重要事情。在一个故事的一开始，治疗师亚隆不像作家亚隆知道得那么多。在故事结束之前，读者也一直处于黑暗之中。亚隆的个案研究所带有的不可预测性，让人想到美国短篇小说作家欧·亨利对意外结局的喜好，往往伴随不可能的转折。

《爱情刽子手》里的十个故事都牵涉到亚隆和他的病患的学习经验。故事涉及临床冲突，挑战了亚隆身为治疗师和作家的创造力。故事将亚隆的角色呈现为一个幻想毁灭者，揭露出他对病患生命的各个方面保持着同情。我们看到，亚隆大胆并经常有点危险的自我表露，有助于病患明白他们不是唯一与问题作斗争的人。在《爱情刽子手》里，亚隆尽量保持透明，呈现病患以及他自己的主观想法。

苦恋的病患：《爱情刽子手》

这本书里最长、最复杂的故事，是有着惊悚的标题且与书名相同的第一篇，一开始就是发表过的个案研究中可能最令人惊讶的开场白："我不愿意对热恋中的人进行治疗。也许是因为嫉妒——毕竟我也渴望轰轰烈烈的爱情；也许是因为爱情与心理治疗在根本上是不相容的。优秀的治疗师像一束光照进患者内心阴暗的角落，而浪漫的爱情却需要保持神秘，一旦窥测到内心就很容易分崩离析。我不想打破患者对爱情的幻想。"

对于这段令人瞠目的开头，我们该说什么呢？这是亚隆最好的一段文字，正如他在纪录片《欧文·亚隆的心灵疗愈》里所说的，这可能是他自己最喜欢的一段话。他本可以不提自己的嫉妒，但是那样做会使他显得不那么人性化。承认他的嫉妒，承认他渴望沉醉的滋味，让他处于和病患相同的位置，表示出他是一位受伤的疗愈者。而说出自己不喜欢治疗恋爱中的病人，暗示着他揭露的不只是一个成见，也是一个反移情问题，是他承认的许多次问题中的第一个。[1]身为爱情刽子手，亚隆可能觉得有需要打消病患对恋爱的沉

---

[1]反移情是指治疗师无意识地将正向或负向的愿望、幻想、感觉，指向或投射到个案身上，而这种状况是出自治疗师自身未解决的冲突。——编注

醉，但是他们的治疗故事从未失去使人沉醉的感觉。

亚隆和其他精神医学个案研究的作者不同，他总是将注意力放到自己身上，倒不是因为他比别人更自恋——他不自恋——而是因为他的主要兴趣在于治疗师和病患的关系。他亲身示范了对病患要求的自我表露，他以尽可能具体地承认自己的人性为乐，即便这些往往和羞耻有关的特质很少被其他治疗师承认。

对于他的许多病患来说，亚隆是最后的希望。当其他治疗师都无法帮助他们时，或者当他们中有些人认定自己唯一的选择就是自杀时，他们就会来找亚隆。对于莎尔玛（Thelma）来说更是如此，这位陷于苦恋的七十岁老妇人依然痴迷于小她四十岁的年轻俊美实习治疗师马修（Matthew），在她结束与马修的八个月治疗之后过了一年，两人有了一段持续二十七天的短暂恋情。在接受亚隆的治疗时，莎尔玛从头到尾都充满热情地谈论着马修。"他引领我进入灵性、宗教的层次。他教我观照所有的生命。"莎尔玛狂热地诉说着。

可以想见亚隆被吓坏了。没有什么比病患或前病患和治疗师发生性关系对治疗的伤害更大了。无论是谁先诱惑谁，这永远是治疗师的错，绝对不是病患的错。治疗里的性关系永远都不是"合意"的，因为病患可能害怕如果她——受害者通常是女性——拒绝了，治疗师会终止治疗。陷入苦恋的病患被爱的移情魔力控制，这种魔力会使他们的判断受到遮蔽，而且这种魔力很容易被不道德的治疗师利用。这就是为什么所有心理健康组织禁止治疗中的性关系，将之视为某种乱伦。在亚隆最具讽刺意味的小说《诊疗椅上的谎言》

中,违反性和其他行为界限的情节占主导地位,但是他在《爱情刽子手》和其他著作里只是暗示,被逾越性界限的治疗伤害的病患,一点儿也不好笑。

马修在《爱情刽子手》里的行为激怒了亚隆。"我看过太多病人被治疗师占便宜后严重受创,这种事永远是病人受伤。"亚隆说马修的行为不负责任、有破坏性,更不用说自我毁灭,而莎尔玛对这些话完全无感,依然认为躺在马修臂弯中是她一生最美好的时刻。即便马修在他俩恋情结束的六个月后两人偶遇时对她非常冷淡,她仍然如此相信。这个患相思病的女人依然对马修痴迷不已,并吞下了一瓶安眠药,几乎丧命。"八年来,我一直在想他。"

在《爱情刽子手》前部分,亚隆描述了两个细节,一直到故事最后才显出其中的意义。第一个细节是,莎尔玛与一个男人结了婚,也就是哈利,如果哈利知道莎尔玛和马修的关系,他大概会杀了马修。莎尔玛的婚姻没有多少爱,更没有性,但是他们多年来一直在一起,而莎尔玛并不想离开哈利。哈利"很大,掐得死人的手"显出他潜在的暴力倾向。第二个细节是,亚隆和莎尔玛签了一个治疗契约:她同意每周晤谈一次,为期六个月,如果双方认为有必要,可以再延长六个月。她也同意参与亚隆的心理治疗研究计划,主题是心理治疗对老年人的影响。计划包括"在治疗开始前及结束后半年,各接受一次研究访问和一系列心理学测试,以衡量治疗结果"。因此,故事结局应该包含三个不同的评量观点:病患、研究团队以及治疗师——如果我们把哈利也算进去的话,还有第四个观点。

亚隆如实记录了自己治疗莎尔玛时所犯下的错误。在莎尔玛表示自己从未跟以前的治疗师谈到她和马修的性关系时，亚隆向她表示出惊讶，当时亚隆便明白自己犯了大错。"技巧太拙劣了！这是新手才会犯的错误——但是我无法掩饰我的震惊。"亚隆认为，虽然其他治疗师失败了，但是自己可以成功治疗莎尔玛，后来他才明白这份信念只是自己的狂妄自大，也就是苏格拉底之前的哲学家说的"不顺从神的法则"，没有宗教信仰的亚隆称为不顺从"我这个专业领域里主宰事物发展的法则"。然而，亚隆越是试图灭掉莎尔玛对马修痴迷的那股火热，她越是为他辩护。即使亚隆教导她认识基本的感觉——不快、哀伤、生气、高兴——她还是会回到她与人保持距离的强大机制。

越来越绝望的亚隆，从他自己的个人经验透露出痴迷的爱会如何夺去真实的生活，使真正的爱无从发生。接着，他做出了他所有著作中绝无仅有的、最令人惊讶的告白：

> 在认识莎尔玛大约两年前的一个会议上，我遇见一个女人，她后来侵入我的心里、思想、梦境。她的模样一直浮现在我脑海里，无论如何都挥之不去。起初这并无大碍：我迷上了这种感觉，一遍又一遍地回味。几周后，我和家人到加勒比海一座美丽岛屿度假一周，数日后才发现自己忽略了旅途中的一切——海边的美景、青翠的异国植物，甚至是潜入海底世界的刺激。我的痴迷淹没了现实生活中丰富的一切。我迷失了，我被囚禁在自己脑海里，一次次观看着那些毫无意义的幻想。

我陷入焦虑，彻底厌倦自己这种行为，于是我（再次）接受治疗。艰苦地度过几个月后，我重整思绪，又像从前一样投入了热衷的事业。（有趣的是，后来我的治疗师和我成为好友，多年后他告诉我，他治疗我时自己也正迷恋一个可爱的但已心有所属的意大利女子。从病人到治疗师再到病人轮番陷入痴迷的爱。）

其他作家也会承认自己受到病患吸引或排斥，但是我从未见过有治疗师，尤其是有配偶和孩子的治疗师，在个案研究中承认自己被痴迷的爱打倒，导致必须再次接受治疗——然后还惊讶地发现，他的治疗师也同时陷于苦恋！亚隆的揭露引出了几个问题。他的妻子、孩子、朋友、同事对他的自我表露作何感想？在这本书出版之后，他有没有重新考虑过这个问题？还是说，这是另一个"一切都是治疗师作家磨坊里的材料"的例子？

自我表露对于亚隆来说很重要，因为它强调了治疗师既是参与者又是观察者的双重角色。接受古典训练的心理分析师受到的教导是，对病患就算要自我表露，也只能表露一点点，而亚隆认为，对于病人来说，不足的自我表露比过度的自我表露更容易产生问题。"我的问题向来不是谈太多自己的事，而是谈得太少；每当我多谈一些自己的事时，通常都对病人有帮助，病人会知道我和他们一样也有很多普通人的苦恼。"

莎尔玛对于亚隆试图让她摆脱痴迷所做的努力毫不领情。现在回想起来，亚隆能理解其中的原因。"基于我自己的经历，我认定莎尔玛的生活中本来有很多美好，但是因为她的执念而忽略了，其实我错了。虽然当时莎尔玛没有明确说出来，但她感到她的执念远比过去的生活要丰富太多了。"无论亚隆的自我表露从文学角度来看有多么成功，在治疗上却明显起不了作用。但也不是全无所获，部分原因是治疗（或再度治疗）协助亚隆和他的治疗师克服了苦恋。莎尔玛也被亚隆不懈的努力说服了，承认自己必须从对马修的痴迷中解脱出来。然而，问题仍然是如何让莎尔玛脱离有害的魔力。此外，亚隆还有另一个任务：让《爱情刽子手》的故事流传下去。

通过描述他治疗莎尔玛时不经意犯下的许多错误，亚隆在这两方面的努力都成功了。那些错误透露出，心理治疗既是一门科学，也是一门艺术，它是通过即兴发挥和反复试验来进行的。亚隆请莎尔玛进行角色扮演，想象她自己是马修。错误一：听到"马修"谈到她的自杀企图只会让她更沮丧。在角色扮演时，她也觉得自己像个"愚蠢的青少年"。亚隆请她想一想马修的反移情。错误二：想到自己可能只是母子情结反移情里"无辜的旁观者"，并没有让她获得安慰。了解到莎尔玛对衰老和死亡的恐惧正驱动着她的痴迷，亚隆希望通过强化自己与莎尔玛之间的真正关系，让她解脱她和马修的理想化关系。还有一个错误：莎尔玛转而提出一个理论性的问题，将矛头对准亚隆："精神科医师难道不会觉得治疗三十岁的病人比七十岁的病人更好吗？"亚隆发现自己又被反将一军。

但是被反将一军只是治疗过程的一部分而已，尤其是治疗一位极度抗拒的病人。个案越具有挑战性，故事就越有趣。亚隆看到其他治疗师忽略的讽刺之处，例如，他越来越认同一位他厌恶的治疗师。当亚隆告诉莎尔玛,她拒人于千里之外的问题等于在把他推开时,莎尔玛回答说:"这正是马修常说的。"亚隆只能微笑,默默地咬牙切齿。

最后,时间快用完了——他们只剩下两个月了——亚隆打出他的最后一张牌:与莎尔玛和马修进行一次三方晤谈。莎尔玛在椅子上猛地坐直了身子,对于有机会测试她心目中马修与现实中马修的差距,忽然焦虑起来。她列举出各种理由,认为这是个很糟糕的主意。亚隆祭出他最重要的治疗信条:"未经检视的人生不值得活。"莎尔玛考虑了一周后,在下一次的晤谈时,她看起来年轻了十岁,并同意三方晤谈。没多久,亚隆便让读者猛然迎向一个天大的意料之外。马修完全不是亚隆想象中不负责任的治疗师。亚隆对马修的直率和坦诚是有备而来的,不会轻易接受——"反社会人格者通常看起来都人模人样"——马修表达出对亚隆著作的兴趣也没使亚隆放松警惕——"我看你的书好几年了,很荣幸和你见面。"——但是马修的解释却让他措手不及。

马修的故事让人晕头转向。八年前,结束临床训练之后,他考虑成为佛教僧侣,去印度参加八天的静修,因为完全的禁语和孤立,他开始失去自我界限。到了第三周,他开始产生幻觉,一位印度医生开了抗精神病药物给他,然后他被送回旧金山,并在那里意外遇见了莎尔玛。那时的他还处于分裂状态,加上佛教普世合一的精神,他给了她想要的一切,包括"完美合一和爱"的体验。马修很快明白自己犯了大错,所以他听从他的精神科医师的建议,与莎尔玛完全断了联系,既是为了莎尔玛,也是为了他自己。莎尔玛眼中的冷酷无情，其实是他的弥补。

听了马修的故事，亚隆非常不安：他对治疗师越界行为的所有假设，根本连边都沾不上。历经精神崩溃以及和莎尔玛越界的关系之后，马修决定结束自己的心理治疗师事业；他现在在一家基督教健康维护组织中做行政工作。亚隆和莎尔玛全神贯注地听着马修的故事——读者也是。

亚隆很享受如何让读者的期待落空，关于马修的一切都令人目瞪口呆，包括他现在改信仰基督教原教旨主义教派。莎尔玛对于马修的故事一个字也不相信，更让亚隆觉得狼狈。莎尔玛现在对马修和亚隆都愤怒不已，她的恋爱经验竟然只是前治疗师精神崩溃的后遗症，她完全不能在这个事实中得到安慰。在她眼中，八年前的马修不是一个困惑的、脆弱的、真诚懊悔带给她伤害的受伤的疗愈者，而是诡计多端的恶魔。"我太愚蠢了，竟然保护了他八年！"

莎尔玛的愤怒让故事生动起来。亚隆试图说服莎尔玛，她和马修一起体验的不是双方共享的爱情经验，他写道："我从来没有说过这么残忍的话，但为了充分达到沟通的目的，我必须使用最强烈、最直接的语言，才不会被曲解或遗忘。"亚隆认为，不再深陷痴迷的爱是有价值的，但莎尔玛毫不接受。令亚隆感到沮丧的是，莎尔玛已经完成了六个月的治疗，并拒绝考虑延长治疗。亚隆成功地成为"爱情刽子手"，但是在病患看来，却犹如灾难。

亚隆将自己视为爱情刽子手、治疗中的幻想毁灭者，具有讽刺意味的是，很少有心理治疗师对生活和实现真爱的可能性如此乐观。他所有著作中都闪耀着希望：临床教科书、精神医学个案研究和小说都是如此。亚隆所怀抱的希望，从不肤浅或天真，是他身为治疗师与作家的最大优势。身为幻想毁灭者，亚隆可能会提醒我们，没有人会被也擅长讽刺的弗洛伊德愚弄——他在《歇斯底里研究》的结语中写道，一位病人问他，如果她的疾病和她生命中的事件有关，那她要怎样才能获得帮助？弗洛伊德的回答是最高端的苦中作乐智慧："毫无疑问，命运会比我更容易治好你的病。但是你能够说服自己，把你的歇斯底里的悲惨状况转化为一般的不愉快，就会有诸多益处。"

亚隆在《爱情刽子手》里的讽刺还没完。在与莎尔玛最后一次晤谈结束时，亚隆简短地与不相信治疗的哈利交谈。哈利说："医生，请把我的太太还给我，把原来那个莎尔玛还给我——她原本的样子就很好。"哈利不知道，以前的莎尔玛疯狂爱着她的前治疗师，在丈夫面前根本是人在心不在。哈利用的是恳求的声音，但是亚隆忍不住看了一下他那大得可以掐死人的手。沉思着哈利的恳求，亚隆心想，"哈利和莎尔玛同样选择拥抱幻想。塞万提斯曾提出过问题：'你选择当聪明的疯子还是清醒的傻瓜？'哈利和莎尔玛的选择是显而易见的！"几天后，亚隆打电话给莎尔玛。莎尔玛不经意地告诉他，前一天她见到马修了；她依然坚持马修对她的帮助"很大"。他俩同意大约每个月见面"聊一聊"。亚隆对此感到无比好奇，但是莎尔玛表示她已经不是亚隆的病人了，亚隆没有资格过问她的私人问题。

莎尔玛遵守她对研究计划的承诺，治疗结束的六个月后，她和研究心理学家会面，完成一连串的问卷调查。测验报告的结论认为莎尔玛因为治疗而有"显著进步"。参与研究的二十八位老年病患中,莎尔玛的治疗结果最好——但是研究结论举出的原因完全不对,让亚隆备感困惑:"治疗师显然运用某种症状导向的务实疗法,目的在舒缓痛苦而非促发观念或性格的改变。"

有缺陷的逻辑推论会导出准确的结论吗?阅读《爱情刽子手》的人都不会像研究团队那样相信亚隆运用了"症状导向的务实疗法"。我们也不会接受亚隆在故事最后那句滑稽的话:研究报告的结果没有带给他多少安慰。确实,莎尔玛的治疗没有朝着期待进行,而且亚隆可能觉得自己"彻底搞砸了这件事",但是莎尔玛可能并不觉得如此。事实上,她告诉他,如果她再次接受治疗,亚隆会是她的治疗师首选。而且,和《爱情刽子手》里的所有病患一样,莎尔玛读了个案研究的手稿,允许出版。无论她对于亚隆杀死爱情有多么愤怒,但她还是信任他,并将生命故事交付给他,这么做等于送给他一个珍贵的礼物——对读者亦然。

一位父亲最后的礼物:《如果强暴不违法的话……》

《爱情刽子手》的下一个故事是《如果强暴不违法的话……》,以一段会让读者久久难忘的顿悟结束。这个只有二十页的故事,讲述一个男人虽然即将死于癌症,却还是忍不住对治疗团体的其他成员说些关于性的粗鄙言论,不出所料地激怒了这些女性,其中一位还曾经遭受过强暴。一位肿瘤科医师告诉亚隆:"卡洛斯是九命怪猫,但这次似乎第九条命也快结束了。"卡洛斯毫不羞耻地对亚隆承认，他的人生目标就是"尽可能和最多女人上床"。亚隆不知道自己为何如此被卡洛斯吸引；卡洛斯和癌症抗争了十年，现在死期已近，亚隆怀疑他的病人在治疗中能否有任何长足的进步。让亚隆面对的挑战更加复杂的是，卡洛斯在癌症减轻时，冒犯别人的行为就会加剧。

由于面对死亡的念头具有潜在的解放意味，亚隆设定的治疗目标是让卡洛斯对死亡的念头保持察觉，为了达到这个治疗目标，亚隆觉得自己表现得比较像哲学家或宗教导师，而不是治疗师。亚隆侵入卡洛斯"内心深处的两座圣殿：对子女的爱和轮回观"。他问卡洛斯，如果他心爱的女儿生活在一个如他所愿、强暴合法的社会中，他会作何感想？卡洛斯忽然变得严肃，承认他不希望这种事情发生。然后，亚隆协助卡洛斯诠释一个关于一辆绿色本田思域汽车的梦境；他讨厌绿色，也讨厌本田思域。这个梦象征着他的未来生活将是对他今生行为的惩罚。

《如果强暴不违法的话……》结尾的不凡之处就是，不但卡洛斯在生命最后的几个月转变了，成为最支持大家的团体成员以及尽责的父亲，而且亚隆也认识到将死之人可以如何协助活着的人。"我总认为人面对死亡的态度深受父母的影响，父母能够给子女的最后一份礼物就是通过榜样教导他们如何平静地面对死亡——卡洛斯很优雅地提供最佳教育。"照顾临终者可以是一个礼物，虽然往往令人身心麻木，尤其是在死亡的过程很困难，并且拖了很久的情况下。但是即使承认这个礼物的死亡学家也可能忘记，这个礼物来自临终者，他们使出所有力气，希望不要成为所爱之人的负荷。卡洛斯送给他孩子这个礼物，而亚隆通过这个动人的故事将礼物传递给读者。

忏悔偏见：《胖女人》

亚隆在《爱情刽子手》开头便承认他不喜欢治疗恋爱中的病人，但和他在接下来的故事中所承认的自己的另一个偏见比起来，实在是相形失色；在这个故事开头，亚隆直白地称她为"胖女人"，他在其中生动地描述了一个在他治疗贝蒂之前从未视为自己盲点的特质。"我一向讨厌胖女人，看了就让人倒胃：身体可笑地横向晃动，整个人毫无线条可言——胸部、腹部、大腿、臀部、肩膀、下颚轮廓、颧骨，每个部分，女人让我喜欢的每个部分都淹没在大片肥肉里。我也讨厌她们的衣服——多半是宽松无形，更糟糕的是，她们甚至穿上僵硬的蓝色牛仔裤，露出水桶般的大腿。她们怎敢强迫我们所有的人欣赏这副尊容？"

一个本不应该心存这种无情偏见的心理治疗师，在说出了这样可恶的话之后，要如何挽回读者的尊敬？亚隆的任务还更加艰巨，因为他用生动、充满情绪的文字描绘自己的厌恶。他并非只是告诉我们他鄙视肥胖，而是以吓人的细节呈现出来。亚隆没有任何隐瞒，公然藐视政治和精神医学正确立场的谨小慎微，分析了自己强烈厌恶的源头，他承认："我是第一代在美国出生、充满活力、雄心勃勃的新移民，我决心永远摆脱俄国犹太区的遗毒，当然要抛掉家族里的肥胖特质。"他的自我分析完全无法减轻他承认那些可耻感觉的责任。

在《胖女人》里，亚隆的主要挑战是重新获得读者的同情，而如果他成功了，是因为他决心努力协助他的病人。贝蒂给他提供了一个磨炼治疗技巧的机会。"我希望随着她（以及我）的治疗进行一段时间后，我会有所改变。"他提醒我们，真正能够发挥治疗效果的是医患关系——"这是我在工作上一再提醒自己的话。"[①] 一位犹太治疗师如果需要念诵天主教的《玫瑰经》，那一定是绝望到极点了！

《胖女人》将治疗师的反移情提升为一种艺术形式。正如亚隆的其他故事一样，一切都是治疗师兼作家磨坊里的材料。亚隆忍不住认为贝蒂是他治疗过的病患中最无聊的一个，无聊到他必须在椅子上坐直，才不会睡着。然后他恍悟，自己接受罗洛·梅治疗的时候，治疗师总习惯坐在一张直背木椅上。"他说那是因为他的背部有些问题，但后来我和他熟识多年，从未听他提起过背痛。难道他觉得我……？"

《胖女人》里充满类似这样的细节。这是带有深刻情感的正义，或治疗的正义，因为亚隆的反移情的情绪又回来困扰他了。病患和治疗师轮流扮演对方的心理侦探的角色。亚隆协助贝蒂明白她的行为是对抗依赖恐惧的防卫机制。当她承认她一遇到新朋友，就开始在心里想象与对方分手的情景时，亚隆立即想到20世纪奥地利心理学家奥托·兰克（Otto Rank）引人注意的言论："因为怕还

[①] 此句原文为my professional rosary，按字面翻译应为"这是我专业上的《玫瑰经》"，《玫瑰经》是天主教的祈祷文，反复念诵以保平安。——译注

债（死亡）而不敢借钱（活着）。"亚隆教导贝蒂如何与人建立关系，而她指出了他的盲点。

结果，这场治疗让亚隆痛苦的程度几乎和贝蒂的痛苦程度不相上下。在治疗她的时候，亚隆吃东西也开始有罪恶感了，好像他对贝蒂没有信心似的。亚隆发现他的体重超过自己规定的上限之后，展开一场持续三周的节食，这迫使他比他希望的更强烈地理解她对减肥的苦恼。贝蒂成功减了一百磅（超过四十五公斤），克服了长期的抑郁和自卑，但是在最后，她指出亚隆未曾注意到的一点。在治疗的前六个月，亚隆对她的身体嫌恶到很少正眼看她，而且在十八个月里他从没跟她握过手。贝蒂觉得他的不自在很有意思，打断他的辩解，挖苦地说道，这样打断他才不会让他的鼻子"像匹诺曹的鼻子一样，变得越来越长"。贝蒂承认从一开始她就知道亚隆是什么感觉，因为她跟亚隆一样，忍受不了肥胖的人。故事结尾时，亚隆与她拥抱道别。"我惊讶地发现双手可以环抱住她。"

《胖女人》之中有很多治疗见解，使它引人入胜。贝蒂体重下降时，让她"重新体验特定体重时所发生的重大创伤或未解决的事件"。亚隆从未赞同现在已经失去信用的"恢复记忆治疗潮流"（recovered memory movement），即治疗师刻意或无意地将想法植入病患脑中的方法，但是他支持身体会记得脑子已经忘怀的事件这一观点。另一个见解是，在治疗过程中，冲突永远无法完全解决——这就解释了亚隆为什么这么喜欢将心理治疗称为"循环治疗"。《胖女人》吸引人的地方还包括治疗师的自我表露。亚隆对自己的生活少有隐瞒。对于认同的病人，他从不会不情不愿，就像他承认他从自身状况得知"受高等教育的成人与未受教育的蓝领父母互动时有多困难"。

释放冻结的哀伤：《不该死的却死了》

《不该死的却死了》的重点是丧亲，检视所有失落中可能最痛苦的一个：失去孩子。不过，这个故事也提出精神医学个案研究的作者很少讨论的问题：治疗师的主要责任应该是研究还是病患？大部分读者会认为答案是二者都重要，但是如果治疗师与一位研究对象访谈时，发现对方急需治疗，而访谈的治疗师无法提供，会发生什么呢？亚隆对这个问题的回答，让《不该死的却死了》特别有趣。

故事一开始，亚隆在地方报纸上登了一则简短的广告，征求"无法克服哀伤"的访谈对象。彭妮是三十五位打电话预约的人之中最先打来的人。三十八岁，已经离婚，每周开六十个小时出租车的彭妮，仍然深深哀悼四年前过世的女儿。她看起来既坚强又脆弱。彭妮明显处于危机之中——有一次，她在开车时经历了一次昏迷，几乎丧命——她使亚隆陷入了两难的境地。一方面，亚隆当时的首要任务就是在已经逼近的期限内提出一个新研究计划的企划书。而且，三个月后他就要休假一整年，没有足够的时间去进行彭妮可能需要的长期心理治疗。另一方面，亚隆发现自己陷入了彭妮的故事，被她的强硬和坚韧吸引。他可以想象自己若是失去一个孩子，将会多么痛苦。

亚隆担心自己可能被彭妮深沉的情感淹没，于是决定像奥德修斯一样，把自己绑在理性的桅杆上。亚隆说话算话，提出具有挑战性的问题，好让彭妮述说包含许多失落的故事。亚隆和她进行了两小时访谈，然后又与她额外谈了两小时，当亚隆发现三次"研究"访谈已经成为治疗晤谈之后，同意再与她晤谈六次。彭妮表示无法负担费用，亚隆让她放心，说不用付任何费用："我们一开始是进行研究访谈，凭着职业道德我不能在此时突然改变约定而向她收费。"在第九个小时，也是最后一个小时，亚隆牺牲了他的专业信用，主动提出再做三次晤谈，直到他开始休假为止。他自问，为什么结束彭妮的治疗会这么困难，然后承认"情况的戏剧化发展让我非常感兴趣，每周都可以看到让人振奋且完全意料之外的新演变"。

亚隆通过展示彭妮多次的失去，向我们传达这出逐步开展的戏剧，一开始是女儿克丽丝在十三岁生日前一天，因为一种罕见的血癌而过世。但是还有其他不那么明显的失去。她酗酒的丈夫抛弃了婚姻，而她的两个儿子在克丽丝过世时都还是青少年，看起来是无药可救并且辍学了，其中一个犯了法，进了监狱里，另一个吸毒上瘾。每次的治疗晤谈都带来一个新的爆炸性消息，包括彭妮十六岁时将一对刚出生的双胞胎私生子送养出去；她从未告诉任何人关于这对双胞胎的事。

彭妮的多重哀伤伴随着无尽的罪恶感和狂怒。彭妮责备自己，因为克丽丝死时她没有在场（在女儿的最后时刻，彭妮失去了意识）；因为她没有鼓励克丽丝谈论对死亡的恐惧；因为她无法放手让克丽丝走；因为她是一位糟糕的母亲；因为她认为不该死的孩子——被理想化的克丽丝死了，而没有用的儿子却活了下来。为了让时间停止，彭妮把克丽丝的卧室当成圣殿，把克丽丝所有衣服和物品都留在原位。这让我们想到英国作家狄更斯的《远大前程》里，郝薇香小姐（Miss Havisham）因为在婚礼上被抛弃而冻结的哀伤与愤怒。唯一的差别是，彭妮把克丽丝的床搬到了自己的卧室，每晚睡在上面。起初，亚隆天真地认为这种行为是不自然而又非常怪异的，后来才了解到这是失去孩子的父母的共同点。

亚隆从彭妮的故事里了解漫长的丧亲之痛，读者也是。当她承认不该死的却死了时，惊觉自己的没有人性，但亚隆不这么认为，亚隆提醒她，会有这种想法正是人性。"我听到的是最人性的表达。听起来也许不太好，但人性就是如此。"他对彭妮说的话让我们想到他的分析师奥利芙·史密斯对他说的话，那时亚隆对自己想要得到父母的遗产而自责。亚隆称赞彭妮是教导他了解丧亲的优秀老师，而且从她身上学到一个概念，这成为他未来在工作上处理丧亲的基石："人若要学会与亡者共存，就要先学会与生者共存。"作为回报，亚隆教彭妮采用不同的视角看事情，让她想象当她把一切时间和精力都花在死去的女儿身上时，她的儿子必定会有什么样的感受。

在最终的第十二次晤谈结束时，彭妮告诉亚隆："不必为我担心。我不会有问题的。"她提醒亚隆，她曾经是一个钥匙儿童。亚隆在休假一年后回来时，又见过彭妮一次。他在后记中写道："我从未遇到一个病人能在这么短的时间里表露这么痛苦的事情。"她的生活改变很多。她依旧无法摆脱过去的阴影，但是现在她对抗的是当前的恶魔，而不是过去的了。

亚隆承认，虽然彭妮有限的治疗时间太过短暂，无法解决死亡焦虑，但是他能够协助彭妮从许多方面看见，她的儿子才是家庭悲剧真正的牺牲者——亚隆必须非常温和地传达这个观点，以免她更加自责。彭妮在短暂的治疗中成就斐然，虽然还有许多工作待续。亚隆在最后的段落强调，短期治疗中务实的目标非常重要。在故事的结尾，他用从一位老师那儿学到的见解来提醒读者："记住，治疗过程不可能全部靠你，你只需要帮助病人明白应该做什么，他或她自己会追求成长与改变，你要对他或她有信心。"

与《爱情刽子手》里的其他故事相比，《不该死的却死了》没有那么多的自我表露。亚隆在其中很"强悍"，但一直不是毁灭幻想的人。他也没有因治疗上的失误而苛责自己。其他治疗师若处在他的状况下，可能不会访谈一位痛苦到发狂的研究对象，但是亚隆不采取非黑即白的立场。他一直将彭妮同时当成研究对象和病患而全身心投入，也成功扮演了说书人的角色。《不该死的却死了》充满启示。彭妮生命中的每一次失去都掩盖着另一个更深刻的失去，我们开始看到一位母亲的悲剧如何影响整个家庭。一切都与观点的角度有关；只有到了故事尾声，我们才想到两个儿子的视角。无论读者与临床工作相关与否，故事都提供了教训，包括保持开放的心态与尽可能留心细节的重要性。对于这个丧亲故事，我们最多也只可能领会其中的一部分而已。

我要看到一切：《我从来没想到会发生在我身上》

亚隆用调性轻松愉快的《我从来没想到会发生在我身上》这篇最短也最诙谐的治疗故事，对比了《不该死的却死了》里的黑暗情绪。这个故事很像《胖女人》，它包含了治疗师困窘的反移情坦白。艾娃在丈夫过世后接受了亚隆八个月的治疗，而她在治疗中向来表现良好，直到最近的一次挫折。故事第一页她便对亚隆说："我从来没想过这种事会发生在我身上。"在停车场里，一个小偷跑到她身边抢走她的皮包，跳进他自己的车子，然后开走了。几小时后，警方发现她的皮包在路边树丛里摇晃着，里面的三百块钱已不翼而飞。抢劫改变了她生活里的一切，以新的方式让她尝到被剥夺的感受。

亚隆很意外地发现自己不喜欢这位老妇人。"俨然是侏儒、妖怪、蟾蜍的综合体，而且脾气不太好。"亚隆不喜欢艾娃的另一个原因是她的愤怒让亚隆想到自己母亲的毒舌。他母亲唯一不恨的人就是他的父亲，他"真是母亲的一部分，她的传声筒、男性意向（animus），她所创造出来永不可能反抗她的东西〔根据阿西莫夫（Isaac Asimov）的机器人学第一条法则〕，虽然我常暗自祈祷他有一天会打她——即使一次也好，求求你，父亲"。亚隆心中浮现童年的自己，表明过去仍然影响着现在。他提到的"阿西莫夫的机器人学第一条法则"，指的是这位科幻作家发明出来的法则，阻止机器人伤害创造它们的人类。我还想到了另外两个典故：英国小说家

113

玛丽·雪莱的《弗兰肯斯坦》和狄更斯的《远大前程》，后者中的皮普（Pip）徒劳地请求好心肠的乔（Joe）协助自己对抗乔太太的攻击性暴力。如果亚隆依然无法与自己童年的愤怒和解，那他要如何治疗艾娃呢？

亚隆努力与艾娃建立积极的治疗关系。令他惊讶的是，他发现自己开始享受她的陪伴。皮包被抢这件事粉碎了艾娃的安全感，因此而受到创伤的她将皮包的丢失视为提醒她丈夫死亡的事件。皮包成了她受到剥夺的人生的象征和征兆。随着时间过去，皮包又变得满满时带来了再次遭受偷抢的风险。在一个灵感迸发的时刻，亚隆建议艾娃把皮包里的东西都拿出来，因此引发了一场闹剧。她把东西都拿出来后，两人为了每一件东西争辩起来。他无法置信地问她，一定要留着一个装了陈皮的塑料袋、一包发酵粉、三副墨镜吗？这个场景的幽默之处，来自亚隆看着艾娃皮包中的东西时感觉到的偷窥乐趣。很少有小说家或有创意的作家会跟亚隆一样，认为仔细探究一位老太太的皮包会是一种带来转化的行为，然而故事结局很完美。"我们的亲密时刻是有救赎意义的——可以称之为'爱'，也可以称之为'做爱'。在那次治疗里，艾娃从被抛弃的状态转变为被信任的状态。她活了过来，而且再次相信自己有亲密的能力。我认为那是我经历过的最好的一次治疗。"

秘密情书：《切莫悄悄离去》

亚隆以一个他从未遇过的难题作为《切莫悄悄离去》的开场：

要不要帮一位六十九岁的男人保管他的秘密情书？戴维的情人三十年前过世了，他保留了好几百封他俩秘密恋情中她写给他的情书。然而，他现在很担心在自己死后妻子会看到这些情书。因此他请求亚隆把放在鼓鼓的公文包里的情书藏起来。亚隆想出很多理由，要戴维放弃这个愚蠢的想法，并销毁这些信件，不过，亚隆遗憾地承认，自己的虚伪也有限度："我也有一包旧情人的信，同样巧妙地藏了起来（我把它列在B类，代表我最喜爱的狄更斯小说《荒凉山庄》，留待生命最荒凉的时刻再看）。我同样不曾重读那些信。无论什么时候尝试，它们只会带来痛苦，而不是安慰。那些信原封不动已十五年，我同样没有把信毁掉。"

亚隆从未告诉过病患他藏起来的情书，但他却告诉了读者，这是个有风险的自我表露。这不是亚隆第一次暗示婚姻有问题。在《日益亲近》里写到金妮和男朋友的沟通出问题时，亚隆反思了"我跟我太太有同样的问题"。在《爱情刽子手》里，亚隆承认几年前一场痴迷之爱，使他不得不再次接受治疗。在《切莫悄悄离去》里公开承认藏起来的情书，是另一次有风险的坦白，是亚隆有备而来的行动，因为他深信，病患从承认自身也面临着类似困境的治疗师身上可以学到最多。

《切莫悄悄离去》提出了几个治疗难题，亚隆以极其细腻的方式加以探索，包括是否应该同意戴维的请求，帮他保存秘密情书。"如果我同意为他保管，那些信可以发挥绳索的功能：他不能就这样漂走，消失不见。至少，他必须坦白表明要终止治疗：他必须当面向我要回信件。"另外，接收这些信件可能是"和他的幻影达成协议——和他的病态结盟"，是一种"很不利于治疗的方式配合他对秘密的偏好"。当戴维接受亚隆的建议，从个别治疗改为团体治疗时，问题变得更为复杂。团体治疗让他有机会认清他的问题在与他人互动时有何影响，例如，他喜欢保守秘密、物化女人、不信任男人。然而，让戴维改为团体治疗对亚隆来说还存在一个问题，因为他不知道该向团体分享多少他对这位病患所知晓的私密事务。

所有这些问题都和主要的问题有关，也就是戴维需要保存秘密情书这件事背后的心理意义是什么。亚隆提出条件，如果戴维同意告诉团体他们之间对于情书的约定，他就帮戴维保管。戴维拖延着没有做出决定，但却出人意料地对团体透露他对疾病与死亡的病态恐惧。在下一次会谈中，戴维分享了这个梦："我被死亡环绕，甚至可以闻到死亡的气息。我有一个包裹，里面塞了一个信封，信封里有一种可以免于死亡、衰败、退化的东西。我把它藏起来不让人知道。我把信封拿起来触摸，突然发现里面是空的。我很难过，注意到信封被撕开了。后来我在街上找到我猜想是信封里的东西，那是一只脏脏的旧鞋，鞋底已脱落。"

一般来说，团体治疗不适合探讨存在的议题，但是这个梦的意义充满死亡焦虑，亚隆努力想找个方法帮助戴维和其他人诠释这个梦。戴维的行为仍然保持神秘——亚隆发现自己越来越不耐烦了。亚隆询问戴维是否允许他向团体揭露这个梦的意义，戴维同意了。于是亚隆说，这个梦解释了这些情书为什么对戴维而言"意义重大"。亚隆没有告诉团体的是，这个梦也解释了亚隆自己的情书为何对他也如此重要。亚隆告诉我们："至于我的信，我没说。我的勇气是有限的。"

亚隆告诉大家，戴维的梦是一个关于死亡的梦："梦的开头是，'我被死亡环绕，甚至可以闻到死亡的气息。'核心的意象是信封，里面有一种可以免于死亡与退化的东西。意思还不够清楚吗？那些情书是一个护身符，是一个否定死亡的工具，能够抵御岁月的侵蚀，让戴维的热情凝固在时间里。"梦里有一个细节仍不清楚："鞋底"脱落代表着什么，但是团体中有一位成员找到了解释——"脱落的鞋底（sole）和灵魂（soul）同音。"虽然亚隆没有对团体成员明说，但是他在书中向读者暗示，这个诠释也解释了亚隆把情书藏了这么多年的原因。故事还有另一层意义，亚隆却没有提及。身为一位文学家，一位作家，亚隆示范了创造力是一个护身符，一个否定死亡的工具，免于死亡、腐朽或退化。写书给作者创造了一种永生的形式，或至少是永生的幻象，一种即便是幻想毁灭者也无法完全驱散的信念。

戴维突然离开团体，再也没回来，因此是否帮他保管情书的问题就没有实质意义了。亚隆常常会因为戴维的离去而责备自己。无论是此处或别处，亚隆自责的程度在我们眼中或许有些夸张，但是我们可以感觉到他对戴维的离去而感到哀伤是真心的。

亚隆的故事标题出自20世纪英国诗人狄兰·托马斯（Dylan Thomas）非常有名的诗《不要温和地走进那个良夜》。不过，亚隆的故事并不是要大家反抗死亡，延迟这不可避免的事，而是要大家思考，我们需要欣赏生命的每一分钟。和戴维自己宣称的相反，他的人生并不是打开的书，他从团体里消失，或许是因为他明白了，就像诗中他的话"无法创造光亮"。相比之下，亚隆暗示那些过着充实人生的有智慧的人，不需要对光亮的消失感到愤怒。

爱上我们自己的创作：《两个微笑》

《两个微笑》是《爱情刽子手》里最有哲学色彩的一篇，也是文学作家亚隆丰富想象力的最好例证。他思索着："如果真相只是幻觉，最多也只是根据各方参与者的共识达成较客观的认知，岂不是让人很不安。"这句话不只定义了真相现实，也定义了《两个微笑》的主题，一个像《蒙娜丽莎》一样神秘的故事。

玛莉接受亚隆治疗三年了，自从她那担任外科医生的丈夫七年前意外过世之后，她的生活无法再向前走。就像《不该死的却死了》里的彭妮一样，玛莉依然沉浸在哀伤中，但是与彭妮不同的是，玛莉在治疗中陷入了僵局。四个星期前，玛莉在旧金山从缆车上掉下来，受了重伤，脸部和牙齿都严重受创。玛莉拥有令人生畏的美丽，她找了口腔外科的Z医师修复牙齿。玛莉第一次见到Z医师是在墨西哥市念大学的时候，当时Z医师追求过玛莉，但是没有成功。几十年后，Z医师搬到美国，与玛莉的丈夫在同一家医院工作。在玛莉的丈夫过世后不久，有妻子和五个孩子的Z医师对玛莉释放出不受欢迎的性暗示，遭到了玛莉愤怒的拒绝。现在，玛莉需要Z医师的专业治疗，他却持续骚扰玛莉，并且是出于惩罚和施加控制的企图，他拒绝给玛莉开足够的止痛处方。为了协助玛莉控制疼痛，并克服治疗中的僵局，亚隆推荐了一位可靠的催眠治疗师迈克。

诚实迫使亚隆补充了几个其他治疗师可能谨慎地省略不提的细节。首先,亚隆被高贵的玛莉吸引,并想象自己拥抱她,感觉她的身体在自己怀里放松。玛莉让亚隆想到一位漂亮的阿姨,两人有相同的发型,而且这位阿姨"是我青春期主要的性幻想对象"。其次,对于建议玛莉看催眠治疗师这件事,亚隆向读者承认他别有居心。他要迈克也见证玛莉是一位麻烦的病患。"是的,我承认,我有点希望玛莉刁难迈克:'玛莉,表现出你最拿手的那一套吧!'"让亚隆惊讶的是,玛莉表现得像个模范病人。对玛莉的过往毫不知情的迈克,给了她两个建议:与她的口腔医师讨论如何处理疼痛以及减少她的烟瘾。为了完成第二个任务,迈克怂恿她想象给一只自己很疼爱的狗喂一罐标着"有毒"的食物。给出这两个建议时,玛莉和迈克"四目交接",每次玛莉都微笑着点头表示同意。

这两个微笑让亚隆惊呆了,他想知道它们究竟意味着什么。之后,他询问迈克关于玛莉的两个微笑。迈克记得很清楚。"两次微笑都出现在他说明重点时,表示玛莉能够明白他所说的话并且被打动了。"迈克的反应令亚隆惊讶,亚隆认为微笑不是代表同意,而是讽刺,表明迈克做出这些她不可能实行的简单建议实在很天真:因为玛莉痛恨好色的Z医师,而且她像亚隆一样,并不喜欢狗。玛莉也记得自己的两次微笑,但她的说法和迈克、亚隆的解读都不一样。两次微笑都表示她强烈的不自在:她怕迈克认为她是一个鼓励Z医师的好色行为的"荡妇",而且令她尴尬的是,亚隆可能逾越了一位精神科医师的角色,直接建议她处理掉她的狗。

正如亚隆在后记的结论中所说的，在这个仿佛罗生门的故事里，这两个微笑有广泛的精神医学、语言学和哲学意义。他引述福楼拜在《包法利夫人》里对于语言不足以传达现实的哀叹。福楼拜写道："任谁也无法完全表达出他的需求、思想或忧伤。"为了展示诠释与偏见的错误同时扭曲了现实，亚隆引述了普鲁斯特的观点，表示我们爱上的不是别人，而是我们自己的创造物。然后，亚隆引述了《福楼拜的鹦鹉》里，英国后现代主义文学家朱利安·巴恩斯在致力寻找福楼拜故事中曾经提到的那个"真正"的标本鸟，是个注定要失败的努力。

与同僚不同，亚隆对于人格测验或精神医学诊断没有多少信心，不过他相信，对于精神分裂症和躁郁症这样主要的器质性精神疾病，诊断标准可能有用。他很惊讶有人竟然相信，诊断会比一些经过简化的症状和行为特质还要厉害。"即使你以最宽松的精神病学名称加在他人身上，也可能造成曲解。"

《两个微笑》指出，我们需要用新的角度看待别人，无论对方是不是病患，但我们总是盯着主观的现实真相，自恋地看着我们自己创造出来的东西。我们每一个人对于现实真相都有极为不同的观点，甚至相信我们看到的就是别人看到的。四目相接其实意味着，我们被自己对真相的看法禁锢了，并往往被拘禁在其中。亚隆从来不信任"结合"或灵性上的"融合"，他以他最引人注意的隐喻提出建议："当人自觉空虚时，绝不可能因为与另一个不完整的人结合而得到满足。相反地，两只折翅的鸟比翼双飞只会更糟。"

模棱的结束:《三封未开启的信》

既然现实有着主观的本质,一个故事最佳的结局就是模棱两可的结局,如同我们在《三封未开启的信》中所看到的。索尔是一位六十三岁的学有所成的神经生物学家,离开三年之后,回到亚隆的办公室。在这三年之中,索尔从瑞典斯德哥尔摩研究院获得了一项慷慨的奖项:六个月的研究员资格和五万美元奖金。索尔觉得很荣幸,可以与北欧一位知名细胞生物学家K博士一起工作,但是合作关系反而伤害了索尔脆弱的自尊。他原本希望自己可以和K博士一起发表一篇文章,但是期刊编辑一再拒绝刊登。索尔在一本有名望的期刊发表了另一篇文章,虽然不是他的错,但是他不能提及他和K博士合作的研究。现在他非常担心这篇文章的发表,怕K博士或工作的机构认为他是骗子和小偷。

果不其然,几天之后索尔收到斯德哥尔摩研究院的三封信,这让他顿时惊惶不已——所以,他回来寻求治疗。他没有勇气打开信封,深陷在强烈的恐惧之中,认为自己只有一个选择:归还五万美元的奖金。亚隆明白索尔的过度反应并不理性,却也认同索尔对工作的狂热:类似的恶魔一样追逐着治疗师和病患。

亚隆非常理解K博士的威胁,他的姓氏缩写让人想到卡夫卡的小说《审判》中的痛苦主角。索尔害怕K博士和斯德哥尔摩研究院审判他。他觉得那些未打开的信就是最终的死刑判决。正如卡夫卡的小说《在流放地》(*In the Penal Colony*)里那位军官所说的话——"我的指导原则是：永远不要怀疑有罪。"——在亚隆的世界亦然。

由于担心索尔会自杀，亚隆进行了罕见的家访，试图说服瘫在床上的病患，让他明白他在没有犯罪的情况下不必如此自责。亚隆说服索尔签下不会自杀的合约，虽然这种合约听起来十分荒谬（"如果你自杀，我就不再治疗你了"）。亚隆帮助索尔认识到那三封让他备感威胁的未拆信件，在他的生命中有更重大的意义，象征着他一生为了获得接受和肯定所做的挣扎。

然而，不是治疗使索尔从深度忧郁中解脱出来，而是发现K博士最近过世了——在他接到发表了索尔文章的期刊之前。这三封信立即失去了威胁，于是索尔打开信，发现其中没有任何指责。治疗结束了，三年后索尔过世。故事的最后一段，亚隆在一场宴会上遇见一位最近才从斯德哥尔摩研究院深造回来的年轻人，他的研究员资格是索尔的捐赠间接促成的。最后一句是年轻人询问亚隆一个令人吃惊的问题："是否知道索尔在遗嘱里捐赠了五万美元给研究院？"

正如任何好故事那样，《三封未开启的信》留给我们一个诱人的问题。索尔遗赠那笔钱是出于感激还是内疚？他死前是否相信自己终于得到了渴望的认可？还是认为自己失败了，未能达成专业目标？亚隆还提出另外两个问题：索尔是否知道亚隆深深地关怀他？索尔是否能够偶尔忘记工作，享受午后漫步的悠闲？最后这个问题也可以拿来问亚隆，他在故事前面曾经告诉我们，他"继续拼命工作，把时间表排得满满的，完全没有散步的时间"。故事结尾仍然

122

模棱两可。《三封未开启的信》成为《爱情刽子手》的隐喻，我们越是仔细阅读心理个案研究或短篇小说，疑问就越多。说书人让读者自己诠释。或者，正如美国作家亨利·詹姆斯的《碧庐冤孽》（The Turn of the Screw）里的一个角色所言："故事不会泄露什么……至少不会以表面的、庸俗的方式说出来。"

病患的忠诚：《心理治疗的忠实性》

三十五岁的实验室技术员玛吉·怀特是治疗师不想面对的那种病人。亚隆见到她之后，第一个冲动是"想要跑得远远的"。他不愿意治疗玛吉的原因，恐怕没有任何一个治疗师公开承认过。"我最近一直在问自己，我如何能在真诚地教学生心理治疗的同时拒绝接受困难的病人呢？"

亚隆尽最大努力帮助玛吉认识到她的许多优秀品质，如慈悲。但是他不经意中让玛吉觉得自己更糟，这暴露出他的愚笨。玛吉经常绝望地深夜打电话到亚隆家里，有一次亚隆在电话中鼓励她，不要和成就高的女性比较，如亚隆那位被《斯坦福日报》专访过的妻子，亚隆建议玛吉与她曾经帮助过的街头游民去比较。他立刻意识到这是一个"很严重的错误"。果然，在下一次晤谈时，她指出亚隆表达出他心里真实的感觉，将她和"世界上最不幸的人"联想在一起。

治疗陷入了僵局，直到一个奇怪的、新的声音从玛吉嘴里说了出来。"另一位"玛吉说："你不认识我。"亚隆说，她说得对。

"我不认识说话的人。那声音非常不同,很有力,很权威。"亚隆引用了英国诗人约翰·济慈1819年的诗,称玛吉的黑暗自我为"无情的美女"(Belle Dame sans Merci)。这个新的、自信满满、充满魅惑的声音称自己为"我",于是,我们故事里的主角忽然间从一个人格分裂成了两个人格。

亚隆将《心理治疗的忠实性》里那个"我"的存在,视为海上女妖或莱茵河女妖,亚隆认为她试图诱惑自己,让自己背叛玛吉。亚隆的信条是,虽然治疗师和病患不可能是"一对一"的关系,因为治疗师有很多病人,但是病患有权"要求治疗师在会谈时间内保持忠实"。他对玛吉保持忠实,而不是忠于另一个魅惑的、代表着玛吉的愤怒和自我憎恶的化身。而另一个治疗师或许被"我"给迷惑住了,亚隆仍然专注于此时此地。他的治疗策略是将"我"融入玛吉的人格中。亚隆毫无愧疚或遗憾地承认,他是过往那位玛吉(现在已经不存在了)的爱情刽子手;这位玛吉是一个幻影,她的诞生是为了呈现玛吉身为一个人的独特性。但是,亚隆让我们看到玛吉以她自己那种安静、不招摇的方式,自有她的独特性。亚隆并没忘记那个幻影,他在最后一句话中告诉我们:"她将自己牢牢地烙印在我的记忆中,也许这就是她复仇的方式。"她也烙印在读者的记忆中。

惊奇:《寻找梦的主人》

亚隆用一位六十四岁的会计师"两位马文"的故事,作为《爱情剑子手》的末篇，但《寻找梦的主人》并不是另一个多重人格的故事。相反地，是亚隆将马文这个人和马文这个概念区分开来形成的。

"烦人又无趣的是有血有肉的马文，但马文这个案例很有趣。"

大约六个月前，马文开始患上严重到无法做事的偏头痛，这似乎和最近的性问题有关。神经科医师无法解释也无法控制马文的偏头痛，于是将他转介绍给亚隆。故事开始于马文小心翼翼地展开九十厘米左右的图表，上面井然有序地记录了他最近每一次的偏头痛和性经验。"过去四个月里每次偏头痛前二十四小时都有过失败的性经验。"马文相信二者之间有关联，但亚隆不这么认为。马文不能或者不愿意投入心理治疗所必需的内省，而且就像他结婚四十一年的妻子菲莉丝一样，非常不信任精神医学。亚隆认为，马文似乎不适合心理治疗，而应该接受短期的认知行为治疗，或是婚姻治疗，虽然他宣称拥有如田园般和谐的婚姻。但是我们知道，就像《爱情刽子手》中所有的故事一样，真相正等着亚隆和读者。马文在工作了一辈子之后，即将退休，并打算卖掉他的会计公司，其中的问题比他意识到的更多，可能这正是使他什么事都不能做的偏头痛的原因。亚隆观察到，退休"是对人生进行总回顾、总检讨的时候，也必然会更强烈地意识到生命的有限与死亡将近"。显然马文没有意识到这一点。

弗洛伊德说过一句名言："梦境是通往无意识的道路。"马文对未来感觉的关键就在他的梦里，这与他所谓的没有冲突的婚姻不符。马文的许多梦都带着跟存在有关的讯息。一个梦揭露了他对于自己一生的工作已经逼近尾声的恐惧，而且只有性可以让他维持活着的感觉——而现在连性也让他失望了。另一个梦带着希望，表明他的治疗师给了他一个机会，用亚隆的话来说，是"在空白画布上重新画出人生的色彩"的机会。还有一个梦显示，亚隆对马文、菲莉丝以及他们令人忧心的婚姻造成了威胁。最后一个惊人的梦，带有必然会让亚隆感兴趣的文学（或电影）联想，梦里有一个女人让马文想到"电影《双城记》里的德法奇夫人（Madame Defarge）——有人上断头台被砍头时，她还在织毛衣"。亚隆认为，这个梦表示马文太快意识到死亡，没有足够时间去处理。

马文带着他新的开放性、诚实和好奇心，继续给亚隆带来惊喜。当总是待在家里的菲莉丝进入治疗，三人讨论到她的广场恐惧症在马文的治疗有了进展之后变得更糟，故事便出现了转折。亚隆运用了一个违反直觉的新治疗策略，一种反面操作的方式。他要马文每两个小时从办公室打电话回家，说："菲莉丝，请不要出去。我必须知道你随时会在家里照顾我，让我不会害怕。"夫妻两人都无法置信地盯着亚隆，但是马文忠实地执行了。"马文懊恼我为何要他承诺重复说那么愚蠢的话。虽然菲莉丝知道马文只是在遵循我的指示，但是听到马文要她待在家里还是很不高兴。几天后，她独自去图书馆，然后去购物，在接下来的几个星期里，她冒险去了她多年来不曾去过的地方。"

畅销书

《爱情刽子手》高居最佳畅销书排行榜好几周，最终被翻译成27种文字。这本书得到评论界的广泛好评，使得亚隆成为知名作家。平装版引述了《旧金山纪事报》的书评："亚隆的写作拥有像欧·亨利一样的叙事聪慧以及20世纪美国诺贝尔奖得主艾萨克·巴什维斯·辛格（Isaac Bashevis Singer）的世俗幽默感。"《华盛顿邮报书评世界》将亚隆比作弗洛伊德，一位"优雅而机灵的作家"。这确实是很高的赞美，因为弗洛伊德生前获得的唯一重要奖项，就是1930年获得声望崇高的歌德奖（Goethe Prize）。

两篇发表于《纽约时报》对于《爱情刽子手》的书评，对该书得出了不同的结论。艾琳·辛普森（Eileen Simpson）在《星期日泰晤士报》上表示，她对于事实和小说的模糊界限感到不安。"作为一位热衷于个案历史和短篇故事的读者，我为了不同的原因阅读这两类书籍。我不喜欢在小说中运用心理学解释一切，也不喜欢在心理治疗报告中运用戏剧效果。"另一位时报的书评家伊娃·霍夫曼（Eva Hoffman）则观察到亚隆"再一次示范了，在正确的人手中，治疗的素材可以成为最丰富、最有创意的小说"。她还说，亚隆从未将病人归纳为一系列症状。

重新阅读《爱情刽子手》

亚隆在八十岁重新阅读《爱情刽子手》时，有什么感觉？他在2012年平装本的结语中，讲述了与年轻的自己相遇的情形。"他怎么敢表露这么多私密的事情？我秘密收藏的情书、我冲动的工作习惯、我无可原谅地对肥胖的人不厚道的批判的态度、我痴迷的爱让我无法完全享受海边的家庭度假。尽管有这些行为，我还是感到骄傲，因为他在打造真正的治疗关系时并没有让任何事物形成阻挠。今天的我也会这么做。我还是相信，治疗师谨慎明智的自我表露有助于推动治疗进程。"亚隆唯一后悔的是，不少胖女人被《胖女人》冒犯了。他承认，好几次自行"审判"，都发现自己有罪。亚隆为自己辩护时说，他是这个故事里的主角，呈现出他试图诚实了解自己那些可耻的感觉，这样他才能更成功地与病患合作。他在后记的结尾，表露了在八十多岁发生的记忆衰退的好处。"当我翻着《三封未开启的信》《爱情刽子手》和《不该死的人却死了》以及其他故事时，我发现自己燃起熊熊的好奇心。我已经忘记结局是什么了！"

06 《当尼采哭泣》：感恩与不满

出版于1991年的《当尼采哭泣》，是一本根据真实角色创作的历史小说：维也纳医生约瑟夫·布雷尔（Joseph Breuer）、德国哲学家弗里德里希·尼采（Friedrich Nietzsche），和他们疯狂迷恋的两位女性，安娜·欧（Anna O.）和路·莎乐美（Lou Salome）；安娜·欧是心理治疗史上的第一位病患，而路·莎乐美[稍后成了路·安德烈亚斯–莎乐美（Lou Andreas-Salome）]是一位迷人的俄国人，后来成为心理治疗师，尼采和奥地利诗人里尔克（Rainer Maria Rilke）都为她痴迷。年轻的弗洛伊德（Sigmund Freud）也在书中出现了，仍然受到他的导师布雷尔的影响。亚隆捕捉到了19世纪末在知识、艺术、文化上激荡人心的维也纳，这个在动荡历史时刻里的欧洲中心。

《当尼采哭泣》是一本哲学小说，让那些或许称得上是19世纪和20世纪最伟大的哲学家在纸上活了起来，他惊人的观念持续塑造着当代思想。亚隆将尼采破除既有信念的哲学提炼出精髓，让他光芒万丈的思想和阴森严肃的私人生活之间形成鲜明的对比。亚隆避免流于讽刺画、圣徒传和临床个案研究的调性，他将尼采塑造成一个复杂、立体的角色，一直保有着人性，太过人性了。[①]

《当尼采哭泣》也是一本心理小说，戏剧性地呈现了心理分析的诞生。亚隆提出了一个有趣的问题，如果绝望的尼采接受一位同时代医生的治疗，这位医生正在实验一种新形式的谈话式治疗，而且医生本人也正在经历情感危机，那么尼采会有何反应？《当尼采哭泣》探索许多有争议性的心理议题，包括感恩与同情的本质。尼采和弗洛伊德都相信，施与受的关系建立在无意识中对权力的争夺之上，因此充满了怨恨和攻击。这种对感恩的黑暗看法，使得两人与自己恩人之间的关系变得紧张。亚隆提供了他自己对感恩的看法，这在他所有的著作里都有体现。

历史上的尼采很适合哲学心理小说的题材，因为在20世纪之前，哲学与心理学之间的界限很模糊。尼采不仅将这两个领域结合在一起，还成为在歌德之后最伟大的德国散文作家。身为瑞士巴塞尔大学（University of Basel）有史以来最年轻的古典哲学教授，尼采专精于希腊文和拉丁文。他也是世界上最早而且最令人敬畏的文化评论家。尼采去世时只有五十五岁；他人生的最后十年都处于疯狂状态，大部分医学历史专家认为这是第三期梅毒造成的结果，梅毒是当时常见且无法治愈的疾病（晚期梅毒至今无法治愈）。有些学

[①] 这句话出自尼采写的书《人性，太过人性》。——译注

者猜测，尼采成年之后的大部分时间里都饱受躁郁症的折磨。他很可能在1989年年初崩溃的时候遭受了一连串中风，之后便患上永久性失智。一些学者将天才与疯狂混为一谈，他们根据尼采最终的病痛，认为他的著作也是疯狂之下的产物，而亚隆明智地否定了这个说法。

最重要的是，《当尼采哭泣》深刻动人，是一本很有野心的小说，针对两位心灵深受困扰的人，提供关于他们生活的见解。他们在存在的痛苦中挣扎，发现自身处于与对方互相学习和教导的处境中。他们的友谊是对等的，而这就是亚隆对心理治疗的核心思想。

亚隆和心理传记

《当尼采哭泣》是亚隆为欧洲重要哲学家和医生所写的三本心理传记小说中的第一本。仅有一百年历史的心理治疗运用心理学和个人传记理论去试图理解一个人的生命。美国心理学教授威廉·托德·舒兹（William Todd Schultz）在他2005年编辑的《心理传记手册》（Handbook of Psychobiography）中承认，心理传记"方法多样，而且在理论方面实质上并未定于一尊"。心理传记作家试图理解促成一个人身份认同的个人、历史和文化元素，然后呈现这个人生活和工作之间的关系。心理分析取向的心理传记作家，会强调童年经历、父母对塑造孩子个性的影响力、无意识的角色以及过去如何塑造现在与未来等方面的重要性。

加州大学戴维斯分校心理学教授艾伦·埃尔姆斯（Alan C.

Elms）于1994年出版的《揭露生命》(*Uncovering Lives*) 的副标题让他后续针对两个分离却又相关的领域之间的紧张关系，写出另一本书：《传记与心理学之间不自在的联盟》(*The Uneasy Alliance of Biography and Psychology,* 1997）。埃尔姆斯一开始就引述专栏作家乔治·威尔（George Will）嘲讽意味十足的言论："在'心理传记'里，伟人的重大贡献被作者用某些迄今为止无人知晓的性倾向或性无能'解释'一番，然后这些性倾向和性无能再用一些幼年时期微不足道的痛苦经历加以'解释'一番——例如，或许七岁时，他母亲拿走了他的棒棒糖。"埃尔姆斯保证，他从来没有遇见过像威尔说的"棒棒糖假说"那么荒唐的例子，但是他很清楚心理传记的优点和弱点。

心理传记可以让我们更加了解传记主人公和他的工作之间难以捉摸的关系，不过，要完全了解恐怕不可能。或是像美国心理学家威廉·詹姆斯（William James）在他恰如其分的标题《论人类的某种盲点》(*On a Certain Blindness in Human Beings*) 的结论中指出的，"无论是真相的全部或良善的全部，都无法被任何单一一位观察者揭露出来，即使每一位观察者从自身所处的特殊位置可以获得洞察力的部分优势"。我们总是需要自问，对某个人知道些什么、不知道些什么。我们往往不知道自己不知道的东西。亚隆对尼采、叔本华和斯宾诺莎的描述，仍有许多神秘和未知之处。

埃尔姆斯对于书写和如何判断优秀的心理传记，提出许多有用的建议，亚隆本能地遵循了这些建议。心理传记应该避免将理论变得狭窄和简单化。"没有一个心理学理论足以有效解释我们想要了解的每一种人格。因此，心理传记需要尽可能将可以找到的错杂多样性予以合并。"好的心理传记应该在理论和方法上都十分谨慎，避免弗洛伊德所称的"狂野的分析"，也就是流于争辩、猜测、粗糙的诠释。心理传记应该强调心理方面的健全，而不是病态。艺术冲动是健康的迹象，不是疾病的迹象，是努力想了解并处理内在冲突的努力。正如弗洛伊德提醒我们的，好的心理传记会避免理想化和贬低主人公的双重诱惑。相对地，糟糕的心理传记花许多时间徒劳地寻找生命中的关键事件，结果陷入"源头学"（originology）的谬论里——英国心理学家爱利克·埃里克森（Erik H. Erikson）在《青年路德》（*Young Man Luther,* 1958）中将之定义为"一种思考习惯，将每一种人类处境简化为之前状况的模拟，尤其是简化成最早的、最简单的、最幼稚的状况，将其当作一切的'源头'"。即使亚隆认为某些心理事件对主人公的生活会造成转变的冲击，也没有犯下源头学的错误。

最后一点，我们应该留意美国心理学教授丹·麦克亚当（Dan P. McAdam）关于心理传记作者了解书中主人公的重要性所提出的观察："心理传记作者以第三人称对主人公生命的描述，应该试图揭露、诠释、整合和评论主人公的第一人称叙述身份；心理传记作者述说的故事应该创造地引入他所认为主人公说出的故事。"亚隆已经汲取了这些教训。他的小说不但让尼采、叔本华和斯宾诺莎活了起来，也显示出哲学家的著作如何影响了读者的生活，包括亚隆在内。

两个有血肉之躯的角色

关于布雷尔和尼采,已经有很多论述了,但亚隆率先将这两位男人变成有血有肉、令读者支持的角色,由一个极其熟悉心理分析和哲学小说的作家身份加以诠释。在现实生活中,布雷尔和尼采从未见过面,但在亚隆的小说中,两人从头到尾都呈现出他们的真实样貌。更重要的是,布雷尔和尼采在小说中一直完全可信,同时又带有亚隆的作家印记。从这两个角色身上可以看到他们的创造者,正如可以看到他们的历史本尊。

很少有人像尼采一样有学识。如同他在《快乐的科学》(The Gay Science)第二版前言里说的,他"仍然在等待着一位有哲思的非凡医生——他必须会追索有关人们、时代、种族或人性的整体健康问题——鼓起勇气尽量推翻我的猜疑,并且冒险主张:迄今所有的哲学讨论中最重要的根本不是'真理',而是别的东西——我们可以说,是健康、未来、成长、力量、生命"。尼采发现布雷尔就是那位有哲思的医生,布雷尔全心全意想要治愈这位哲学家的身体与心灵。

亚隆在《亚隆文选》里表示,他原本想要创造出一位还俗的神职治疗师来治疗尼采,但是后来发现历史中的布雷尔足以担任这个角色的模型。"我特别了解布雷尔的工作,因为十年以来,我一直在教授一门弗洛伊德的赏析课,其中讨论到布雷尔的贡献。"一旦选择了布雷尔当尼采的治疗师,"剩下的情节很快就水到渠成了"。

布雷尔深受尊敬,是维也纳最佳的诊断医师。他是一位研究人员,在迷走神经的作用方面做出了开创性的神经心理学发现:"赫-鲍二氏反射"(Hering-Breuer reflex)可以避免肺部过度扩张。他也因为研究内耳在调节平衡感上的重要性而闻名。布雷尔希望成为医学教授,并且他完全有资格,但是维也纳充满敌意的反犹太人气氛让他的学术事业梦破碎,同样的命运也降临在弗洛伊德身上。心理分析的学生对布雷尔的认识,主要就是他是弗洛伊德早期的合作者。布雷尔对一位患有歇斯底里症的年轻女性病患的个案研究,首先出现于1893年一份精神医学期刊中,然后收录在1895年他和弗洛伊德合著的《歇斯底里研究》中,通常被视为第一篇心理分析的文献。

1882年

1882年对弗洛伊德、布雷尔和尼采都很重要。小说一开始,弗洛伊德还是二十多岁的实习医生,把大他十四岁的布雷尔视为导师、朋友和敬重的父亲角色。在《自传研究》(*An Autobiographical Study*, 1925)中,弗洛伊德指出,1882年是他事业的"转折点",那时他非常敬重的心理学教授恩斯特·布吕克(Ernst Brücke)"指责我父亲极度缺乏先见之明,在考虑到我糟糕的经济状况之下,强烈建议我放弃理论事业"。弗洛伊德遵从布吕克的建议,离开心理学实验室,进入维也纳综合医院(Vienna General Hospital),在各个部门工作。弗洛伊德在19世纪70年代末便已遇见布雷尔，但是他们的关系可能没有1882年时那么紧密，那时弗洛伊德经常去布雷尔家吃晚餐。1882年6月17日，弗洛伊德与玛莎·贝尔奈斯（Martha Bernays）秘密订婚。

1882年，布雷尔终止了与第一位心理分析病人的治疗，在个案研究中他称这位病人为"安娜·欧小姐"。他一直在治疗她的各种症状，包括瘫痪以及语言和视觉上的障碍。布雷尔这时已经结婚了，并有五个孩子。他在病人身上投入的时间越来越多，这影响到了他的婚姻，最终导致他突然终止治疗。

以研究尼采著称的美国哲学家沃尔特·考夫曼（Walter Kaufmann）指出，从跨越1882年和1883年的那个冬天起，到1888年年底，"尼采进入全盛时期"，完成了八本书。1882年出版了尼采最伟大的作品之一《快乐的科学》，它和1878年出版的《人性，太过人性》（Human, All Too Human）在亚隆的小说中扮演了关键角色。到1882年，尼采已经因为身体问题而辞去巴塞尔大学的教授职务了，这是他在1869年以二十四岁的年纪便被聘任的头衔。凭借微薄的退休金，他从一位医师换到另一位医师，为已经对他的整个生命造成痛苦的问题寻求医学上的解脱。

这一年是尼采遇见路·莎乐美的命定之年，两人有一段短暂而纯洁的恋情。从英国精神分析学家欧内斯特·琼斯（Ernest Jones）的看法来说，路·莎乐美"分别与19世纪和20世纪最伟大的人来往：尼采和弗洛伊德。弗洛伊德极为欣赏她高傲而沉着的个性，觉得她远比自己优越，她也完全能够欣赏弗洛伊德的成就"。莎乐美欣赏尼采的成就，但是尼采几乎不觉得她高傲、沉着。尼采、莎乐美和哲学家保罗·雷（Paul Rée）三人曾经有过短暂的"三人行"同居情形，但是当爱情冲昏了头脑的尼采轻率地向莎乐美求婚时，莎乐美拒绝了，这加速了尼采自杀的危机——亚隆的小说便在此时展开。

事实与虚构

即使读者不了解历史上的布雷尔、弗洛伊德和尼采，也能够欣赏《当尼采哭泣》，但是当我们明白亚隆笔下的角色非常接近事实时，小说就拥有了额外的意义。在故事的开始，布雷尔和弗洛伊德就有着温暖而又不过分亲密的友谊。在小说里看到弗洛伊德处于几乎被历史遗忘大半的布雷尔下风的情况，感觉很奇怪。亚隆为什么决定将小说以一个如今在心理分析发展中似乎顶多只是一个脚注的男人为中心？1882年，二十六岁的弗洛伊德不够成熟、缺乏经验，无法理解尼采的苦闷与孤独的深度。[1]相反地，四十岁的布雷尔虽然没有弗洛伊德那样理智，但是更热心、更世故，能够同情像尼采这样的人，因为他自己也有一些与尼采类似的冲突。

亚隆展示出，弗洛伊德对布雷尔的理想化，致使他无法理解布雷尔对自己的事业与婚姻的失望。弗洛伊德太年轻了，无法感受

---

[1] 亚隆告诉我，他很想写弗洛伊德和尼采之间的治疗晤谈，但是时间对不上来。"等弗洛伊德成为精神科医师时，尼采已经无法与人沟通，而且病入膏肓了。"——原注

到布雷尔的中年危机,包括他在维也纳的反犹气氛中不得不做的妥协。布雷尔对弗洛伊德的人生有更深刻的见解,反之则不然。布雷尔看出了弗洛伊德逐渐进展的天赋,预见了这位年轻人之后将举世闻名。当布雷尔看到弗洛伊德浏览书房里的书架时,问道:"我是不是该保留个书架呢,好放你未来的大作,西格?"弗洛伊德回答说:"多希望能如此啊!但十年内不可能,约瑟夫。"

在历史上,弗洛伊德的时代很快来临了,尼采的时代也是。如琼斯指出的,弗洛伊德欣赏尼采的天才。琼斯提到,弗洛伊德多次说尼采"对自身有更透彻的了解,胜过任何活过或可能活过的人"。琼斯补充道:"从无意识的第一位探索者口中说出来,这无疑是一个高度赞美。"但是弗洛伊德受益于尼采的情形,比琼斯暗示的更为复杂。虽然弗洛伊德说他没有阅读尼采的书,以免受尼采的影响,但是亚隆观察到,弗洛伊德拥有一整套尼采的书,是奥托·兰克送的礼物。亚隆谈到"尼采和心理治疗领域的未竟事务"时,认为"整个心理治疗界都在追随弗洛伊德,而忽视了尼采的贡献"。亚隆在《当尼采哭泣》里的目标之一"就是要解决这个疏漏,开始更明确地吸取尼采的心理学见解"。

直到20世纪末,我们对布雷尔的认识大多都来自弗洛伊德,而这几乎不是公正的信息来源。弗洛伊德对别人的评价往往苛刻而且有偏见,尤其是那些从来没有完全接受他的心理学理论的人。弗洛伊德对布雷尔的批判是基于他们19世纪80年代短暂而带有冲突的合作。1882年,布雷尔写了《安娜·欧小姐》,但是弗洛伊德花了十多年的时间,才说服他不情愿的合著者,将个案研究纳入《歇斯底里研究》里，这本书里有五个个案研究，弗洛伊德写了其中的四个。

根据弗洛伊德的说法，布雷尔被他年轻的病人迷住了，这位病人表现出许多令人困惑的歇斯底里的症状。安娜·欧将布雷尔对她的治疗描述为一种"谈话治疗"，并巧妙地把谈话式治疗称为"清理烟囱"[1]。布雷尔在个案研究的结尾，错误地暗示了她已经被完全治愈，虽然他神秘地承认"隐瞒了许多颇为有趣的细节"。无论如何，她离治愈还很远。弗洛伊德的著作《标准版本》（The Standard Edition）的总编辑詹姆斯·斯特拉奇（James Strachey）在这个个案研究常被人引述的批注中说，弗洛伊德对他承认，布雷尔突然终止治疗是因为病人突然表现出——以斯特拉奇的话——"强烈、未经分析的正向移情，毫无疑问有着性的本质。弗洛伊德相信，正是这件事情让布雷尔多年不愿意发表这个病历，并且最终还放弃了和弗洛伊德的所有研究合作。"

一个棘手事件

弗洛伊德在《论心理分析潮流的历史》（On the History of the Psycho-Analytic Movement）里，用英语提到这个"棘手事件"。他暗指这是布雷尔智力上的胆怯，拒绝承认安娜·欧对他的性欲望，而布雷尔的自责和痛苦，标志着治疗的结束。在弗洛伊德看来，布

---

[1]安娜·欧对谈话治疗的一种昵称。——编注

雷尔缺乏坚持信念的勇气。换句话说，弗洛伊德认定，布雷尔缺乏弗洛伊德的坚持信念的勇气。

欧内斯特·琼斯提供了更多故事细节，包括安娜·欧的本名贝莎·帕朋罕（Bertha Pappenheim），她后来成为德国第一位社会工作者（琼斯的揭露让她的家人十分惊骇）。琼斯也揭露了一些布雷尔反移情的信息，但不知是真是假。根据弗洛伊德所言，有一次布雷尔到安娜·欧家里急诊，发现她处于——以琼斯的说法——"歇斯底里的分娩（假性怀孕）剧痛中，这是因布雷尔的治疗协助而无形中对怀孕幻觉所发展出来的合理终止结果。虽然万分震惊，他还是设法用催眠协助她安静下来，然后带着一身冷汗逃离那间房子。第二天，他和他的妻子前往威尼斯度二次蜜月，结果怀了一个女儿。"

关于布雷尔和安娜·欧的故事，弗洛伊德和琼斯的说法有多可靠呢？她有过怀孕妄想吗？布雷尔终止治疗是因为她的爱使他惊惶吗？《纽约时报》记者露西·弗里曼（Lucy Freeman）1972年为贝莎·帕朋罕写的传记《安娜·欧的故事》（*The Story of Anna O.*），与弗洛伊德和琼斯的说法一致。弗里曼创作于心理分析的"黄金时期"，她针对谈话治疗写过许多受欢迎的书，包括关于她自己长期心理分析经验的回忆录；这位作者从不挑战正统的弗洛伊德理论。她相信，安娜·欧的故事改变了人类历史的命运。"某些认识她的人将贝莎·帕朋罕描述为'几乎像圣徒似的'，而布雷尔则被称为'像基督似的'。是这两个人在18个月里上演的这出奇怪的疗愈戏码，导致了人类心灵上的救赎。"

德国杜宾根大学教授阿尔布雷特·希尔斯缪勒（Albrecht Hirschmüller）写了一本布雷尔的传记，1978年翻译成英文，其中对于这位医师与贝莎·帕朋罕的关系提供了最精确的描绘。希尔斯缪勒观察到，弗洛伊德的说法是"诠释性的重建"，会"在心理分析学说几十年间不断进步的影响之下"改变。关于安娜·欧歇斯底里的假性怀孕，证据很少——希尔斯缪勒质疑，如果是真的，为什么弗洛伊德在他发表的文献中没有提到？这位传记作家认为，布雷尔在1882年夏天也不可能逃离安娜·欧和维也纳。尽管如此，希尔斯缪勒的结论是，就像大部分"神话"一样，弗洛伊德和琼斯的说法"在所有的错误和半真半假之中，有一丝丝真相"。希尔斯缪勒还补充说，布雷尔似乎可能经历了"这案例中个人与医学上的利益以及对于如此深入的关系带来的后果所感到的某种恐惧之间"的冲突。这位传记作家认为，可能是玛蒂尔德·布雷尔（Mathilde Breuer）知道了丈夫受到安娜·欧的吸引，从而引发了婚姻危机。亚隆在《当尼采哭泣》的作者后记里，引述了希尔斯缪勒的研究，运用这两个可信的推测——布雷尔受到安娜·欧吸引以及他妻子惊恐的发现——来解释主角在小说中的个人及职业困境。亚隆引用了这个神话中比较不可信的部分，也就是贝莎·帕朋罕歇斯底里的怀孕以及玛蒂尔德·布雷尔命令丈夫将病人转给另一位医生的要求。

弗洛伊德对前导师的矛盾心理以及对感恩的不信任

弗洛伊德对布雷尔说过一些贬低的言论。布雷尔是"一个有学识的懦夫"形象,已经印刻在心理分析学的传统知识里。弗洛伊德对前恩人的防范态度,有一部分与弗洛伊德对感恩的矛盾心理有关,这是亚隆小说里的重要议题之一。弗洛伊德在《论心理分析潮流的历史》里回想,1909年他一生中唯一一次造访美国是在克拉克大学(Clark University)的演讲。他被这个重要事件深深感动,于是说:"不是我创造了心理分析,这项殊荣应该归功给别的人,给约瑟夫·布雷尔,在我还是学生,忙着考试的时候(1880—1882),他就开始着手工作了。"之后,弗洛伊德毫无缘故地提到别人认为他的赞美太夸张,他的表达方式"在那个场合太过度了"。

弗洛伊德是在两面通吃:首先他对布雷尔创造了心理分析表达无限的感恩,然后他利用某个不知名的人充当发言人,指出他的赞美是过誉了。弗洛伊德的结论是,无论心理分析的历史始于布雷尔或他自己,都没关系,但他在书中第一段反驳了这种说法,他在第一段毫无保留地断言:"心理分析是我创造的;十年来,我是唯一专注在这上面的人。"琼斯说弗洛伊德对布雷尔产生"苦涩的敌意",他只说对了一部分,弗洛伊德在19世纪90年代的信件里反映出来的恨意,是弗洛伊德"在发表的任何著作中从未表达的情绪,他在其中提及布雷尔时总是赞美和感激"。相反地,弗洛伊德对布雷尔的深刻矛盾心理在《论心理分析潮流的历史》里很清楚,他对布雷尔表示感激之后,会立刻伴作赞美。

弗洛伊德怨恨自己在经济方面亏欠了布雷尔,虽然(或是正因为)布雷尔表示愿意免除债务。他在1898年1月16日写给朋友威廉·弗利斯(Wilhelm Fliess)的信中提到这件事,信的开始说:

"最近，布雷尔又耍了一个绝妙的花招。"然后详细地写出他和布雷尔之间关于借贷的对话。弗洛伊德痛苦地总结道："这足以让人对善意的行为极端忘恩负义。"［《弗洛伊德与威廉·弗利斯书信全集》（*Complete Letters of Sigmund Freud to Wilhelm Fliess*）］。

对于弗洛伊德必须向年长的同事借一大笔钱，在经济上欠布雷尔一个人情，我们可以理解弗洛伊德的恼怒以及他受到伤害的自尊心。弗洛伊德对布雷尔的动机所做的嘲讽诠释，可能有部分真实，但是我们也能以更宽容的角度诠释布雷尔的行为，如同亚隆在小说接近尾声时告诉我们的，布雷尔免除了弗洛伊德的债务。对于弗洛伊德，施与受的关系是紧张的，甚至是无法忍受的，但是，布雷尔可能已经竭尽全力不让弗洛伊德觉得欠他人情。然而他们的关系最后还是决裂了，双方都对对方失望，都觉得受到了对方伤害。

布雷尔的难题

《当尼采哭泣》的开篇，亚隆完全不浪费时间，直接揭露出布雷尔的两个难题。在与妻子到威尼斯度假时，他可以暂时离开每天看十几位病人的生活，同时趁机结束对贝莎·帕朋罕两年的治疗。布雷尔收到名为路·莎乐美的年轻女性寄来的一封无礼的信，坚持第二天早上要和他在索伦多咖啡馆（Cafe Sorrento）见面，因为有一件非常紧急的事情。"这攸关了德国哲学的未来。"布雷尔不情愿地同意了这个要求，而在等待她的时候，他一直在想着自己痴迷的前病患贝莎。布雷尔如痴如醉地回想，当他告诉贝莎自己无法再当她的医生时,她最后说的话:"你永远是我生命中唯一的男人。"无论是清醒时还是睡梦中,他都会想起她诱人的美貌。"难道注定了我这个人将只是一座舞台,在这个舞台上永远上演着对贝莎记忆的戏剧吗?"他想知道,这种疯狂的想法从何而来?

在布雷尔沉思着这些问题时,路·莎乐美毫不迟疑地大步跨进咖啡馆,暗示着他即将陷入一个令人苦恼的伦理难题。她发挥自己巨大的魅力,说服他接受一位他从未听闻过的病患——尼采。由于担心尼采如果没有接受医学治疗就会自杀,莎乐美警告布雷尔,这位哲学家的死亡将"会有严重后果——对你、对欧洲文化、对我们所有人"。

在《当尼采哭泣》里,亚隆只用了几页文字描写路·莎乐美,但是她显得极度自信,她不仅知道自己的命运,也知道尼采的命运。布雷尔同意一个月后和莎乐美在他维也纳的办公室再次见面,在那里她提供了更多关于尼采的信息。她让布雷尔绝对不可以对尼采透露是她安排的这场治疗,因为这位哲学家无法原谅她拒绝了他的求婚。布雷尔也不可以告诉尼采,她送了两本尼采的书让医生阅读,《人性,太过人性》和《快乐的科学》以及一封德国作曲家理查德·瓦格纳(Richard Wagner)写给尼采的信。她给布雷尔看了一张照片,照片里尼采和保罗·雷站在车子前,而她跪坐在车子里面,挥着一根小鞭子,象征她对这两个男人的权力——三个男人,如果把同样受到她催眠魔力影响的布雷尔也算上的话。亚隆对莎乐美的描绘让人想到《圣经》里的莎乐美,代表着致命的女性吸引力。

布雷尔对于治疗尼采的挑战很感兴趣,尼采已经受过二十四位欧洲最好的医生的检查,没有人能够找出他神秘的身体和心理症状的源头。尼采描述自己是"死后才会出生",一个世界尚未准备好接受的思想家,这个说法也让布雷尔感兴趣。与尼采一样,布雷尔也对哲学有极大热情。历史上的布雷尔对古典哲学和当代哲学有全面的了解,包括亚隆最喜欢的哲学家叔本华和斯宾诺莎。此外,布雷尔还希望这个新的个案可以让他摆脱对贝莎的痴迷。治疗尼采可能有助于治疗他自己。

在解释尼采需要一个"治疗绝望的医生"时,莎乐美告诉布雷尔,她听过布雷尔为安娜·欧提供的治疗——"这名陷入绝望的女子,你以一种'谈话治疗'的新技术来处理她的症状;那是基于人的理性所进行的治疗,也是对纠结精神错乱的解答。"如果布雷尔和弗洛伊德要到十几年后才会发表《歇斯底里研究》,莎乐美怎么会知道这些?亚隆合理地想象莎乐美通过仍在医学院就读的弟弟口中了解安娜·欧,她弟弟听过布雷尔针对歇斯底里的演讲。亚隆谨慎地构思情节、考虑历史的正确性以及熟练的性格描写,使得这本小说极为成功。布雷尔接受了莎乐美的挑战,虽然他担心自己——跟麦克白的医生一样——无法治疗一个已经死亡的心灵。就这样,布雷尔和尼采的关系伴随着表里不一的元素而展开。以正直自居的布雷尔背负着罪恶感,直到故事结尾,他才对沮丧的尼采揭露了这个秘密。

布雷尔愿意接受尼采作为他的新病人,这表明了他是个大胆的医生。治疗这样的病人可能需要一种新的疗法,一种心理上的疗法。我们永远无法确定医学实验的后果会如何。历史上的弗洛伊德带着一种自我应验的讽刺，坚称心理分析会把每个人最糟糕的一面展示出来。布雷尔对尼采施行的治疗实验，会展示出病人最糟糕的一面吗？还是展示出治疗师最糟糕的一面？更积极地说，医生能够在治愈病人的同时治愈自己吗？在一个互相治疗的关系中，我们要如何区别治疗者和被治疗者呢？

布雷尔：一个具有代表性的角色

亚隆笔下的布雷尔不像历史中的布雷尔那样受到传统医学程序的限制，也不那么小心翼翼让自己远离风险。2000年版本的《歇斯底里研究》前言中，亚隆称布雷尔为"历史上第一位动能心理治疗师"——然后生动地展现布雷尔在心理学上的洞见。基于对《日益亲近》和《爱情刽子手》的理解，我们可以看到，亚隆笔下的布雷尔在很多方面都像亚隆本人。

布雷尔确实是一个具有代表性的角色，是精神科医师亚隆想象自己处在布雷尔状况中的自画像。两人都愿意尝试治疗师和病患双方都冒险的新式心理治疗。两人都觉得治愈别人有一部分是为了治愈自己。两人都肯定自我表露的价值，愿意将自己的人生打开让别人看，了解自我表露会带来别人的自我表露。两人都不喜欢医生自以为重要的自我膨胀、上流社会的傲慢以及那些确信自己崇拜唯一真神的人狭隘的思想。两人都深爱自己的妻子，但是也知道对另一位女性痴迷爱恋的痛苦是什么滋味，她们的模样侵入了他们的思维和梦境。亚隆理解布雷尔对女性的欣赏，理解他想要"跟她们的肉体纠缠"的欲望，然而这又是两位医生竭尽全力加以抗拒的。亚隆极为认同布雷尔对死亡的恐惧——逃离"时间的监狱"是不可能的事。两人都偏好使用心理治疗，避免过度用药；如同亚隆那样，布雷尔相信他发现了"药理学的替代疗法，一种在心理学上的相等物"。为了治疗绝望，促使布雷尔和亚隆都成为心灵的医生，他们的寻求带领他们到了尼采身边，找到了存在治疗。

对贝莎的可怕欲望使布雷尔感到苦恼，他无法跟任何人讨论自己的痴迷，甚至无法和年轻学徒弗洛伊德谈起，弗洛伊德太年轻稚嫩了，无法理解中年男人的抱怨。而且，历史上的弗洛伊德很欣赏布雷尔的妻子玛蒂尔德——他将自己的长女也起名为玛蒂尔德——他会批判布雷尔对病人全心投入的热情。让情况变得更复杂的是，弗洛伊德的未婚妻玛尔塔·贝尔奈斯是贝莎的好友。怪不得布雷尔无法告诉弗洛伊德了。

布雷尔猜想他对贝莎的痴迷一定是源于从意识无法接近的心智，这预示着弗洛伊德最伟大的发现之一。不过，布雷尔还没有准备好接受弗洛伊德正在酝酿的、关于意识的革命性新理论，弗洛伊德已经开始研究梦境的意义了。布雷尔向弗洛伊德承认："当你谈到另一个独立心智的时候，一个有意识的精灵在我们体内设计复杂的梦，并将它们从我们的意识中隐藏起来，这似乎很荒谬。"但是，布雷尔不仅无法摆脱死亡与性的想法，还越来越信服一定有一部分的心智是意识无法企及的。1882年，历史上的弗洛伊德还需要好几年才根据他的自我分析发现假定无意识自我的存在，积存着被压抑下来的性与攻击的冲动。

在陋巷与暗门中迷失

当布雷尔终于见到尼采时，才慢慢地接受了这个概念；尼采迫使布雷尔质疑自己生活和工作的方方面面。像弗洛伊德一样，尼采也正在发展一个观点，即心灵不是以一个单一的实体在运作。尼采对布雷尔说："我们的意识可能有某一个部分，可以独立于其他部分来运作。或许，'我'跟我的身体，在我本身的心智背后另有所图。你知道的，意识喜欢陋巷与暗门。"

尼采自己的心智充斥着陋巷与暗门，造成近似自我毁灭的破碎人格。在整本小说中，亚隆都在传达尼采的痛苦、孤独和不信任。这个黑暗、情绪不稳定的生物，能够在某一刻飘升到存在的最高峰，下一刻却陷入最深的绝望，尼采被严重的偏头痛、恶心、部分失明、肠胃问题、眩晕以及失眠折磨——历史中的尼采也为这些问题所苦。此外，他对吗啡和水合氯醛上瘾，两种药物服用过量，到了危险的地步。让事情更为复杂的是，他并不配合治疗，他不确定是否要放弃使他绝望却同时也是他灵感来源的疾病。

布雷尔要如何治疗这样一位病人？他病情严重到辞掉了巴塞尔大学的教职，离开亲戚和家人，走遍欧洲寻找可以缓解可怕痛苦的方法。尼采流浪般的生活使他没有根、没有朋友。多年前，尼采受到导师理查德·瓦格纳的背叛，现在又受到保罗·雷和路·莎乐美的背叛，他的妹妹伊丽莎白也背叛了他，伊丽莎白想摧毁他和保罗·雷以及莎乐美的关系，后来在全权处理他的著作的时候，还扭曲他的文字，以符合她自己的反犹立场。尼采蔑视同情、怜悯、感恩，认为这些都是削弱自我的世界关系的一部分。布雷尔要如何治疗一个认为人类和动物无异、女人表里不一、感恩是复仇、利他是软弱的病人？

亚隆一开始对尼采的描绘，捕捉到了尼采温文、恭敬的举动，与他在文字中令人惊愕、往往非常刺耳的声音所形成的惊人的对比。亚隆既不把这位哲学家提升为圣人，也不简化成夸张讽刺画。亚隆从未掩饰历史上的尼采，也从未修饰他的文字，使之更具吸引力。我们看到了尼采高贵的精神不断与他卑鄙的自我憎恶战斗。亚隆笔下的尼采避免无谓的客套，将自己当前的存在状况浓缩成几句话："我整个生命都变成了一个旅程，我开始觉得我唯一的家，唯一熟悉的地方，是我那纠缠不去的病痛。"没有一位病人像他这样雄辩地谈论自己的病情——亚隆的艺术才华之一就是他凝聚浓缩的能力。历史上的尼采本人就是言简意赅的大师。他在《偶像的黄昏》（*Twilight of the Idols*）中宣称："我的野心就是用十句话说出别人用一本书说的话——以及别人在一本书里没有说的话。"

布雷尔本身的权威和声音同样令人印象深刻。他拒绝阅读尼采提供给他的大量医学报告，给了一个尼采马上就能够理解的理由。他对他的病人解释道："要我以它们作为诊断的起点，会有一项重大的缺陷。太多权威、太多显赫的意见与推论会压迫一个人综合想象的能力。出于同样的原因，读剧本，应在看戏之前，更应在阅读剧评之前。难道你在你的专业工作里没有发现这种情况吗？"我们从他们开始的对话就明白，两人都非常聪明，而且阅读是他们生活的核心活动。他们都在阅读彼此的个性——而布雷尔还读了这位哲学家的书，试图了解作者的生活。

亚隆仅用寥寥几笔便成功地将尼采划时代的思想写出来了。一开始关于阅读文本的讨论，无论是医学的或哲学的，都导致尼采声明他不信任任何诠释者，因为他们局限于个人与历史的观点。在被问到他自己如何避免这个问题时，尼采承认他知道自己这方面的局限性——然后学着"由远处观看自己。唉，只是有时候严重的病情会影响到我的洞察力"。

疾病似乎猛烈拓展了尼采自己的观点——至少在他没有病到无法阅读或创作的时候。病痛，尤其是忧郁，往往让人变得沉默无声，囚禁在痛苦的世界里，但是亚隆笔下的尼采以非凡的洞察力讲述自己的忧郁："我有我的黑暗时期。谁没有呢？但是它们不曾拥有我。它们并非源于我的病痛，而是源于我的存在。或许有人会说，我有拥有黑暗时期的勇气。"

创造力和疯狂

17世纪英国诗人约翰·德莱顿（John Dryden）说："伟大的智慧确实和疯狂很接近，以非常薄的界限彼此相隔。"尼采对于创造力和情绪障碍之间的神秘关系有敏锐的洞察力。他对自己的病痛有何看法呢？关于自己的健康，他提到最多的——而且大概是最难解读的——是在写于1888年、在他死后于1908年出版的《瞧！这个人》（*Ecce Homo*）："我没有病态的特质；即使在严重病痛时，我也从未变得病态；在我的个性中寻找狂热特质将是徒劳。我生命中没有任何一刻可以证明我放肆和可悲的本质。"沃尔特·考夫曼承认，我们不可能知道这句话是"露骨的讽刺，还是相反地，完全缺乏自我觉察"。

布雷尔为尼采做了彻底的健康检查，也询问了他的病史，让身为医生的亚隆得以提出自己的观点。病患出于被认可的需求，私底下很享受对他们生活的详细检视。"被别人观察，会为一个人带来多强的满足感啊。布雷尔深信，年老、死别、比朋友长命的痛苦，就在于缺少了被人观察的机会；过着不受注意的生活，就是一种痛苦。"亚隆暗示，在生命将尽时，存在的孤独和寂寞会加剧，从而更加需要人际关系。身为一位没有读者的作家，尼采一直痛苦地活在没有人观察的生活中。这也是为什么他如此享受布雷尔对于他的健康的提问。

严苛的真相

身为内科医生的布雷尔，却经常像心理治疗师一般地思考。他应该提出会引起病人抗拒的探究式问题吗？还是应该提出其他问题，通过显示同理心来强化医患关系？他通常选择后者，因为同理心过多不会造成问题。虚拟的布雷尔预示了卡尔·罗杰斯、海因茨·科胡特（Heinz Kohurt）[①]和亚隆这样的心理治疗师，这些人都坚持同理心的重要性。

尼采同意冗长的检查，但是当布雷尔准备离开时，这位病患做出不寻常的要求：他想要提出三个率直的问题。布雷尔同意了。尼采会失明吗？他的发作次数会增加吗？他是否有正在恶化的脑部疾病，最后会瘫痪、疯癫或痴呆？布雷尔欢迎冷酷而直言不讳的提问，他相信这会给他一个机会，让病患有责任对医生诚实。读者应该还记得亚隆在《爱情刽子手》里，对彭妮提出的尖锐的问题。但是当布雷尔坚持医患关系需要彼此诚实的时候，尼采依然重复自己的问题。尼采提出了一个与布雷尔的医学训练有所抵触的问题：面对将死的病人，医生是否有诚实以告的责任？

突然，角色对调了：这位哲学家让医生处于防卫的位置。布雷尔说着直到20世纪末依然持续的传统医学观点，声称他没有权利将痛苦的真相强加给病人。尼采提出反对："谁可以决定一个人不希望知道的是些什么呢？"这段简短的对话成为小说中的关键时刻，让尼采得以教导布雷尔冷酷真相的必要性。尼采回应道："有时候，老师必须狠得下心。人们必须被告知坏消息，因为生命本身是严酷的，濒临死亡也是如此。"尼采是一位幻想毁灭者，正如亚隆在《爱情刽子手》里从头到尾所扮演的角色。

随着对话的持续，尼采表达了核心见解，反映出他和亚隆对生命的观点。这位哲学家经典的真理之一，"成为你的存在"，揭

[①]海因茨·科胡特是20世纪美国心理学家，自体心理学创始者。——译注

露了实现自我的需要。尼采从古希腊抒情诗人品达（Pindar）那里得到了这句箴言，品达坚称"了解自己是什么之后，成为那样的自己"。另一个尼采式经典的真理，就是需要与死亡和解。想要解决"如何活"的问题，必须先解决"如何死"的问题。尼采告诉布雷尔，我们必须决定"如何面对死亡"，接着他举例说明了人们如何和死亡针锋相对，对于生命的核心奥秘得出自己的结论。在这里，尼采的声音无疑是作者本人的声音。就像亚隆的其他作品一样，《当尼采哭泣》是当代的死亡艺术（ars moriendi），揭露了临终的艺术。

在现代史里，尼采或许是被人引述和错误引述最多的哲学家了。要用几句话提炼出伟大作家的作品精髓，本身就是一项艺术。为了避免把尼采仅仅当成两片嘴皮子供作者运用腹语术来传达关于存在的真理，亚隆描绘的医师和病人的交谈不是像说教一样，而是像下棋一般，双方互相较劲，试图胜过对方。亚隆在布雷尔和尼采的关系中注入激烈的个人竞争和研究领域上的竞争，读者永远无法确定结果将会如何。

为了让哲学家安于病人的身份，布雷尔提出医生应该永远让临终病人保持希望，但是尼采勃然大怒，断言"希望是最终的灾祸！"这句话也曾出现在《人性，太过人性》里。当布雷尔提出自杀的议题，尼采用格言回应道："我一直觉得死亡的最终报酬是不必再死一次！"这句话也出现在《爱情刽子手》里。布雷尔赞赏地点头，记下了这句话，尼采不得不指出这句话来自《快乐的科学》。布雷尔表示想买这两本书，他没有告诉尼采，莎乐美已经背着尼采偷偷把书送给他,此时这位默默无闻的作家说,没有人买他的书。然后他为布雷尔写下出版商的名字及住址。随后,他把自己的《人性,太过人性》和《快乐的科学》借给了布雷尔,书页边缘全是手写的速记符号。布雷尔无法相信自己运气如此之好,现在他可以公开引述书中的内容而不用编造借口了。

"你的动机是什么?"

布雷尔要如何治疗像尼采这样不配合的病人呢?尼采紧紧抓着病痛不放,就像他想要在病痛中解脱出来一样。布雷尔咨询了弗洛伊德,透露了他对病人的医疗检查结果,并对于如何进行治疗征求意见。弗洛伊德提出三个建议:建立坚强的医患关系;让病人住院几周;用布雷尔对贝莎采用的"清理烟囱"技巧,频频深入地讨论他的绝望。布雷尔立即接受了弗洛伊德的建议,说出"学生替老师上了一课"而结束了对话。布雷尔本可以引述尼采最机智的话之一:一直保持学生的身份,就是对老师糟糕的报答。

但是,弗洛伊德的建议并未获得预期的效果,因为当布雷尔赞美尼采的作品时,尼采刻意不做出回应,布雷尔对于那三个医学问题的直率答案,尼采似乎也不满意。保证没有隐瞒任何医学事实之后,布雷尔提醒尼采他们有个互相诚实约定,对此尼采反驳说,没有任何隐瞒的对话是"地狱"。然后,他开始"赞美"他的病痛,说:"任何不曾杀死我的东西,都让我更强壮。"这是他最难忘的言论了。被问到一个人是否选择了病痛时,尼采回答:"我不确定；或许，人真的选择了一种疾病。这有赖于那个'人'是谁。精神不是以单一实体的方式来运作。我们的意识可能有某一个部分可以独立于其他部分来运作。或许，'我'跟我的身体在我本身的心智背后另有所图。你知道的，意识喜爱陋巷与暗门。"听到尼采所说的话和弗洛伊德的话如此类似，布雷尔感到很吃惊。亚隆让读者看到从历史中所获得的戏剧发现：两个惊人类似的理论，有可能是各自独立产生的。

虽然尼采知道有必要解开意识的神秘，但是没兴趣讨论他自己隐蔽的无意识。尼采坚决拒绝布雷尔和弗洛伊德的建议。他声称，既然他的生存样态像流浪似的，那么生活就没有压力，而且任何他感受到的神经过度紧张都是他工作所必需的。尼采不愿意住院，不想在寒冷的维也纳停留太久。他也拒绝了布雷尔免费为他治疗的建议。他不愿意进一步欠布雷尔人情。

布雷尔使尽浑身解数，试图说服尼采接受他的协助，包括引述这位哲学家在《人性，太过人性》里的话："心理学的观察是一种手段，利用它可以缓和生活的负担。"尼采同意他一生都在进行这种心理学解剖，但是他不愿意成为医生研究的对象。然后，这位哲学家要求知道："在这个治疗计划中，你的动机是什么？"布雷尔给了几个闪烁其词的答案，没有一个是令人满意的。他无法揭露自己治疗尼采的三个动机：在威尼斯被莎乐美的美貌迷倒了；喜爱瓦格纳的音乐，而布雷尔未经允许地读过瓦格纳写给尼采的信；渴望和天才在一起时的智力挑战。布雷尔只想得到一个尼采可能同意的解释。布雷尔引述尼采的话"成为你的存在"，他认为或许尼采的命运就是对医疗科学作出贡献并解除痛苦。他还补上一句,他说布雷尔的命运可能是帮助尼采成为他自己。出乎意料的是,尼采轻蔑地拒绝了这个解释,他认为这是自私的。"而如果我如你所说,注定要成为伟大的人物,那么你作为我的鼓舞者、我的救世主,甚至变得更伟大了!"然后他冲出办公室,留下震惊的布雷尔,治疗终止了。

几天之后,一位旅馆店东告诉布雷尔,尼采因为水合氯醛使用过量而晕倒在房间里。在布雷尔的帮助下,尼采恢复意识,坚持支付布雷尔出诊费并要立即离开维也纳。"我对债务与酬劳的感受依然未变。"布雷尔再度试图让尼采接受治疗,虽然明明知道自己无法和比他聪明太多的哲学家斗智。尼采拒绝改变心意,但是态度软化了,承认自己从未遇见过一位像布雷尔这样的医生。尼采说,如果布雷尔想知道感恩的概念为何如此令人惊骇,就必须阅读他写的书,这植根于他的存在本质之上。然后,在布雷尔的失望中,尼采离开了。

感恩与报复

我们可以接受尼采的邀请,阅读他的书,翻到他关于感恩的文字。他从未用一整本书讨论这个棘手的主题,但是经常在文字中隐晦地提到感恩。他最早提到感恩的文字,出现在他三十四岁出版的《人性,太过人性》里。"有能力的人为了以下原因感到感恩:他的恩人通过善行仿佛侵犯了这个有能力的人的空间并刺穿了它。现在通过感恩的行为，这个有能力的人通过侵犯恩人的空间来回报自己。这是较为温和的报复。"

尼采暗示着，感恩的动机是秘密地想要通过声称自己的劣势，而揭露和操控别人的弱点。在尼采的世界里，表示感恩和接受感恩的人，也就是有能力的人和恩人，都投入一种掩盖在一层薄弱文明虚饰之下的权力斗争。双方都不会承认这场秘密的战争。尼采认为，这种对立关系中充满欺瞒和虚伪，却掩藏在道德的面纱之下。看起来"善意"的行为，事实上是邪恶的，至少对于感恩的受害者而言是如此。尼采将自己视为这种地下战争的揭露者，而社会许可并促成这种战争。他对感恩的攻击是他对整体基督教义的更大攻击的一部分，他将基督教义当作"奴性的道德"。

尼采对感恩愤世嫉俗的观点导致许多问题，部分是针对他疑心重重的诠释。感恩里难道没有更为利他的动机吗？感恩难道永远只是某种报复吗？如果感恩的施与受双方能力相当时，会发生什么事？很少有人会怀疑感恩有时可能变成负担，但是为什么尼采坚持感恩只是出于利己主义的动机呢？

讨价还价

当哲学家短暂回到医生的办公室支付账单、获取医学报告时，拒绝放弃治疗尼采的布雷尔，做了最后一次努力。布雷尔提出一个独特的专业交换，这是在医学史上或小说史上都从未出现过的交易。这个专业交换是亚隆这本小说的核心。布雷尔提议，他在一间医疗中心免费治疗尼采主要的头痛问题——偏头痛，为期一个月。作为回报，尼采则像个医生一样治疗布雷尔，治愈他病态的灵魂。尼采很困惑，无法想象布雷尔的意思。有生以来第一次，布雷尔揭露了他的痛苦本质。他的绝望可能在表面上并不明显，他看起来生活惬意，但是在表层之下，充满着绝望和混乱：

> 你问我是哪一种绝望？让我们说，我的心智并不是我一个人的，我被外来的污秽念头侵袭与攻击。其结果是，我感到自卑，而且我怀疑我的正直。虽然我关心我的太太与我的孩子们，但我不爱他们！事实上，我因被他们禁锢而感到憎恶。我缺乏勇气：去改变我的生活或继续活下去的勇气。我已经找不出我活下去的理由——那个关键的理由。我为年华老去的念头所盘踞。虽然我每天都离死亡更近了一步，但我还是惧怕它。即便如此，自杀有时也会潜进我的心灵。

首先，布雷尔的坦白是表达他对妻子和孩子的矛盾心理，对于这一点，独居而没有孩子的尼采无法理解。但是布雷尔知道，只要提到受到"外来的污秽念头"围攻，就一定会引起尼采的兴趣，此时的尼采正在形成他自己关于无意识的理论。布雷尔承认自己的自我厌恶也可能引起尼采的兴趣，因为尼采太熟悉这个主题了。布雷尔还是羞于承认自己对贝莎的痴迷，但他确实揭露了对亚隆而言或许是生命中最核心的恐惧——对于逼近的死亡的恐惧。

布雷尔对安娜·欧的痴迷反映了多少亚隆在《爱情刽子手》

里谈到的,他对一位在研讨会遇见的女性日思夜想的痴迷呢?一开始,亚隆承认:"我迷上了这种感觉,一遍又一遍地回味。"但是后来这份痴迷强占了他的生活,摧毁了存在的"丰富现实"。我们还记得,这黑暗的痴迷让亚隆不得不重新接受治疗,以重新获得对生活的控制。具有讽刺意味的是,在他接受一位治疗师治疗时,这位治疗师本身也正在为一位心思全在别人身上的女人痴迷。《当尼采哭泣》正是这种状况。

告解背后的动机

布雷尔的提议背后动机是什么?提议这项专业交换是出于诚恳还是虚伪?这项计划确实包含一些欺骗的成分,因为布雷尔完全没有提到莎乐美找他的事,也没有提到自己就像尼采一样受到她的迷惑。看到自己的话对尼采的影响,布雷尔沾沾自喜于自己设计了如此优雅的陷阱。他要求尼采对人性本质的怀疑,说出哲学家想听到的话。布雷尔知道,如果要让他的提议被接受,就一定不可以强调这个专业交换中利他的本质。"我的动机全然是利己的。我需要帮助!你强大到足以帮助我吗?"

布雷尔的绝望是真的,他对尼采的崇敬也是真的。读者可以清楚看到,医生试图从自己对贝莎可怕的痴迷中寻求解脱。如同尼采一样,亚隆明白动机是很复杂的,翻搅着利他与利己的冲动。布雷尔可能想对尼采发挥力量,但是他也要利用哲学家的力量。尼采接受了布雷尔的建议。亚隆就这样巧妙地为一场非比寻常的治疗搭建起舞台,建立在相互自我表露之上——对布雷尔而言是非比寻常的,但对亚隆则不是;亚隆在《日益亲近》里就用了类似手法,他和金妮·艾肯都写下了晤谈记录,并彼此分享。

治疗的艺术

然而,危险正等待着尼采和亚隆。尼采要如何将他大胆的哲学运用在为了好好活着而寻求务实建议的医生身上呢?亚隆要如何对读者传达尼采的想法,而不至于将复杂的想法庸俗化呢?这个问题令人生畏的原因有几个。一位说书人要如何在不牺牲小说的其他元素:性格描绘、情节、讽刺与观点的情况下,传达充满歧义、悖论、设问(aporia)的格言式文字和简短有力的宣言?如何写出一本非理性的思想性小说?说书人要如何避免说教?

亚隆避免变得抽象的一个方法是让我们沉浸在19世纪末期维也纳——心理分析的发源地——的细节里。小说家用20世纪美国人类学家克利福德·格尔茨(Clifford Geertz)所说的"厚实的描述"(thick description)技巧,重建维也纳生活的文化与智力氛围。亚隆让我们看到尼采接受偏头痛治疗的医疗中心环境上的细节,也列出历史上的尼采使用的处方药物。亚隆重建了布雷尔告诉弗洛伊德他那位偏头痛教授的治疗细节时所在的咖啡馆,然后让两人去了创建于1786年的维也纳知名糕点店"迪麦"(Demel's),布雷尔点了巧克力果仁蛋糕,弗洛伊德则点了柠檬果仁蛋糕。

亚隆避免抽象的另一个方法是将小说置于冲突中。当布雷尔告诉弗洛伊德他和哲学家达成的惊人交易时,弗洛伊德充满怀疑。"你把他诱入的陷阱是建议他由一个单一样本——你——来作为起点,来开始他对西方文明的治疗?"这个策略可能显得很荒唐,但是历史里的布雷尔确实用这个方法治疗了安娜·欧。小说中的布雷尔对尼采的治疗计划逐渐有了进展,先是说服尼采帮助他,同时慢慢地操控这位哲学家,让他进入病患的位置,过程中充满了医生事前无法想象的讽刺。

还有一个让亚隆免于抽象的方法,就是透过角色的复杂性。历史中的弗洛伊德虽然对心理学有深刻的见解,但是他欠缺"为人的资格"(Menschlichkeit),对于让我们成为——用德语/意第绪语来说的话——一个人(Mensch)的性质欠缺了解。当弗洛伊德坚持告诉未婚妻玛尔塔每一件事时,小说中的弗洛伊德跟历史中的弗洛伊德就已如出一辙,在心理方面表现出一派纯真,简直像个清教徒——而且,他从未对别的女性有过性幻想。布雷尔想象尼采将会轻易地陷入服从的病人角色时,则显得踌躇满志。布雷尔还不知道,他的处境在某些方面比尼采更绝望。布雷尔的状况因为他强烈的正直感而变得更加复杂,由于他和莎乐美的共谋关系,他的正直已经妥协了,甚至可能一蹶不振。以他和哲学家的关系,他要如何表现得体面呢?而尼采显得就像——真正的尼采,是亚隆身为小说家最大的成就。历史上没有几个天才比尼采有更多的盲点,他始终保持着高贵的心灵,但是备受折磨。他在著作中喜欢称呼自己是"伟大的不道德倡议者",但他与别人交往中总是彬彬有礼、毕恭毕敬,或许从未做过任何不道德的事情。

心智的聚会

身为医生，布雷尔既权威又自信，但是身为病患，他却很困惑、抗拒。他不喜欢尼采有系统的临床方法，虽然和他自己的临床风格极为相似。当尼采希望从最基本的问题——死亡恐惧——开始时，布雷尔感到特别烦恼。布雷尔对治疗过程极为不安，甚至不知道要如何称呼它——"也许是绝望心理疗法或哲学治疗术，或者是某个尚未发明的名字。"

接下来，小说中的布雷尔和尼采发明了一种创新的治疗形式，称为心理治疗，来缓解心理上的冲突。在回答尼采问到是否治疗过心理疾病的问题时，布雷尔开始提及安娜·欧的故事，但是尼采阻止了他，说他不要听任何令人尴尬或感到羞耻的事情。亚隆强调了尼采强烈的要求隐私、喜欢隐藏的个性与他作品之间的矛盾；他的所有著作都呼吁诚实和开放。布雷尔说服尼采，无论多么不安，他必须听完关于安娜·欧的故事。他首先述说了他使用"清理烟囱"的技巧治疗安娜·欧。布雷尔告诉尼采，这种方法让她暂时好一些，但是对她的歇斯底里症状毫无效果。然后，布雷尔提及他如何无意中找到有效的治疗方法，那时他针对她的所有症状进行追溯，全部都追溯到他认为的源头，也就是安娜·欧父亲的过世。对于尼采来说，这个发现非常不同凡响，于是他建议布雷尔用在自己身上。布雷尔拒绝了，一方面是因为他宣称歇斯底里症状只发生在女性身上，另一方面是因为他无法像安娜·欧一样被催眠；还有一方面则是因为他相信他自己的不快乐比较接近正常人的焦虑和痛苦。

转折点

当布雷尔述说他对贝莎的疯狂痴迷时，尼采用一句格言回应：
"或许，只有通过做一个男人，一个男人才能真正地解放一个女人体内的女人。"尼采在这里是在暗示医生有权在性方面利用女人吗？赞成男人占女人便宜？所有的女人都像他心目中的莎乐美一样，是致命的女人吗？这句隐晦的话给了布雷尔机会来重申他坚持信守的希波克拉底誓言。然后他表露了自己受到另一位女性的吸引，他之前的护士伊娃·博格（Eva Berger）；伊娃很担心布雷尔对贝莎的痴迷，便主动提供自己的身体，让布雷尔"释放"自己压抑的欲望。对女人的不信任几乎到了厌女地步的尼采，对伊娃持怀疑态度，称她为"掠食者"。这一幕确立了这两个男人对女人截然不同的态度，这个差异直到小说尾声都没有得到解决。

当布雷尔敞开心扉时，他列举了自己内在冲突的许多症状，如不请自来而让他痛苦的念头和嫉妒之类折磨人的情绪。他指示拿着笔记本的尼采，把这些恶劣习性添加到他不断增长的清单上。尼采手上那张布雷尔个性缺点的清单有些滑稽。医生几乎毫无保留，包括他很享受自己的职业所带给他的权力。虽然布雷尔的坦白有部分动机是想要诱使尼采也进行坦白，但医生意外地发现"多么容易——事实上，令人兴奋——就揭露了这么多"。这次晤谈是他们关系的一个转折点。之后，他们各自写了关于对方的个案研究笔记，就像亚隆和金妮在《日益亲近》里一样。布雷尔和尼采的治疗笔记，显示了两人极为不同的观点，再次与《日益亲近》如出一辙。布雷尔针对尼采对女人"不可思议的盲点"以及"野蛮的，几乎没有半点人性的"感觉发表看法；尼采则对布雷尔面对女人时愿意"在那种污泥中打滚"发表看法。双方都相信自己了解对方——而且两人都感到意外。下一次晤谈时，布雷尔重述令他苦恼的梦境，两人都认为他们对这个主题感到着迷。多年以后，历史中的弗洛伊德才发表他经常被引述的话：梦境是通往无意识的道路。但是亚隆笔下的布雷尔和尼采则先一步看到了这个洞见。布雷尔表露了他的诸多弱点和失败，尼采都忠实地在笔记里写了下来。

像一位有同理心的心理学家一样，尼采提醒布雷尔，他绝对不可以对自己这么严苛。尼采一直拒绝表露自己的恐惧，这让布雷尔深感挫败，在哲学家教训他需要对自己的信念有勇气时，他不耐烦地听着："人，必须在自己体内拥有混沌与狂乱，才能诞生一位舞蹈明星。"尼采可能也提醒布雷尔要有勇气超越自己的信念。布雷尔觉得这句话过于抽象，但是同意从不同的视角看待他的人生，而这正是尼采哲学的基础。他后来告诉布雷尔："一种广阔的视野总是会冲淡悲剧。如果我们爬得够高，我们会达到一个高度，悲剧在那儿不再显得悲惨。"

尼采从哲学家转变成临床心理医生，是亚隆的艺术成就。布雷尔敬佩地说："你长出了医生的耳朵。你真是滴水不漏。"亚隆也是滴水不漏，包括为布雷尔对事业发展的矛盾心理提供了一个有说服力的解释。亚隆笔下的布雷尔猜测，自己因为害怕竞争而拖延撰写和发表科学文章。他对自己学术事业受到的挫折得出了哀伤的结论："那是失败的第一道伤口，对我无限希望的传奇的第一个打击。"

尼采治疗布雷尔的临床策略是将他对贝莎的痴迷追溯到根本的存在议题：时间的不可逆、永恒承诺的虚幻以及死亡的迫近。布雷尔抗拒"清理烟囱"的过程，他宁可当监督者，也不要当清理烟囱的人。他的绝望加深了，因此开始质疑谈话治疗的价值。然而，尼采的健康似乎有了起色，或许是担任治疗师的新角色所带来的结果。布雷尔开始怀疑，尼采可能有能力治愈他，只要布雷尔能够信任哲学家的权威。

亚隆在《当尼采哭泣》中的治疗环节捕捉到了哲学家的诗意谈话、破除成见的宣言以及幽默的嘲讽。我们从来不觉得小说家只是从尼采的著作中找出一连串有名或没有名的话放进角色的嘴中而已。他提醒不信宗教的布雷尔："如果你杀掉了上帝，你必须同时脱离那神殿的庇护。"还告诫他："你不是头母牛，我也不是个反刍的提倡者。"当布雷尔承认对贝莎的苦恋让他想自杀时，尼采提醒他，所有严肃的思想家都考虑过自杀。"它是帮助我们度过夜晚的慰藉。"当布雷尔用"极乐"这个词语描述他对贝莎痴迷的爱时，尼采回答说："我们更爱欲望，而不是欲望的对象！"

治疗师尼采

《当尼采哭泣》反映出亚隆对存在心理治疗的核心思想，这些思想有时更接近尼采的哲学，而不是弗洛伊德的心理分析。弗洛伊德相信自己发现了适用于所有人类的不变真理，尼采则不同，他强调视角的重要性。一旦改变视角，就会改变真理。亚隆不是相信任何赞成普世真理的体系，而是信奉尼采的主体性。亚隆最喜欢的尼采主张之一，也是弗洛伊德最喜欢的，预示了心理分析对压抑的陈述，"我的记忆说：'我做过这件事。'我的骄傲说：'我不可能做过这件事。'而且很坚持。最后，记忆让步了"。[《善与恶的彼岸》（Beyond Good and Evil）] 亚隆肯定尼采的冒险精神。没有人比尼采更无惧地凝视深渊——而且他准备好接受后果。他在《善与恶的彼岸》里淡淡地说："和怪兽打斗的人应该小心，自己不要变成了怪兽。当你凝视深渊，凝视得够久的时候，深渊也会凝视你。"

亚隆赞成尼采说的，人要无惧地活着——并无惧地死去。"许多人死得太晚，有些人死得太早。都不如'死得其时！'的准则。"（《查拉图斯特拉如是说》）亚隆很欣赏尼采的以血付出："所有的文字之中，我独爱一个人用血写就的文字。用血书写，你将发现，血就是灵魂。"（《查拉图斯特拉如是说》）他欣赏尼采拒绝赞成超自然的宗教。而且他同意尼采可能被引述最多的一句话："任何不曾杀死我的东西，使我更强壮。"不像生逢其时的弗洛伊德，尼采明白自己将"生于死后"，他的思想在他死后一个多世纪都充满争议。正如美国哲学教授罗伯特·所罗门（Robert C. Solomon）指出的，尼采列出过两张简短的美德清单，一张出现在《破晓》（*Daybreak*）中，他在里面肯定"诚实、勇气、慷慨、礼貌"；另一张出现在《善与恶的彼岸》里，清单略有不同："勇气、洞见、同情心、孤独。"亚隆虽然同意这些美德，但是他不会像尼采那样强调孤独。尼采的清单上没有同理心，这却正是所罗门对《当尼采哭泣》最敬佩的部分。所罗门赞美亚隆"非常具有同理心的小说创作"，让我们得以"亲近尼采，并得知他哀伤孤独人生的细节，这是我们无法从他的疯狂和辩论式的著作中轻易看到的"。

亚隆虽然敬佩尼采，但并不妨碍他看见尼采的许多盲点。亚隆的性情更接近布雷尔，而非尼采。布雷尔依然保持着开放和友善的天性，就像亚隆一样，而不像尼采的神秘和冷漠、无法忍受和人相处。布雷尔很乐意承认自己的错误，亚隆也是，这种品质在尼采身上则不明显。亚隆从未淡化尼采对女性的不信任，直到小说尾声也没有缓和。尽管尼采一向勇于冒险，但对于性的愉悦他依然严守清规，而亚隆和布雷尔则都予以歌颂。尼采对别人不亲近、有距离、冷漠的态度，和亚隆在人际关系上的天赋迥然不同。

视角主义（Perspectivism）

尼采对布雷尔的痴迷采取的第一个治疗策略就是改变他对贝莎

的看法。尼采坚持让布雷尔列出十种侮辱，然后往贝莎身上丢。尼采命令布雷尔想象和这位病人一起生活，面对面隔着早餐桌而坐，看着她的手脚抽搐不停："内斜视、哑然、歪脖子、产生幻觉、结结巴巴。"这个治疗策略是基于尼采的核心信念之一：每个人都充满怨恨（亚隆还在这里用上法文ressentiment）与敌意，源头则是未被释放的愤怒与攻击性；这让我们想起亚隆在《爱情刽子手》中，以反向操作治疗法协助菲莉丝克服广场恐惧症。但是尼采的任何"褪去贝莎意象的魔力"实验都没有成功。两个人都同意，对布雷尔的症状的正面攻击完全失败了。他们需要寻找另一种治疗策略，让病患与治疗师都感觉获得提升，而不是变得沮丧。

意义的信差

两位绝望的医生在下一章设计了一个更成功的策略。尼采认为，最近的失败是因为他们寻找的是症状的源头，而不是意义。"或许症状是意义的信差，而且只有在它们的意义被理解后症状才会消失。"然后尼采坐回自己的椅子里，开始梳理他的胡子——在这个充满智慧能量的时刻里，提供了一点儿诙谐的轻松。接下来的几页中，布雷尔开始清理烟囱，也就是自由联想，这是在亚隆的小说中由布雷尔与尼采共同发现的技巧。

哲学家完美扮演了分析师的角色，鼓励布雷尔艰苦奋战，理解贝莎对他造成痴迷的意义。她像酒神似的，为布雷尔召唤出欲望与魔力，同时逃离时间的拘禁。布雷尔是如何陷入这个魔法的呢？

他承认,他渴望逃离现在的生活,他觉得这种生活令人窒息。两个人都同意安逸的生活是危险的——这是尼采的核心思想之一。布雷尔承认,在贝莎的美貌面前,他觉得自己处于"地球的深处——在存在的中心"。他想象她的嘴唇充满感情地似笑非笑,尼采具有先见之明的问题让他想到了自己妻子对儿子的微笑以及三十年前令他着迷的一个女孩的微笑。尼采又问了两个问题,还对第二个问题提供了答案:"还有谁?你遗忘了你母亲的笑容吗?"布雷尔提醒尼采,他的母亲在二十三岁生下最小的弟弟后就过世了,当时他才三岁。这一信息将在小说的下一章继续探索。尼采凭直觉感受到童年失去母亲具有巨大的重要性,这个见解到了20世纪后半叶才广为人知。

在这个重要时刻,两人都直接以名字称呼对方了,而且尼采首次揭露了他的偏头痛让他逃离了他私下视如死刑的教授职位——这个认知便是弗洛伊德后来所称的"疾病之次要收获"。接着,布雷尔给尼采看贝莎穿着骑马服装、拿着长马鞭的照片。忽然,两个人角色互换了。尼采说:"一个令人畏惧的女人,约瑟夫。"还加上一句,"她非常美丽——但是我不喜欢拿着马鞭的女人。"

清理烟囱虽然很重要,但是病患与治疗师的关系更为重要——在此,布雷尔与尼采表现出亚隆熟悉的主题。布雷尔注意到"关系"的重要性,但是也遗憾地明白,当一个人身在其中时,并不容易观察彼此的关系。突然,他对自己的生活充满了希望。他不再与尼采竞争,不再对尼采设置陷阱,而是沐浴在他们关系的温暖之中。布雷尔还凭直觉了解到理想化的现象:"尼采之于我是什么,就是我之于贝莎是什么。"他明白,这种理想化的现象必须加以探索,虽然他尚未准备好。奇怪的是,在晤谈结束一小时之后,布雷尔就已经忘记了讨论的内容。"有可能会有这样一种叫作主动遗忘的东西吗?——遗忘某种东西,不是因为它不重要,而是因为它太重要了?"亚隆在此暗示了抗拒的作用,即无意识地试图忘记痛苦的真相。

尼采也为了他们的晤谈而感到雀跃。他们讨论的整个方向都改变了。两个人必须着眼于症状的意义,而不是遥远的源头。"症状不过是一个信差,携带了忧惧正在内心最深处爆发的消息而已!"尼采已经掌握到了布雷尔对贝莎痴迷的意义了:"她是伟大的解放者,对他的死刑判决提供了缓刑。"

墓园

下一章,尼采陪着布雷尔去维也纳中央墓园的犹太区,进行每月一次的探访,为父母和他八年前过世的唯一手足扫墓。扫墓是让医生和哲学家讨论死亡的最佳场所——也是让小说家提出存在的真相的最佳场所:焦虑来自我们明白自己一定会死。基于尊重布雷尔独处的需要,尼采漫步到一条小径,两旁都是花岗岩和大理石的墓碑。几分钟之后,布雷尔追上了哼着即兴创作的打油诗自娱自乐的尼采:"虽然没有石头能够聆听,也没有石头能够见证,但它们每一个都柔声呜咽着,'记得我。记得我'。"尼采知道,过去从未真正消失,如同死去的人还活在活着的人心里一样。这一章是小说中最令人感动的段落之一,引人回味并充满感情。布雷尔解释了犹太人的习俗，人们把卵石放在墓碑上，以纪念死者，然后他说出了他对生命的定义："生命是两个完全相等的虚空之间的火花，介于出生之前与死亡之后的黑暗当中。"一个很符合叔本华（以及伊壁鸠鲁等享乐主义者）的想法，亚隆在之后的小说中将再度提起。

犹太人在墓碑上放置卵石以象征缅怀，会让我们想起亚隆在《存在主义心理治疗》的一条批注中提到艾伦·夏普（Alan Sharp）于1965年出版的《吉迪镇的绿树》（*A Green Tree in Geddle*）。小说描述了墨西哥一座小墓园被分成了两个部分，以亚隆的话来说，"永志人心的死者"的坟墓前"摆满了鲜花"以及"不折不扣的死者"的墓碑无人照顾——"为生者所不识"。记忆往往很狡猾，即使像亚隆这种记忆力极好的人也一样：他把作家的名字以及书名的最后一个字都拼错了。他在《直视骄阳》（*Staring at the Son*）①中又提到同一本小说，宣称："想必终有一天，世界上最后一位知道我的人也过世了。"

亚隆等到两位主角都在墓园中时，才揭露出布雷尔母亲的名字"贝莎"，这和布雷尔的一个女儿同名，而布雷尔认为这和他对贝莎·帕朋罕的痴迷无关，尼采不同意。"昨天我们得知了你对贝莎的幻想，这保护你免受未来、衰老、死亡与被遗忘的恐惧。今天，我了解到你对贝莎的想象同样受到来自过去幽灵的玷污。"布雷尔相信，他和贝莎·帕朋罕的关系中只牵涉两个人，尼采则认为不仅如此，他质问布雷尔："有多少人在这场亲密关系当中？"亚隆认为，痴恋别人的人可能也受到过去亡灵的困扰。布雷尔没有被说

---

①作者在此似乎也故意拼错字，正确的书名是 *Staring at the Sun*。——编注

服,两个人都静了下来,各自陷入思绪中。

在墓园的这整个场景里,亚隆将两个人思绪的起伏以及关系的动态变化做了戏剧化处理。在某一刻,两个人都觉得非常亲近,认为自己了解对方,对方也了解自己。下一刻,两个人都充满情绪地远离对方,觉得孤独、受到误解。亚隆就像个钢琴大师,知道如何演奏寂静的时刻。有时,布雷尔和尼采之间的静默显示他们都陷入了思绪当中,反思着他们从未考虑过的想法,比如梦境是否有其意义。两个人都同意梦境有其意义,但是布雷尔梦到女人从死亡中拯救了他,而尼采梦到的是女人带领他走向死亡。有时,他们的沉默是因为不愿意提出问题,害怕问题可能对另一个人来说太痛苦或太困难。他们必须学会知道何时提出问题这项艺术:何时前进,何时后退。有时,他们的沉默遮掩了因害怕危及他们正在进展的关系,而对另一个人不愿意表达出来的愤怒或怀疑。

这场扫墓唤醒了两人的童年创伤,布雷尔三岁失去母亲,尼采五岁失去父亲。早年失去父母的经历是如何影响孩子之后的人生的呢?亚隆提供了一个心理传记上很有说服力的推测。小说里的尼采认为他身为路德教派牧师的父亲的早逝,可能对他成为思想家的成长和发展有帮助:"我的每项成就,会让一位牧师父亲痛苦;我对抗幻觉的战役,会被当作是为了反对他所进行的人身攻击;果真如此,我这个反基督的人,还有可能驱除虚假的信仰,并寻找新的真理吗?"

亚隆接下来转而讨论布雷尔小时候失去母亲的经历,作者在后记里引述精神分析学家乔治·帕拉克(George Pollack)的意见,指出布雷尔对贝莎·帕朋罕的强烈情绪反应可能受到同名母亲过世的影响。帕拉克写道，布雷尔"成为心理研究者和一个人的最深层次的动机"，都受到"美丽年轻的母亲在生产时过世，他正当三四岁，处于恋母情结最旺盛的时期，却面对了灾难般的失去"的影响。帕拉克总结说，当布雷尔外在的牵扯"威胁着要让被压抑的冲突爆发时，包括逃避和退缩在内的防御、逃跑机制便现身了"。亚隆将帕拉克的理论作为布雷尔痴迷贝莎的一种可能解释。令人难以忘怀的扫墓场景让亚隆得以探索早年失去父母如何影响两位主角的人生。

这一章接着进行到尼采对死亡的想法。这位哲学家鼓励人要"死得其时"，这句话让布雷尔感到不安，尼采又进一步解释："活着的时候就去追求人生！如果人在实现了他的生命之后死去，死亡就丧失了它的可怕！如果一个人生不逢时，那他就永远不会死得其所。"尼采提出了一个让两人都感到沮丧的问题："问问你自己，约瑟夫，你实现了你的生命吗？"尼采的问题是亚隆最具代表性的主题之一，他相信死亡焦虑和生命的满意程度成反比。亚隆在《爱情刽子手》里写道："恐惧死亡的人通常是自觉没有充分活过的人。"

在墓园那一章的某些时刻，尼采热心且温暖，其他时刻则像个愤怒的牧师，投掷闪电。历史中的尼采在文字中培养出先知的声音，带刺的文字及尖锐的风格并不总是适合治疗的情境。亚隆知道，哀伤的作者可能并不知道读者已经受不了了。尼采后来意识到他对布雷尔太严苛了，但是不确定自己能够如何改变做法。亚隆用了一个很恰当的比喻来描述尼采和布雷尔的关系："一个向导必须是激流旁的扶手，但是他一定不能是一副拐杖。"尼采重击般的问话使布雷尔瞬间被激流冲走，让他觉得眩晕，处于崩溃边缘，这都是尼采很熟悉的症状。亚隆并不美化谈话治疗：谈话治疗不适合胆小的人。正如布雷尔发现的那样，承认痛苦的真相可能让人无法呼吸。尽管如此，亚隆在此章中也不断暗示，有效的治疗很少用到重击。

布雷尔接受了死得其时与充实生命对克服死亡焦虑的重要性，但是他仍然怀疑尼采的另一个想法：永恒轮回。这个古老的观念是印度哲学的基础，斯宾诺莎显然也认同，其信念是，因为时间和空间都是无限的，一切将会发生的事情已然发生，而且会持续再度发生。布雷尔反映了亚隆对永恒轮回的质疑。亚隆也对尼采的另外两个观点没有兴趣，一个是权力意志，这也是尼采一本未曾发表的著作的标题，他可能根本没有打算出版这本书；另一个则是超人的概念。尼采的这两个观点都还存在争议。

布雷尔的催眠

布雷尔深信自己陷在没有生命的存在里，他在下一章告诉他的妻子，自己要离开她、他们的孩子以及他的事业。接受了尼采要他决裂得干干净净的命令，布雷尔面对着令人恐惧的自由。他试图予以合理化，认为从宇宙宏观的角度来看，他的缺席对任何人都没有影响。他试着用尼采的角度思考："毁掉婚姻总好过为它所毁。"这句格言听起来正确，但是感觉不对。历史中的尼采坚持，一个人不可以盲目追随别人的脚步。他在《快乐的科学》中宣称:"成为一个人,而且不要追随我——只追随你自己!你自己!"不知道自己在做什么的布雷尔,搭上火车去看望住在瑞士疗养院里的贝莎,但当他抵达以后,他看到她已经将情感转移到一位新的医生身上。布雷尔呆住了,看着她试图诱惑已经动摇的医生,而医生几乎无法抗拒她的引诱。一切似乎都落空了——直到布雷尔听到一个声音,弗洛伊德的声音,试着从催眠中叫醒他。忽然,布雷尔明白了,读者也明白了,原来他身在催眠造成的出神状况中,只是想象着延续了十七页之长的事件。布雷尔想要改变生活还为时不晚。

《当尼采哭泣》的这一章如果让读者想到《最后的精灵》(Ghost of Christmas Yet to Come),也就是《圣诞颂歌》(A Christmas Carol)里守财奴斯克鲁奇(Scrooge)凄凉的未来,正是由于亚隆相信文学与心理治疗可以各自的方式改变一个人的生活。布雷尔有时间和动机重新掌控自己的生活。尼采避开亲人或朋友游牧般流浪的生活并不适合布雷尔,就像布雷尔拥有婚姻和儿女的家庭生活并不适合尼采。我们必须拥抱自己独特的生活形式,也就是尼采说的"命运之爱",爱你的命运,这是尼采认为人类之所以伟大的公式。每一个人都会从"成为你的存在"这句话得出不同的诠释。

布雷尔只能在自己个性的范围里做出改变,亚隆则必须受限于真实的布雷尔的人生。然而,布雷尔从他和尼采的对话中学到了很多。他学会了让自己的命运付诸行动,并且爱他的命运。布雷尔对自己长期忽视的妻子涌现出爱和欲望,他明白了她也是"一名对抗时间战役的斗士"。亚隆认为,真正的敌人是命运:时间、衰老和死亡。布雷尔已经学会将贝莎的形象与他所关联的移情符号和幽灵区分开来，让自己从主导了思想的痴迷中重获自由。他学会了肯定自己以前无法欣赏的一切：他的妻子、孩子和工作。他也明白了他的方式不是尼采的方式，那样的生活方式是属于孤独的先知的。

在最后一章中，布雷尔对惊讶的尼采传达了自己的发现和恢复。亚隆大可以想象尼采有不同的反应。医生选择待在原有的生活中，尼采会感到失望或愤怒吗？他会对这位与自己的生活道路不同的医生失去敬意吗？他会痛苦地拒绝布雷尔，就像他拒绝了路·莎乐美和保罗·雷一样，认为自己又遭到背叛了吗？别的小说家可能会想象这些情节，但是亚隆认为"改变是有可能的"这个信念会带来一个更积极的结局。亚隆给了我们一个慷慨大度的尼采，夸赞布雷尔已经踏上自我分析的旅程。没有嫉妒或怨恨，他们都欣赏、尊敬对方的力量。布雷尔承认，他不像尼采，无法凝视太阳太久；尼采承认，他不像布雷尔，还没有找到太阳下的阴凉处。两人都承认对方带给自己的启发，并肯定他们的关系。布雷尔内化了尼采的智慧，他引述哲学家的话——"让我知道了生活愉快的关键，在于先去选择必要的东西，然后去热爱所选择的东西。"——提醒哲学家爱自己命运的重要性，这会是他下一本书的主题。

不过，亚隆自己的书尚未结束，在小说充满情绪的高潮，两人都承认自己背叛了对方。尼采承认自己虽然经常在信中对自己的问题畅所欲言，但是和人面对面时却会羞耻地转过身去。他也不愿意让别人对他倾诉，"我不愿意招惹礼尚往来的人情债"。

尼采还承认，每次布雷尔描述他对贝莎的痴迷时，他也会想到自己对莎乐美的痴迷。"我把自己藏了起来——像个女人似的——然后在你离去之后爬出来,把我的脚放在你的脚印里蹑足尾随。"尼采一生都未克服对女人的不信任,他把这种偏见带进了坟墓。布雷尔接着揭露了自己的背叛:他和路·莎乐美的秘密会面、她为尼采求助、他阅读了瓦格纳写给尼采的信、她请他为尼采的心理疾病发明一种新的治疗。布雷尔什么都不再隐瞒,包括莎乐美最近的造访,虽然他拒绝告诉她任何关于尼采的治疗。

打开生锈的大门

布雷尔的忏悔极具毁灭性,很快地引起了尼采剧烈的偏头痛,这是一个灵巧的细节,让医生重新进入他的疗愈角色,消除病患的愤怒。布雷尔说服尼采,虽然他们的关系始于表里不一,但是他确实遵守了他们治疗关系的精神。布雷尔承认,他指出莎乐美从未爱过尼采,从未把他当成朋友之外的对象,这确实很残忍,但是他引述一位伟大导师的忠告,来为自己严苛的言语辩护:"给一位受苦的朋友提供一个安歇之处,不过要注意,这个安歇之处只能是一张硬床或简陋的吊床。"亚隆是从《查拉图斯特拉如是说》书中引述了这句话,这本书是尼采有名的哲学小说,出版于1883年到1891年之间。布雷尔对于尼采与莎乐美联系在一起的虚假幻想施加攻击,让这位哲学家从他可怕的痴迷中解脱出来。"'今天,我是那个铁砧,'尼采打断说,'而你的话是敲打的铁锤——瓦解了我爱情的最后堡垒'。"以对等的精神,这两人成为彼此的铁锤和铁砧。两个人都给予并接受了另一个人痛苦但带来转化的真相。

"孤独只存在于孤独之中"

布雷尔在《当尼采哭泣》尾声的策略是破除理想形象（deidealizing），从而驱逐了致命的痴迷鬼魅，这种策略直到进入20世纪很久以后，才有心理分析师使用，但是亚隆的读者完全不介意将这个关于时间顺序的疑惑终止。读者也能毫无困难地接受亚隆对虚构的哲学家最深的恐惧的诠释，也就是尼采虽然逞强地表示自己是死后才出生的哲学家，但是他仍然害怕孤单地死去。因失去了最后一个幻想——也就是莎乐美对他的欲望——而充满绝望的尼采已经一无所有，但是布雷尔知道如何激发尼采从自我厌恶的深渊中爬出来。布雷尔表示，尼采想要的不是莎乐美，而是某个像她一样的人来拯救他于时间的利爪之下。当尼采开始哭泣时，布雷尔请他想象一个思考实验：让他的眼泪说话。在医生的协助下，哲学家碰触到了一个重大真理，一个悖论，以布雷尔的说法就是："孤独只存在于孤独之中。一旦分享，它就蒸发了。"

亚隆很小心，没有夸大尼采从布雷尔那里学到了什么。尼采对女人的不信任没有改变，虽然布雷尔一直想说服他，莎乐美也是受苦的灵魂。布雷尔猜想，尼采对女人的反感是否在他生命早期就形成了，他是在一个由女性支配家中事务的环境中长大成人的。无论什么原因，尼采仍然怀疑所有女性。尼采也没表示要改变他孤独的流浪生活。他独居太久了，无法考虑和另一个人一起居住的可能。

但是，尼采对自由的感受改变了。他告诉布雷尔，如果他的眼泪可以说话，它会说："终于自由了！压抑了这么多年！这个人，这个吝啬的无泪男子，以往从未让我流动过。"尼采说，布雷尔的"清理烟囱"技巧带来了真正的清理，然后他换掉这个隐喻，宣称这位维也纳医生已经"打开了生锈的大门"。

独特的友谊

在《当尼采哭泣》里，亚隆最大的成就之一就是在两位性格迥异的男人之间形成了新的纽带。尼采对于友谊写下很多文字，但是他自己生命中朋友很少——而且他觉得有些朋友背叛了他。布雷尔和尼采的友谊并不热烈或不真诚，从一开始的不信任与误解，慢慢演化到真诚的亲近。在他们新的友谊中隐含着尼采对同情、怜悯与感恩的重新评价。哲学家和医生都太聪明了，不会否认当一个人协助另一个人时存在着自我中心的动机，但是他们也肯定超越自我利益的能力。当布雷尔说两个人有可能成为亲密的朋友时，他代表了亚隆。布雷尔和尼采都参与了对方的"自我超越"，引导他们从绝望中复原。结尾时，亚隆避免感伤，让尼采拒绝了布雷尔邀请他留下来与他和他的家庭小住的建议："不了，我的朋友，我的宿命是在孤寂遥远的彼端去追寻真理。我的儿子，我的查拉图斯特拉，将会充满智慧地长大成熟，但是，他唯一的同伴将会是老鹰。他将会是这个世界上最寂寞的人。"两人彼此拥抱，永远地分离了。亚隆告诉我们，布雷尔会继续行医三十年，但是放弃了谈话治疗，让弗洛伊德做出划时代的发现。为了让传记有个完结，亚隆透露，尼采将会旅行到意大利，与他最伟大的文学创作相遇：波斯先知查拉图斯特拉。

亚隆在小说尾声让他的英雄孕育了他最伟大的后代，但是小说家像大家一样知道尼采的生命在1889年就结束了，那时尼采在意大利都灵（Turin）看到一匹马受到鞭打，他伸出双臂拥抱马的脖子保护它，然后崩溃了。从此他完全不一样了。亚隆在作者后记里简略提供了这些信息，作为故事的悲伤批注。如果生命中真的有诗意的正义，尼采应该能够实践他在《善与恶的彼岸》里的话："一个人应该像奥德修斯离开好友瑙西卡（Nausicaa）那样地离开生活——带着祝福，而不是爱情。"

亚隆将小说命名为《当尼采哭泣》，目的在于强调这位哲学家对人类生命情感层面的赞美。认为哲学主要是关于理性，这样的信念至少和苏格拉底一样古老，但是尼采肯定了激情的作用。他相信，过度的理性会让我们对自己的情感盲目。亚隆笔下的尼采迫使布雷尔检视自己的情感生活，尤其是他对贝莎的痴迷，而最后，在医生的压力下，哲学家也不得不同样地检视自己对莎乐美的痴迷。

赞美的书评

《当尼采哭泣》在国际评论界和大众中获得了成功，至今仍是亚隆最知名的小说。《波士顿环球报》赞美《当尼采哭泣》是一本"智慧的、经过谨慎研究的、想象丰富的小说"。《芝加哥论坛报》称《当尼采哭泣》为"自萨特的《弗洛伊德情境》（*The Freud Scenario*）之后，对伟大思想家的最佳戏剧化创作"。《华盛顿邮报书籍世界》形容这本小说"神奇、令人震撼"。詹姆斯·乔尔（James Joll）在《纽约书评》中承认自己向来对于将历史人物放在虚构情境中的小说缺乏热情，但是亚隆"运用他对尼采著作的透彻了解，把可信的话放进尼采嘴里，展现了相当大的独创性"。乔尔异想天开地希望亚隆可以写一本续集，让布雷尔治愈尼采，使尼采可以不靠着反犹的妹妹的帮助，独自完成《权力意志》的书写。事实上，历史上的尼采和布雷尔几乎相遇了。亚隆在《成为我自己》中写到，他生命中最大的惊喜之一，是《当尼采哭泣》出版十一年后，一位魏玛文献的研究者寄给他一封刚发现的信件副本，这封信是1880年一位朋友写给尼采的，催促他去找布雷尔医生治疗他的医学问题。这封信让亚隆相信，他确实符合了法国作家安德烈·纪德说的："小说是可能发生的历史。"

对于哲学、心理学、历史和传记的交会有兴趣的读者，会受到《当尼采哭泣》的吸引。这本小说讲的是阅读：阅读书籍，阅读人，阅读自己。虽然尼采生前没有读者，但是他从未丧失信心，知道他写的书将吸引未来的读者。他在《瞧！这个人》里说："发现一位无可匹敌的心理学家正在通过我的文字说话，可能是一位优秀读者获得的第一个洞察——一位我值得拥有的读者，会像优秀的老文献学家阅读他们的荷马那样阅读我。"尼采很幸运，有亚隆这位读者和小说家。亚隆成功捕捉了历史中的尼采高贵的精神，并因此传达了亚隆自己的高贵。

07 《诊疗椅上的谎言》：
违背"性界限"造成的威胁

亚隆为他第二本心理治疗小说取的书名，不能更讽刺了，那就是《躺在诊疗椅上》[①]，是病患述说自己的梦境、欲望、恐惧和幻想时的样态。这个书名罕见地包含了三层不同意义的双关语，首先是指被分析的人躺靠在治疗师的诊疗椅上，这是谈话治疗的典型设定（很少有人知道，弗洛伊德要求病人躺在办公室的椅子上，是因为他受不了整天被病人盯着看）。"躺"和"说谎"的英文拼法一模一样，因此，躺在诊疗椅上也指出了心理治疗中的"述说事实"有其模棱两可之处，很难判定病患故事的准确性如何。躺在诊疗椅上也让人想到其中掺杂了性的心理治疗，这是治疗专业里最严重的边界侵犯。亚隆在这本机智狡猾的小说里，探索了"躺在诊疗椅上"所有的三层含义。

[①] 英文原书名 Lying on the Couch 的字面意思便是"躺在诊疗椅上"，而 Lying 既有躺卧的意思，也有说谎的意思。——译注

诊疗椅上的实话与谎话

病患的故事可能可靠，也可能不可靠，意味着说的可能是实话或谎话，两者之间不见得能够区分。如同精神病学教授唐纳德·史宾斯（Donald P. Spence）在1984年出版的《叙事真相与历史真相》（*Narrative Truth and Historical Truth*）里指出的，叙事的真相与历史的真相无法总是分得清楚。病患生命的意义是由病患与治疗师一起创造出来的，最终的状况便是故事透过治疗过程的塑造而重新建构出来。

在1976年出版的《谎言、绝望、极度、羡慕、性、自杀、毒品和幸福人生》（*Lying, Despair, Jealousy, Envy, Sex, Suicide, Drugs, and the Good Life*）倒数第二章《躺在诊疗椅上》中，心理分析师莱斯利·法伯（Leslie H. Farber）对比了两种不同的实话。一种是"有问题的、不完整的、适度的——而且仍然呼吸着的"，而另一种是"揭发性的"，通常"伴随着——确实可以看出来的——强烈情绪，这些情绪往往被认为是受到压抑或否认，现在才冒出来"。法伯对第一种实话更有兴趣。"我认为老老实实说话比起说实话是更为恰当的行为。"普通且片断的实话不像揭发性的实话那么有戏剧性或那么"美丽"，但是更真诚、更持久。法伯指出，心理分析的矛盾就是一方面断定病人有能力说实话，但是"传统上为了追求真相所运用的方法与策略……都似乎在鼓励病人加以修饰或戏剧化——简言之，就是说谎"。法伯的结论是，想象力这个"谎话与实话的共同盟友",其实是一把双刃剑:"有其用处,也容易被滥用,有其特权,也有其不利之处。"亚隆非常了解法伯的著作。《诊疗椅上的谎言》中的主角,年轻的存在主义心理医师欧内斯特·拉许在准备演讲主题"意志的瘫痪"时,便提到阅读过法伯的著作,这正是法伯第一本书《意志的方式》(*The Ways of the Will*)的主题。

"修饰"的表兄弟"暗示性",也暗含在诊疗椅上治疗师有意无意地为病人创造或植入记忆。在20世纪80年代和90年代,心理治疗在"失而复得的记忆"上陷入争议。病患声称,在治疗师的鼓励和偶尔操控下,可以记起自己遭到性侵,尤其是乱伦,而这些事件有时发生在童年早期,而根据大部分当代研究者的说法,大脑在儿童发展的这个阶段,还无法精准地记录或储存信息。更惊人的是"前世"治疗的发展,治疗师帮助病人理解自己过去——或未来——几百年甚至几千年前的存在。记忆之战也牵涉到"魔鬼仪式的伤害",几千名病患记起自己参与了牺牲儿童的仪式,尽管没有任何证据证实这种罪行。受到《三面夏娃》(*The Three Faces of Eve*)和《变身女郎》(*Sybil*)[①]之类的书的影响,大众对于迅速增加的"多重人格障碍"(一个人能够有几百个,甚至几千个"分身")充满兴趣。回想起来,很少有专家认真看待这些一时的狂热,但亚隆写这本书时,这些争议正盛,一直笼罩着一股质疑的气

[①]《三面夏娃》《变身女郎》两本书,皆描述精神分析师治疗今日称为分离性身份障碍的患者的过程,前者出版于1957年,并改拍成电影,后者出版于1973年。——编注

氛。欧内斯特担任精神医药师的朋友保罗就说："我们习惯于病人付钱要我们听实话，于是幼稚地忘记了撒谎的可能。"

躺在诊疗椅上也让人想到情欲的意义，病人与治疗师之间的性，或许是最为禁忌——也最常见的——心理治疗罪过。20世纪90年代，指控某些美国最杰出的心理治疗师的性医疗事故诉讼激增。亚隆是最早面对越来越多逾越性界限问题的心理治疗师之一，而专业期刊对这个主题则并不怎么注意。亚隆的小说显示，一旦屈服于诊疗椅上的谎言，对病人和治疗师都是灾难般的后果，而这种行为可以追溯到移情的爱与反移情的爱的不真实性。

西摩·特罗特：骗子艺术家的画像

《诊疗椅上的谎言》一开始就是三十三页的序曲，描述一位七十一岁的精神科医师西摩·特罗特——亚隆创造过最精彩的小说角色之一。身为旧金山精神医学界大佬，曾任美国精神医学协会会长，特罗特经验丰富、知识渊博，在他的专业领域里似乎无所不知。特罗特不但代表亚隆尖锐批评当代心理治疗，尤其是越来越受倚重的精神药物的状况，而且他也提倡奠基在真诚与治疗关系上的新的存在心理治疗。

特罗特告诉欧内斯特，精神医学晤谈的第一原则就是营造出温暖、信任的关系。特罗特回忆人本主义创始者之一的美国心理学家卡尔·罗杰斯的话："别花时间训练心理医生，而应该花时间挑选适合的人。"跟亚隆一样，特罗特主张心理治疗中要完全诚实，认识到洞察力的局限性，尊重病患的个人独特性。跟亚隆一样，特罗特也相信精神疾病的标签会伤害病患。跟亚隆一样，特罗特夸赞社会心理学先驱的德国精神病学家卡伦·霍妮，认为她写的《神经症与人的成长》（*Neurosis and Human Growth*）才华横溢且没有任何专业术语。跟亚隆一样，特罗特哀叹重要精神医学教科书在书架上的短暂生命。"这似乎就是我们领域中主要理论家的命运"，他们的教诲"只能流传一代"。跟亚隆一样，特罗特出版关于心理治疗的书籍与文章。多年前，特罗特写了一篇文章，讨论荣格关于需要为每一位病患发明一种新的治疗语言的信念。特罗特说："我比荣格还进一步。我建议我们为每个病人创造一套新的治疗方式，我们要认真考虑每个病人的独特性，为每个病人创造出一套独特的心理治疗。"他响应尼采认为确定性和知识成反比的信念，指出治疗师在初次看到病人时，比较容易做出诊断，而在越来越了解病人后，做出诊断时反而困难得多；这是亚隆在《爱情刽子手》里引述过的观点。运用尼采的语言，特罗特劝诫欧内斯特去实现他成为疗愈者的命运。跟亚隆一样，特罗特对精神医学的诊断没兴趣，对挖掘过去更是没兴趣，他认为，正如他三十二岁的病人贝拉·费里尼说的："碰触过去只是为了找借口逃避责任。"接着，特罗特说："她读过我写的心理治疗书籍，逐字逐句引述我所说的话。我真是气得牙痒痒的。当病人用你自己的书来拒绝你，真可算是抓到了要害。"亚隆写到这里，一定后悔莫及又面露微笑吧。

跟亚隆一样，特罗特拥有丰富的心理洞察力，慷慨地与人分享。对于一开始从事神经化学研究、没有心理治疗经验的欧内斯特，特罗特指出，如果看到女人夏天穿着长袖衣服，"总是要先怀疑割腕或吸毒"。特罗特认为，良好治疗的第一条原则，就是放弃所有的技巧，这意味着治疗师应该更具人性，不要那么机械化。他提倡心理治疗要大胆、有创意，他在所有的精神病学判断中都是权威的。

或许，最值得注意的就是，特罗特知道，在面对自己必死的命运时，对死亡的强烈觉察将使人更能欣赏生命。特罗特教导欧内斯特，等待HIV病毒检测的病人有一个治疗师可以很好利用的独特机会之窗。"你可以在这时候帮助他们审视与重新安排他们的优先事项，把生活与行为放在真正重要的事物上。有时候我称之为存在主义式震撼治疗法。"

特罗特重视直觉超过教科书知识，重视治疗参与超过疏离，重视创新超过正统，他在几乎每个方面都让我们想到亚隆。我们也无须惊讶，七十多岁的特罗特展现出与亚隆同样的幽默、智慧和人世间的练达；此书出版时，亚隆已经六十五岁了。特罗特似乎已经接受了自己的终将一死，也接受了自己的健康每况愈下。随即忘记欧内斯特名字的特罗特，敲敲自己的太阳穴，狡猾地提到自己发表的四篇关于阿尔茨海默病的文章："我自然忘了登在什么刊物上，应该是很好的刊物。"这是显现他逗趣机智的诸多例子之一。他的用语充满犹太人意第绪词汇，例如，当他对欧内斯特说："坐好了，孩子，我要告诉你一个故事。"在这里，"孩子"（boychik）一词用的是犹太人对儿子的亲昵称呼。

特罗特最像他的创造者的地方莫过于他讲故事的天赋。确实，

187

在亚隆所有的虚构主角中，特罗特运用文字的能力最强，是一个擅长营造错觉和魔力的魔术师。在整个序曲里，他抓住了欧内斯特以及读者的注意力。特罗特有能力读懂欧内斯特的心思，预料到他会问什么问题，提升欧内斯特的心理敏锐度，引导他接触过去与当时的精神医学研究。虽然欧内斯特只和特罗特有过一次晤谈，但这位干瘪皱缩的精神科医师的话语和行为，无可逆转地改变了这位年轻人的生活。特罗特正处在生命的黄昏：他用两根拐杖走路，我们知道，他的脸深陷在自身的皱纹里。尽管肉体已经衰老，他的声音却是迷人的、自信的、充满活力的。他的讽刺让人想到诺贝尔文学奖得主的美国作家索尔·贝娄；贝娄的小说就像亚隆的小说，通过入木三分的幽默和聪慧，探讨当代生活内在与外在的矛盾。简言之，特罗特对欧内斯特施与魔咒，用语言的巫术，几乎克服了他故事中黑暗面所导致的任何抗拒。

结合了精神医学演讲、戏剧性的独白、单人喜剧和热烈的大声疾呼，这篇《诊疗椅上的谎言》的序曲完全是篇杰作。特罗特将他和欧内斯特的晤谈比喻为奥地利诗人里尔克的《致一位青年诗人的信》，但读者可能也会想到美国小说家菲利普·罗斯（Philip Roth）写的《波特诺伊的怨诉》（*Portnoy's Complaint*），在这本备受赞誉的书中，麻木的主人公从头到尾都躺在诊疗椅上，不让心理治疗师打断他自我沉溺的坦白，直到故事结束时，懊恼的施皮尔·福格尔（Spielvogel）医师终于有机会开口，抗议道："所以，我们现在或许可以开始了，是吧？"

最后一线希望的治疗师

《波特诺伊的怨诉》和《诊疗椅上的谎言》的重要差异是，罗斯小说中的病人发泄了自己的性欲，亚隆小说序曲中则是治疗师发泄了性欲。特罗特被控和贝拉·费里尼有不当的性关系，他用一个接一个的说法，向斯坦福医院医疗伦理委员会指派来调查这件案子的欧内斯特解释，为何自己最后无法抗拒病人的性挑逗。特罗特的辩解根本令人无法招架，而欧内斯特就像施皮尔·福格尔医师一样，完全无法插嘴。

病人与治疗师之间的性关系，出现在无数的小说和回忆录里，借口几乎总是治疗师这么做是在让病人觉得自己"特别"，但是亚隆的小说情节有一个讽刺的转折——好几个讽刺的转折。出生在瑞士富有家庭里的贝拉，已经看过几十位心理治疗师，没有一个能够帮助她。冲动、急于采取行动、不愿意反省自己或克制自己、无法停止挑逗男人的她，被介绍给特罗特，世界上最好的分析师之一，"最后一线希望的治疗师"——亚隆在《爱情刽子手》里便如此描述过自己。但是，如果她如此自我毁灭、如此抗拒遵守治疗的界限，特罗特要如何帮助她呢？一开始，"慈祥"的拥抱就可以满足她——特罗特还担心欧内斯特听不懂似的解释，他用的"慈祥"一词原意是"叔父般的"——但是她的要求越来越多。他仍然不为所动，坚持自己的职业行为，但是他对欧内斯特承认，她越来越能激起他的性欲。对于特罗特用以劝退她对他产生性兴趣的任何一种主张，贝拉立即可以驳回。他指出自己已经七十岁了，而她只有三十四岁，她说："卓别林，季辛吉，毕加索，亨伯特与洛丽塔。"最后两个名字表示她就像他一样是严肃文学的读者。她大可列出济慈：她自己的名字便让人想到无情的妖女贝拉。

经过治疗僵局之后，贝拉提出一个令特罗特很难拒绝的建议。如果她"保持干净"一整年——不吸毒、不在酒吧随意找人发生性行为、不自残、不暴食——他是否可以奖励她，带她去夏威夷一周？吓了一跳的特罗特原本质疑这个提议，但是后来觉得没有其他方法可以对症下药了，于是他协商出一个比较好的交易。如果她承诺在两年内保持良好行为，他会带她去旧金山度过一个周末。她同意了。浮士德和魔鬼的契约于是敲定了。她答应会终生保守这个秘密。在接下来的几个月，她有了长足的进步，但是两年期限将近的时候，特罗特慌张了。无论他说什么、做什么，都无法打消她对他的强烈欲望，包括他急速恶化的健康状况也阻止不了。他不情愿地履行了承诺。他们像爱人一样共度了一个周末，似乎没有出现什么明显的负面后果。但是正如特罗特所怀疑的那样，共度周末不可避免地摧毁了他们的治疗关系——他太了解情欲的移情作用了。事实上，是他写出指导方针，警告治疗师不要涉入治疗后的性关系。

特罗特长久以来预期的灾难果然降临到他身上了。贝拉的丈夫提出医疗诉讼，拿出四张照片作为证据，照片是在贝拉和特罗特并不那么秘密的偷情周末里拍下的。特罗特的妻子离开了他，他的事业和名誉永远地毁了。贝拉获得两百万美元的赔偿，这是特罗特医疗不当保险给付的最上限。特罗特告诉欧内斯特，他再也没有见过贝拉；法院下令禁止他和贝拉见面或说话。他描述自己正在承受"正当的沮丧"，对欧内斯特承认自己是"可悲的老头。失望，孤独，充满自疑，晚节不保"。

警世故事

特罗特的警世故事仅仅是让我们看到医患性关系会为双方带来事先便已预料到的灾难的又一个例子吗？如果不是欧内斯特在一年后意外收到特罗特一封没有回信地址的信，他也会这么认为。特罗特感谢欧内斯特在医疗疏失审判的"那段丑恶的日子里"对他的关怀。颜面尽失的分析师表示他现在很好，并附上一张他和贝拉的合照，背景是她在加勒比海一座小岛上的房子，四周环绕着热带海洋。特罗特在信的结尾并未作过多解释，他写道："贝拉最近得到了一大笔钱。"照片里，特罗特坐在轮椅上，脸上有"很顽皮的傻笑"，贝拉站在他身后，看起来"憔悴而消瘦"。

什么？难道特罗特和贝拉涉入性关系的治疗只不过是聪明的骗局，用来讹诈保险公司两百万美元吗？特罗特坚称他一直都对贝拉诚实以对，但是现在他所说的一切都值得怀疑了。他只是一个骗子吗？欧内斯特无法遏制地一直看这张照片。读者也跟他一样觉得困惑。贝拉沮丧的眼神似乎显示，她所获得的比原先协商的还沉重。这个序曲是这位已经让大家看到他狡猾、爱开玩笑面貌的小说家开的一个诡计多端的玩笑吗？

亚隆让特罗特的故事变得典型的模棱两可。多年后，欧内斯特仍然会想到这张照片。特罗特和贝拉何时决定一起隐居到那个小岛的？"西摩最后决定要拯救她吗？他们是不是很早就这样策划好了？也许从一开始？"欧内斯特无法回答这些问题。我们也不能。然而，在欧内斯特看来，毫无疑问，特罗特宣称自己是最后一线希望的治疗师是傲慢的征兆。这篇序曲变成了一环套一环，戏中之戏，就像《哈姆雷特》里扮演了一出《冈萨加之死》（The Murder of Gonzago）①一样，预示了文本更大的主题和意义。亚隆让欧内斯特·拉许置身在类似的经历中，遇到一位非常有性吸引力的病人，后果却和西摩·特罗特极为不同。

特罗特的第一人称叙事占据了序曲的大部分内容，只有到最后，我们才发现他一直在欺骗欧内斯特和我们。特罗特是亚隆书中少数不可靠的叙事者之一。一旦亚隆开始小说正文，他便以惯用的第三人称叙事，让我们可以了解其他角色的意识。角色阵容五花八门。欧内斯特是核心主角，比序曲中的他年纪大一些，也更有经验了。特罗特预言欧内斯特能够成为优秀的治疗师，此时，预言已经成真。但是欧内斯特即将面临他无法想象的试炼。他与特罗特的经验教导他保持真实的重要性，但是很少有几个词比"真实"更难以捉摸或模棱两可的了，而在治疗中保持真实将伴随着独特的挑战。

小说以令人惊讶的口吻开始，与序曲看到的不同。贾斯廷·阿斯特丽德（Justin Astrid）接受欧内斯特的治疗已经五年了，每周

---

①《冈萨加之死》是一出描述冈萨加如同哈姆雷特的父王一样遭到毒死的戏码，哈姆雷特企图通过在继任国王面前演出此剧，探查国王是否心虚。——编注

三次，主要是因为他需要帮助才能从折磨人的婚姻中解脱出来。这是欧内斯特见过最糟糕的婚姻了。贾斯廷轻松自在地告诉欧内斯特，说他已经离开被他描述成怪物或魔鬼的妻子卡萝以及他们的两个年幼的孩子了。让贾斯廷有勇气离开妻子的不是心理治疗，而是他新的年轻女友劳拉。他完全没有察觉到自己说的话对欧内斯特造成的影响，贾斯廷说如果劳拉早出现几年，他就不用浪费八万元美金做心理治疗了。欧内斯特脸上感到一阵燥热：他怎能不在意这句话呢？

卡萝对丈夫突然离开的反应是大发雷霆，把他所有的东西都毁了，包括他的衣服、珍贵的领带、玻璃柜里的甲虫标本收藏、高中和大学文凭以及色情影片收藏。她发誓要报复她丈夫和丈夫的治疗师。她从未见过欧内斯特，但是她讨厌他以及其他任何治疗师。我们很快会发现，她有很好的理由讨厌治疗师。她还在布朗大学读书时，交往四年的男朋友为了另一个女人而离开她，她愤怒地捣毁他的房间之后，到大学的心理健康中心接受精神科医师拉尔夫·库克（Ralph Cooke）的治疗；库克说服她和他发生性关系。"触摸对于你的治疗是必要的，卡萝。"

库克和卡萝发生性关系长达五个月，然后宣称她已经"痊愈"了，突兀地结束治疗，想来大概是和另一位大学生开始发生性关系了。感到愤怒又羞辱的卡萝，在那一刻决定当一位律师。大四时，一位政治学教授提出帮她写介绍信给法学院，但前提是要求她和他发生性关系。卡萝发现自己再一次陷入忧郁，于是寻求一位私人执业的治疗师协助。史威辛医师（Dr. Zweizung）就像库克一样，开始让治疗充满了性含义。"这次卡萝知道要怎么做，她立刻冲出办公室，以最大音量吼道：'你这只猪！'这是卡萝最后一次寻求协助。"

史威辛医师

很少有《诊疗椅上的谎言》的读者知道，史威辛医师是基于真人原型创造出来的。普利策奖得主诗人安妮·赛克斯顿（Anne Sexton）和她的心理医生有长期的性关系，这位心理医生也是《安妮·赛克斯顿：文字的自画像》（Anne Sexton: A Self-Portrait in Letters）的合著者，在书中给他的代称是塞缪尔·戴兹医师（Dr. Samuel Deitz）。他们的关系始于1964年，那时治疗赛克斯顿多年并受到她信任的心理医生马丁·奥恩（Martin Orne）搬离波士顿，到宾夕法尼亚州立大学任职。于是，她开始看一位新的医生，这位医生立即将性关系带入治疗里。赛克斯顿开始写下关于她的心理医生爱人的诗，这些诗在她死后发表为《给Y医师的话》（Words for Dr. Y）。他们的关系持续到1969年，然后他突然终止了治疗。1974年，赛克斯顿在她的四十五岁生日即将到来之前自杀了，这一幕早在她的诗歌中就有所预示。

正如致力于文献电子化的心理分析师保罗·莫歇尔（Paul W. Mosher）和我在《隐私与其不满：心理治疗的隐私困境》（Confidentiality and Its Discontents: Dilemmas of Privacy in Psychotherapy）中所讨论的，赛克斯顿的传记作者斯坦福大学英文系教授米德尔布鲁克（Diane Wood Middlebrook）将赛克斯顿那位逾越界限的心理医生称为"史威辛医师"，这个代称的德文原意是"分叉的舌头"。米德尔布鲁克在她1991年传记的附注里简要写道："细节隐匿，以保护医生的隐私。"赛克斯顿每周看两次心理医生，并且为晤谈支付费用。毫无疑问，医患双方都知道，性会破坏治疗关系。米德尔布鲁克写道："赛克斯顿含糊其词的'医生爹地'，传达了她也知道自己在这个关系中的越界。"但是，大部分心理健康专业人士都会将所有责任与责备放在治疗师身上。毕竟，病人需要帮助，而且他们的判断力必然有所缺损，一方面是受到他们前来寻求治疗的心理问题所影响，另一方面则受到移情之爱的影响，而越界的治疗师便自私地操弄病人有缺损的判断力。

最终，赛克斯顿对于医生打破了许多承诺而感到愤怒。关系结束后不久，她生日当天在家里跌下楼梯，导致臀部骨折。米德尔布鲁克写到在医院里，她"对他报复"，写了两首讽刺诗，描述他们的关系。之后，赛克斯顿在一首诗《说苦涩》（*Speaking Bitterness*）里，表达了自己对他的感觉；诗中她回忆医生亲吻她"枯萎的四肢"，承诺他会离开妻子，和她一起离开。"哦，我记得像他那样的人，他的手放在我的长靴上，像螺旋开瓶器那样，一路往上，来到我的裙子。"

1991年7月15日，美国记者亚利桑德拉·斯坦利（Alessandra Stanley）在《纽约时报》上评论米德尔布鲁克写的传记，首次指出赛克斯顿的心理医生真正的姓名——弗雷德里克·杜尔（Frederick J. Duhl）。这位医生在电话访谈中拒绝和斯坦利进一步对话，只说道:"你在处理的是爆炸性主题;在马萨诸塞州,基本上任何和病人发生恋情的医生都会失去医师执照。"琳达·赛克斯顿(Linda Gray Sexton)在她谈论与母亲纠结关系的传记《寻找仁慈街》(*Searching for Mercy Street*)中,回想起自己阅读米德尔布鲁克传记早期手稿,知道杜尔的行为对她母亲多么具有破坏性时,感到极为愤怒:"无论我们其他人感到多么受伤和愤怒,母亲才是杜尔终结关系和治疗时承受到最大冲击的人。"

米德尔布鲁克写的传记和斯坦利在《纽约时报》上的书评,都发表于《诊疗椅上的谎言》出版的五年前,但是亚隆显然宁愿使用"史威辛医师"的名字描述邀请卡萝发生性关系的心理治疗师。杜尔于2010年以八十一岁高龄过世。法律原因可能阻挠了亚隆使用杜尔的真名——但毫无疑问的是,小说家很欣赏"分叉的舌头"所代表的讽刺。亚隆很可能在传记出版之前,就从米德尔布鲁克那里得知杜尔和赛克斯顿性关系的细节了。亚隆和米德尔布鲁克是在斯坦福的同事;他在《当尼采哭泣》里热情地感谢她的帮助,她也写了一段美言,印在《当尼采哭泣》平装本的封底。

了解杜尔和安妮·赛克斯顿灾难般的性关系,让我们更能够理解卡萝对两位将性关系牵扯进治疗里的心理治疗师有何等的愤怒。同时,我们可以了解她为何蔑视所有的治疗师,包括她素未谋面的、她丈夫的治疗师。我们也能理解亚隆对背叛专业伦理的治疗师的正义之怒。亚隆觉得自己不得不指出其他违背伦理的心理治疗师,包括早期的心理治疗先驱,如卡尔·荣格、奥托·兰克和欧内斯特·琼斯。

另一位折翼偶像：朱尔斯·马瑟曼

但是亚隆知道，治疗师与病人的性关系是当代的一个普遍问题。欧内斯特的临床督导马歇尔·施特莱德（Marshal Streider）代替亚隆说出对朱尔斯·马瑟曼（Jules Masserman）案子所感到的惊恐。马瑟曼跟虚构的特罗特一样，曾经是美国精神医学协会的会长，也担任过许多国际精神医学组织的会长。施特莱德问欧内斯特："你知道他做了什么吗？给病人吃镇静剂，然后趁她们昏迷时跟她们做爱，完全不能想象！"马瑟曼是畅销精神医学教科书《动力精神医学的原则》（*Principles of Dynamic Psychiatry*）的作者，被称为世界上最杰出的精神医生。20世纪80年代中期，芭芭拉·诺尔（Barbara Noël）挺身而出，控诉马瑟曼下药性侵她长达十八年，那时她受到镇静剂阿米妥钠的影响，会长时间陷入睡眠。诺尔的控诉受到马瑟曼其他病患的支持，她们提供证据证明她们也是马瑟曼性侵的受害者。这个故事出现在诺尔与凯瑟琳·华特森（Kathryn Watterson）合著的《你一定是在做梦》（*You Must Be Dreaming*）一书中。保罗·莫歇尔和我在《脱轨：关于精神健康照护脱轨的警世故事》（*Off the Tracks: Cautionary Tales About the Derailing of Mental Health Care*）第一册里讨论过这个案例。诺尔提出的医疗事故诉讼，最后和马瑟曼的保险公司庭外和解，引起全国哗然，但是心理健康社群大半仍然保持沉默，也许是过于震惊和尴尬而无法做出回应。

亚隆是少数几位愿意针对马瑟曼案件说出愤慨的治疗师之一。他在《诊疗椅上的谎言》中提供几个"折翼偶像"的例子来说明为何卡萝的愤怒必须被认真对待，以及为何欧内斯特说病人和治疗师之间的性会摧毁治疗是正确的。之后，欧内斯特和保罗讨论时，保罗指出可能没有足够的科学证据证明治疗中的性必然有破坏性，但是又很快地补充说："心理医生与病人发生性关系是道德问题，科学绝不可能把不道德证明成道德。"

报复的计划

卡萝想要杀掉她的丈夫，但是当她的两位同事提出实际的反对意见时，她想到了更新颖的点子。还有什么点子比摧毁丈夫的治疗师更能摧毁他的呢？治疗师简直就是她丈夫的"奶嘴"。确实，卡萝憎恨丈夫付了那么多金钱进行长期的昂贵治疗。她告诉两位同事："你不了解心理治疗这个行业，有些心理医生会让你一来再来，永远不停止。"

复仇计划是建立在设计陷阱陷害的基础上的。卡萝·阿斯特丽德会接受欧内斯特的治疗，但不告诉他自己是贾斯廷的妻子（她自称为卡萝琳·利弗曼）。告诉欧内斯特她大学时和治疗师发生性关系，让她觉得解放、疗愈。接着，卡萝会不断在治疗中表现性诱惑，直到欧内斯特屈服于她的诡计为止。之后，她会控告这个混蛋医疗疏失，毁掉他的事业与人生。她的密谋像特罗特一样狡猾，但是没有他那样巧妙的托词。卡萝这样做的时机，对于欧内斯特而言,不能更糟糕了,他才下了决心要尽量诚实、真诚、自我揭露,将治疗师的自我表露推到极致。即使在最佳状况下,这也是有风险的临床试验——何况碰上病人决心要毁了自己的治疗师,那就更危险了。她毫不留情的策略使她在法庭上和分析师的办公室里,都成为可怕的对手。

亚隆在《诊疗椅上的谎言》里的核心问题就是,有原则的治疗师进行自我表露的实验是否抵挡得了一个有复仇心的病人无情的诱惑进攻。小说家让考验变得更为复杂,创造了一个无法预知实验本身带有什么挑战的心理治疗师。欧内斯特·拉许还在摸索,他也有人性,太人性了。雄心勃勃、认真努力的他原本并没有要成为心理治疗师。在精神科实习时,他专注于精神疾病的药物治疗,相信生物方面的突破会带来伟大的前景。他给病人看病二十分钟,开出药物处方,不做谈话治疗。亚隆不赞成完全只以精神药物的方式来治疗心理疾病,认为"生物精神医学的海妖呼唤"再明显不过了。"渐渐地——西摩·特罗特对此也有影响——欧内斯特了解以药丸治疗每位病人有其限制,甚至非常不妥。他牺牲了百分之四十的收入,逐渐转入心理治疗业。"从特罗特这样的导师那里获得鼓励,真是充满讽刺。马歇尔·施特莱德总是提醒欧内斯特,身为心理治疗师,仍然有很多需要学习的地方。

马歇尔·施特莱德

亚隆利用施特莱德既担任叙事者,同时也是涉入其中一条故事支线的一个角色。身为叙事者,施特莱德通常会给欧内斯特提供良好的临床建议,例如,永远要以病人的利益作为行动依据。像亚隆一样,施特莱德坚持治疗师绝对不可以和病人或前病人发生性关系。施特莱德批评欧内斯特的治疗像是"大小便失禁",太快提供解释,这也反映出小说家的见解。施特莱德督导欧内斯特对病人的治疗,包括贾斯廷和卡萝。施特莱德是欧内斯特的督导,不是他的分析师,但是这两个角色有时难以清楚区分。"辅导是处在治疗和教育间的无人地带。"然而,施特莱德给欧内斯特的某些建议很有问题,或是过于保守,至少对于认为治疗要秉持真诚的年轻治疗师来说是如此。施特莱德建议欧内斯特不要对病人揭露他的反移情情感与幻想,很快地,欧内斯特便开始挑战这个信念。施特莱德躲在分析的中立性后面,拒绝对病人揭露任何关于他的事情。由于坚持分析师的唯一角色就是解释,因此他忽略了心理治疗最重要的一面:医患关系。

欧内斯特对卡萝的治疗是件严肃的事,但是亚隆在描述施特莱德如何涉入心理分析的政治面时,他作为讽刺大师的才华表露无遗。施特莱德希望争取旧金山精神分析学会会长一职,使得他杠上了以前训练他的分析师赛斯·潘德,也是学会硕果仅存的两位创建者之一。潘德被指控在性和金钱方面剥削病患,却拒绝辞去训练分析师的职位。反犹的潘德曾经以弗洛伊德的理论显露出"犹太人的错误"为由而加以攻击,他这个角色是根据巴基斯坦出生的分析师马苏德·汗(Masud Khan)为模型,马苏德的反犹立场令心理分析界震惊(潘德的支持者之一,是一位巴基斯坦分析师,名叫米扬·汗[1]）。潘德非常特立独行，他对男性的看法惊世骇俗。施特莱德谴责这种"直肠子宫"理论远离了大家接受的心理分析理论，然后建议以前为潘德的治疗所伤害的男性病人回来接受一套补救心理治疗。该学会在《旧金山纪事报》刊登一则"精神病患召回"的正式公告——"心理治疗史上第一个召回治疗的案例"。施特莱德很快便后悔他轻率的建议。潘德之前的病人之一谢利·梅里曼赌博把家族财产都输光了，也即将失去自己的妻子（卡萝的同事），他看到这个机会，想利用治疗挽回妻子，并提升他的扑克牌技术。当谢利宣布要对学会提出医疗疏失的诉讼时，施特莱德惊吓不已，因为诉讼会让学会破产，施特莱德成为下一任会长的梦也会破碎。谢利同意放弃诉讼，条件是施特莱德帮他找出赌博总是会输的原因，对此，治疗师不情不愿地同意了。

从作为一个人的角度来看，我们很难欣赏马歇尔·施特莱德。骄傲、虚荣、自负、物质至上的他瞧不起自己的妻子；这位温和的妻子对心理分析和身为心理分析师的丈夫感到失望，转而在日本插花艺术中寻求安慰。六十三岁的施特莱德迷恋金钱，严重违反了与病人之间（与性无关）的界限。施特莱德很正确地提醒欧内斯特不要在情绪上对病人过度投入，但是他自己却在一位假扮病人的骗子身上投入了九万美元。这项无关性的界限的违犯回过头来困扰着他。在故事接近尾声时，施特莱德成为双重骗局的受害者，他被愤怒和复仇欲望击垮了。他发现自己向一位同样想要复仇的人寻求法

---

[1] 中文版里并未译出这位潘德支持者的姓名，仅称之为巴基斯坦医生。——编注

律咨询以及心理慰藉，而对方一下子就认出了同类。

治疗师自我表露的恳切实验

如果说角色的命运已定，那么角色的名字亦然。亚隆在伦敦看了一场爱尔兰作家奥斯卡·王尔德的《不可儿戏》（*The Importance of Being Earnest*）演出之后，便选定了主角的名字。欧内斯特·拉许的名字让人们洞察到他的命运。在英文中，"欧内斯特"（Ernest）与"认真"（earnest）谐音，认真的人通常都很严肃、庄重、一丝不苟。这在很大程度上适用于欧内斯特。而"拉许"在英文中有"鞭打""捆扎"的意思，他这个角色会为了真实或想象的行为而鞭打自己吗？当他治疗新病人卡萝琳·利弗曼时，会需要跟奥德修斯一样，把自己捆在理性的桅杆上，就像在《爱情刽子手》里亚隆治疗彭妮时那样吗？欧内斯特对心理治疗的喜爱能够在幻灭之后存活吗？亚隆是故意让有时完全不知道怎么一回事的欧内斯特变成童谣中的蛋头（Humpty Dumpty），即将跌个粉身碎骨吗？

身为加州大学旧金山分校精神医学系临床副教授的欧内斯特，他的妻子六年前死于车祸，他为此写了一本关于丧亲的书。他渴望和女性形成新的关系，以满足他内在的深刻需求，但是这也使他有了欲望与脆弱之处，正好让卡萝可以利用。欧内斯特在帕罗奥图举办的签售会上，针对丧失配偶的演讲反映出亚隆自己的观点。欧内斯特主张，丧失配偶是一个让关于存在的觉知得以提升的机会，使人从中学会重新欣赏生命的珍贵。演讲之前，他目不转睛地看着一位很有吸引力的女人，后来得知她参加过十年前他领导的团体治疗。他幻想自己和她发生性关系，但是随即训斥自己，和前病患发生性关系永远是禁止的。亚隆提醒我们，"欧内斯特憎恨自己的黑暗面"，憎恨受到动物本能的奴役。结果他的前病患拒绝他在演讲后会面的提议，但是观众中还有一位女性——卡萝，已经在计划和他发生关系了。

卡萝进入治疗的时候，刚好欧内斯特下定决心采取一种基于平等的全新治疗方式，完全建立在此时此地的医患关系上。他发誓将完全揭露自己，并免除传统的心理治疗方式。"不重建过去历史，不分析以前的回忆，不探讨性心理的发展。"进行这种大胆的新疗法时，欧内斯特会忽视他从老师和督导那里学到的一切，包括马歇尔·施特莱德。欧内斯特的新研究计划专注于治疗的"中间地带"（in-betweenness），也就是治疗师与病人之间的空间，他打算针对这个主题写一篇期刊论文。

"双向分析"

欧内斯特不是第一位尝试治疗师自我表露的人。他和保罗讨论过桑多·费伦齐，一位匈牙利分析师，曾是弗洛伊德最亲近的学生之一，也被弗洛伊德分析过，后来失去了心理分析祖师爷的宠爱。保罗告诉欧内斯特："我正开始读费伦齐的治疗日记。很有趣，弗洛伊德派的核心分子中，只有费伦齐才敢创造更有效的治疗方法。"欧内斯特指的是《桑多·费伦齐的治疗日记》（*The Clinical*

Diary of Sándor Ferenczi），哈佛大学出版社于1988年出版。在《亚隆文选》里，亚隆引述费伦齐"1932年激进的透明度实验，将治疗师的自我表露推到极限"。亚隆原本想在《诊疗椅上的谎言》里将费伦齐写成一个角色，交互呈现1932年和小说中此刻的做法，但是他后来放弃了这个想法，因为无法找到将这两个年代融合起来的小说技巧。"最后，我把费伦齐的点子，而不是他这个人，写进了情节中，让主角在这个时代重演费伦齐的实验。"

费伦齐是心理分析早期历史中一个令人感兴趣的角色，他克服了大家对他所谓的"双向分析"（mutual analysis）一开始的质疑，这个想法是由他的一位病人R.N.建议的，R.N.说服他，如果他们两年来的分析僵局用基于对等的方式来进行就可以挽救。费伦齐实验了双向或对照式的晤谈，病人和分析师在其中轮流成为接受对方分析的人。费伦齐在1932年1月17日问道："以这种方式被分析的分析师，可以而且应该从一开始就完全打开自己吗？"很快地，费伦齐就明白了双向分析的局限性，《诊疗椅上的谎言》里的欧内斯特也同样发现了。一个问题是治疗师失去了隐私。费伦齐在2月16日说道："这就像是开着门进行分析似的。"另一个问题是该对病人透露多少真相。费伦齐问道，如果分析师说"基本上，我觉得你十足令人厌恶。我受不了你身上的味道。你的脸和言谈举止都十分糟糕"，那么分析会变成什么样？费伦齐难过地放弃双向分析，因为实验似乎过于危险，他总结道，很多人会认为这个行为"十分疯狂"。亚隆在《当尼采哭泣》里用了费伦齐双向分析的思想，让布雷尔和尼采轮流彼此分析。在《诊疗椅上的谎言》里，欧内斯特·拉许体现了费伦齐躁动不安的求知欲、诚实、临床敏锐、自我批评和同理心。

欧内斯特没有放弃治疗师自我表露的想法，但是他学会尊重传统智慧。在接下来的二百五十页里，亚隆将欧内斯特立意良善但越来越被激怒的声明与卡萝愤世嫉俗的信念形成对比，卡萝坚持认为欧内斯特只是在设计她，以便和她发生性关系。当卡萝开始过分称赞欧内斯特，说他是唯一可以帮助她的治疗师时，欧内斯特便明白自己必须立即修正关于治疗师完全自我表露的天真信念，设下条件限定。"只有当内容对病人有帮助时，才能揭露自己的内心。"《诊疗椅上的谎言》之所以没有流于治疗师自我表露的教学研究，是因为卡萝不断误解欧内斯特的话所产生的讽刺幽默。当他同情她的坦白，认为她困在没有爱的婚姻中时，她点头假装同意，想着："哦，演得真棒，我是否应该谢个幕？"

如果治疗师和病人有不同的目标，治疗师致力于诚实，但是病人表里不一，治疗怎么可能成功？如果一方试图操弄并摧毁另一方，治疗怎么可能成功？如果诊疗椅上有这么多谎言，治疗怎么可能成功？这些问题让存在于欧内斯特和卡萝之间难以处理的鸿沟更具戏剧性。尤其当卡萝宣称和前治疗师的性关系救了她一命时，他们之间的分歧就更大了。欧内斯特在学校和临床工作学到的一切，都让他无法认同卡萝的说法，但是他要如何在不反驳和否定她的经历的情况下表示反对呢？他很正确地提醒自己，不要有预设立场，避免用道德眼光看待或提出批判，而是要进入病人的主观世界，但这世界可能和他自己的主观世界极为不同。即便如此，他仍然无法违背他相信的一切。在无法逃离两难困境之下，他只能如实地说，他从未遇见过没在治疗中的性关系里受到伤害的病人。卡萝无法相信他的真诚，于是加倍努力诱惑他。

小说进行到一半时，欧内斯特发现他一直在治疗的一位病人——伊娃，快要过世了；伊娃是一位创意写作教师，患有末期卵巢癌。习惯于与临终病患工作的欧内斯特，赶往她家陪伴她。亚隆用这个事件描述欧内斯特——以及他自己——对于治疗的创新方法。"欧内斯特对他的很多病人在治疗上引进了'懊悔'的概念。他要病人检视自己过去行为所带来的懊悔，敦促他们避免未来重蹈覆辙。"我们发现，"预期懊悔"（anticipatory regret）的使用不一定总是成功，但是一旦成功，便可以让伊娃这样的病人活得更积极，仿佛把"生命的骨髓都吸出来"。显然，伊娃和欧内斯特在他的诊疗室里已面对过"生也有涯的恐怖"。当她病重到无法前往诊疗室时，他会打电话给她，有时则去她家看望，从不收她治疗费。他信守承诺，在临终时刻陪伴着她。亚隆避免让死亡流于感伤，安排欧内斯特躺在濒死病人身旁时竟然产生不请自来的性冲动，因此对自己愤怒不已。

卡萝为了治疗创造出一个角色，以免欧内斯特发现她是贾斯廷的妻子，但她毕竟还是揭露了自己生活中的核心问题，这样她才不至于无意中自打嘴巴。她意外又懊恼地发现，自己在情绪上渐渐投入了谈话治疗，觉得这个过程很有意思。她仍然怀疑欧内斯特，但是私底下不情不愿地承认他的诠释很精准。欧内斯特运用"预期懊悔"的技巧提醒她改变人生还不算晚。他温和地对她说："面临死亡是改变的良好催化剂。"这是亚隆在他所有的书里都提到的观念。

欧内斯特很快便发现，如果他想让治疗师自我表露的激进实验获得成功，他必须愿意比他感到自在的程度揭露得更多。亚隆喜欢逼迫他的角色（治疗师和病人一视同仁）踏出舒适圈。卡萝问欧内斯特是单身还是已婚——"你的书上没有提到妻子"——他表示妻子在六年前因车祸过世了，卡萝很意外地表达了诚挚的同情心："噢，我很遗憾。那一定不好过。"亚隆在这里让角色微妙地对换处境，病人听起来像个治疗师，与亚隆在《当尼采哭泣》中从头到尾所运用的技巧一样。事实上，欧内斯特的婚姻已经举步维艰，若非妻子死于车祸，他们很可能以离婚告终。但是他要如何揭露充满冲突的婚姻细节，而不致危险地把焦点转移到自己身上呢？这样做对病人不公平，因为她付钱是为了进行自己的治疗，而不是治疗师的治疗。

欧内斯特发现治疗师自我表露的另一个问题：侵入了治疗师的隐私。治疗师承诺保守病人的隐私，而治疗师则毫无保障。治疗师的自我表露可能变成公开的信息，造成尴尬或伤害。但是，欧内斯特不想放弃治疗师自我表露的实验，不想退回到分析师的中性立场，他认为这种立场在真诚治疗中是反治疗的。他问自己应该怎么做，最后获得一个重要的治疗师自我表露新规则："只透露自我到对病人有帮助的程度；但如果不想丢掉饭碗，就得小心你的自我揭露听在其他医生耳里会是什么感觉。"想要保持透明度的欲望不能强迫治疗师鲁莽地自我表露。

亚隆赞成欧内斯特针对治疗师自我表露的所有结论，但是他也呈现了主人公面对卡萝行为的天真。欧内斯特告诉保罗，卡萝的治疗中拥抱代表"情谊，而非欲望"。真相是卡萝的拥抱既非情谊，也非欲望，而是愤怒和复仇。欧内斯特对她的误解使他更具人性，而不是无所不知；他的误解对于驱动小说情节也有其必要性。读者会对有缺陷的人感兴趣，而不是对无所不知的人。

亚隆让卡萝的诱惑行为激起了欧内斯特的性欲，使得情节更为复杂。治疗师应该揭露自己被激起的性欲吗？如果揭露，他的坦白对治疗会有什么影响？于是他又获得另一个关于治疗师自我表露的结论："也许心理医生不应该分享他们自己都很矛盾的感觉。心理医生最好先自己解决这些矛盾。否则病人会背负着解决医生的问题的任务。"

卡萝在治疗上的第一个突破，是当欧内斯特突然提出一个她没有事先准备好的紧迫问题。如果正如她所暗示的那样，她在婚姻上的不快乐是在重演她母亲的绝望处境（几十年前，她的丈夫突然离开婚姻，让她独自养育孩子们），那么卡萝要如何打破恶性循环，同样的厄运才不会降临她的女儿头上？震惊的卡萝哭着冲出欧内斯特的办公室。卡萝根本没有看清问题的意义——这是欧内斯特运用预期懊悔这个临床策略的一个例子——反而心里想着："该死的，他又做到了。我为什么会让这个混蛋整到我？"结果，欧内斯特提出的问题成为卡萝生命的转折点。在不知不觉的情况下，卡萝开始更有同理心地对待她的孩子们，而孩子也感觉到了她的改变。她也开始想到她很久没有来往的哥哥。她也开始注意到一位年轻男人杰西；像她一样，杰西也是欧内斯特的病人，但非常尊敬这位治疗师。

充满情欲的移情

但是，卡萝还没准备放弃复仇计划。她加强了自己的诱惑力道，而研究过情欲移情文献的欧内斯特，越来越感到不自在。读了弗洛伊德关于治疗"有基本热情的女性"（women of an elemental passionateness）的其中一篇文章后，欧内斯特认为这位心理分析的创造者已经放弃了治疗这些病患的可能性。"弗洛伊德对这类病人感到悲观，宣称心理医生只有两种无法接受的选择：响应病人的爱或成为病态女性愤怒的目标。不管是哪一种情况，弗洛伊德都说，心理医生必须承认失败，放弃治疗。"

但是，欧内斯特的评论会产生误导，因为弗洛伊德不是对所有高度情欲移情的病例都表示悲观，而是只对其中某一类个案悲观。亚隆没有写出这篇文章的标题，但它是1911年到1915年弗洛伊德写的六篇技术指导文章中的最后一篇——《移情之爱的观察》。文章中充满洞见，写得非常好，主要关注那些认为自己已经爱上了治疗师的女性患者。弗洛伊德承认，分析师一直不想承认这个问题之中令人尴尬、棘手的本质。"由于取笑他人弱点的我们并非总能免于弱点缠身，所以我们一点也不急于做这件事。"六篇讨论技术的文章主要是为心理分析师所写，不是针对病人或一般大众。弗洛伊德总是很不愿意写反移情，害怕一旦承认反移情，就会给反对心理分析的人攻击的火力。弗洛伊德最值得注意的观察是，分析师治疗这类病人时，必须防范有破坏性的反移情。"他必须明白，病人爱上他是因为受到治疗情境的诱导，而不是他本身的魅力所致；所以他完全没有立场为了这种在分析情境以外被称为'征服'的情况而感到骄傲。"弗洛伊德又说："爆发出索求爱的激情，主要是出于病人的抗拒作用。"

心理分析师对病人的移情之爱该如何反应呢？弗洛伊德运用了最令人困扰的模拟和隐喻，认为敦促病人抛弃或压抑这些情感是无用的，就像用狡猾的心态从地下世界召唤出一个灵魂，却连一个可能照亮黑暗神秘的问题都无法回答。但是，满足病人对爱的渴望，则会对治疗带来灾难。取而代之的是，分析师必须在拒绝和满足之间谨慎前行。"他必须牢牢掌控移情之爱，但要将它当作不真实的东西，就像一个必须走过的治疗阶段，并追溯到它在无意识里的源头，而且借此引导出隐藏在病人情欲生活最深处的一切，让她意识到这一点，而因此可使她加以控制。"

弗洛伊德确信心理分析可以治疗大部分展现强烈移情之爱的病患，但是承认有"一类女人"无法治疗。这些病患就是欧内斯特·拉许口中的"无法忍受替代物的有基本热情的女性"。按照弗洛伊德的说法，这些"自然的孩童"拒绝"接受物质的心灵替代物"。弗洛伊德在这些病人身上看不到希望。我们不清楚弗洛伊德认为有多少女人属于这一类。亚隆从未写过因为高度情欲移情而无法成功治疗的女病人。欧内斯特害怕卡萝可能是这种病人，但是我们必须指出，她完全不是一位有基本热情的女人。她也没有被自己的分析师吸引，性只是她军械库里的一项武器罢了，用来摧毁她丈夫——以及他的分析师——的生活。

鲁莽的治疗实验

欧内斯特发现自己在维持专业正直和继续治疗师自我表露的实验之间拉扯并陷入困境；前者需要他避免将性牵扯进治疗，后者则迫使他如实回答卡萝越来越私人的提问：他是否受到她的吸引。他要如何告诉她，他更想当她的爱人，而不是她的治疗师呢？说他会为了与她晤谈，穿上自己最好的衣服？说她已经侵入他的清醒时刻和睡眠时刻？欧内斯特所读到的违犯性界限文献，针对治疗师无意识地与有诱惑力的病人共谋提出警告，这让他极为不安，以至于他开始再度和一位旧识交往，一位"不涉及热情但可以满足性需求的老朋友"，以便将卡萝从思绪中驱逐出去。亚隆在《给心理治疗师的礼物》里提过，"各种选择……都比与病人发生性关系要好"。欧内斯特从未在信念上动摇，虽然对真实的渴望造成他面对卡萝的困境，但是同样的渴望也将帮助他找到解决困境的方法。他说服她，她在梦境中拒绝和"小医生"（Baby Doc）——前海地独裁者杜瓦利埃（Duvalier）的儿子——上床，代表她其实不想和她的分析师上床。

正当卡萝开始怀疑欧内斯特比她预期的更坚守伦理时，马歇尔·施特莱德成为她的客户。亚隆将两个核心故事支线编织在一起了，主要情节是卡萝努力引诱她的治疗师逾越性界限，次要情节则

211

是施特莱德努力要找到那位引诱他跨越非关性事的伦理界限的骗子。施特莱德向一位前病人朱利亚斯·詹狄士（Julius Jarndyce）求教，他是旧金山一家律师事务所的资深合伙律师。他的名字让人想到狄更斯1835年的小说《荒凉山庄》里臭名昭著的长期诉讼案——"詹狄士对詹狄士"（Jarndyce and Jarndyce）。施特莱德心急如焚，无法等待一周才与这位前病患会面。于是他被转介给卡萝，对她诉说一切，坦承了骗局的所有细节，除了他对于专业伦理的担心外，因为他觉得太丢脸而无法说出口。当卡萝逼问他治疗师与病患之间在金钱方面的界限时，他承认"这些规矩不仅保护病人，也能保护医生"。卡萝明白这位客户陷入惊恐状态，于是建议施特莱德跟一位可以信任的朋友或治疗师谈一谈。他没有朋友，也不信任治疗师，虽然他本身就是治疗师，于是他和卡萝形成了一种类似治疗的关系。卡萝很快猜到，他是杰西之前的治疗师，也是欧内斯特的前任督导，而这个发现她无法跟任何人分享，因为受限于专业上对于隐私的规范。卡萝做了最后一次心不在焉诱惑欧内斯特的努力，他的回应诚实到残忍的地步："就算太阳从西边出来，我也绝不会与你发生关系，或与我的任何病人发生关系！"直到欧内斯特承认，他的行为是为了顾及自己的利益，她才放弃了复仇计划。在亚隆的世界里，主张自我利益往往很有效：我们会想到，布雷尔就是用这个论点，说服尼采接受他提议的双向治疗。

奇怪的是，欧内斯特从未想过要问一下卡萝，她是否会违背她自己的专业禁令，因为律师也不能和客户发生性关系。律师和客户之间的性关系跟治疗师和病人之间的性关系一样不符合伦理，主要是因为关系中原本就存在的权力不平等，而这个不平等使得脆弱的客户，如一位脆弱的病人，不可能出于真诚的同意。读者无法想象，个人生活让她狂怒但是在职场生活中一直都循规蹈矩的卡萝，会做出任何违反她工作上专业伦理的事情。

卡萝和欧内斯特在倒数第二次晤谈时，出现好几个预料之外的发展。欧内斯特坚持要先开口，使得卡萝暗自嘀咕："到底这是谁的心理治疗？"他宣布自己对于卡萝而言，不是一个好的治疗师；他表露被她激起性欲其实对治疗无益，甚至不利于治疗。还说他应该事先让她知道他所进行的治疗实验，而现在这个实验已经失败了。卡萝反对欧内斯特的自我批判。她反驳他的论点时，既出自律师的立场，也出自病人的立场。她尚未准备好揭穿自己的身份以及失败的复仇计划，但是她告诉他，或许无意识里她一直在测试他，并向他保证他已经通过了测验。接着，她在没有破坏专业保密规范下询问他，该如何治疗她那傲慢、寂寞、苦涩的治疗师客户。欧内斯特面对这项挑战，鼓励她帮助客户找到一个尼采式的宇宙观点。他也建议存在主义式震撼疗法：卡萝的客户应该将自己投射到未来，到他死亡和丧礼的时刻，想象他的墓志铭。欧内斯特预言，她的客户被骗的事件可能成为他的救赎。微妙的一章以卡萝最后一次要求一个父女般的拥抱而结束。欧内斯特充满感情地问："叔侄般的拥抱可以吗？"卡萝反问道："什么是'叔侄般'的拥抱？"——这正是序曲中特罗特为欧内斯特解释过的那个词。

受伤的疗愈者

对于施特莱德来说，卡萝是一位有效的"治疗师"，但是她无法消除他的巨大愤怒，而且他又被彼得·马康度骗去了两万四千美元。不过，卡萝没有放弃协助施特莱德，就像欧内斯特没有放弃卡萝一样。她和施特莱德有过几次"心理治疗"晤谈，结果让双方在心理方面都很受用。通过欧内斯特的协助，卡萝发挥的作用仿佛就是施特莱德的分析师。通过催化了施特莱德的痊愈，她同时也加速了自己的痊愈。

在《诊疗椅上的谎言》的前面，欧内斯特和保罗讨论了荣格的自传《回忆、梦境、省思》（*Memories, Dreams, Reflections*）。两人都对荣格的"受伤的疗愈者"这个概念不屑一顾。欧内斯特称荣格的自传是"怪书"而且"不诚实"，他难以置信地问："由病人治疗心理医生的伤口？"保罗回答："想想其中的含义！真是叫人发狂！"读者可以合理地认为，欧内斯特和保罗代表亚隆的观点。然而，如果我们仔细阅读荣格的文字，"受伤的疗愈者"的概念就比较有说服力了，尤其是他承认病人往往"正是医生伤痛部位的正确膏药"。卡萝确实是一位受伤的病人，但是在协助施特莱德时，她扮演了一位受伤的疗愈者。亚隆在《当尼采哭泣》里写活了两位受伤的疗愈者，一位医生和一位哲学家，彼此照顾对方的心灵创伤。

小说结局

亚隆在最后一章将小说中各种不同的线索交织在一起，还加上了一个意外。施特莱德对卡萝解释自己一辈子对钱的焦虑时，回忆起他的父亲努力赚一口饭吃的贫穷童年。"他有一间很小的杂货店，六尺乘六尺见方。我们靠这个店维持生计。"这正是亚隆在《自传笔记》里告诉我们的，他描述了自己的移民家庭在华府贫穷小区里捉襟见肘的生存情境。施特莱德对金钱的焦虑也反映了亚隆的焦虑吗？我们无法仅仅根据《诊疗椅上的谎言》回答这个问题，但是，如果读者怀疑这里和亚隆的自身经验有所联系的话，就看其中一段：施特莱德提到，有一天，一位顾客来到他父亲的店里，想要买一副工作手套。施特莱德的父亲指着后面的房间，告诉顾客要花一点时间才能找到手套，然后冲出后门，跑到两条街外的市场，花12美分买了一副手套，再跑回自己的店里，以15美分的价格卖给顾客。同样的故事出现在《叔本华的治疗》结尾的《与欧文·亚隆对话》（*A Conversation with Irvin D. Yalom*）里。施特莱德对金钱和地位的专注代表了亚隆的阴暗面，这让我们了解到亚隆认同各个角色的能力，包括他最不同情的角色。在《成为我自己》里，亚隆揭露《诊疗椅上的谎言》里其他跟自传有关的来源，包括他曾经几乎被骗去一大笔钱，投资一个不存在的公司。

卡萝在两个方面从治疗获益，第一，成为欧内斯特的病人；第二，成为施特莱德的"治疗师"。在小说结尾，她已经改变了。

卡萝感激自己从冰冷的婚姻中解脱出来，现在和另一位男人——杰西，发展出充满希望的浪漫关系。这个关系最后会步入婚姻殿堂吗？亚隆没有提供任何线索，反而是让读者自行得出结论。在小说的最后一幕，卡萝终于准备好对欧内斯特坦承一切了。正如布雷尔在《当尼采哭泣》的结尾一样，她一直隐瞒着可怕的秘密。在她提到她要招供一件事时，总是怀疑她对他瞒着什么重要事情的欧内斯特"有一点得意"地露出微笑，并说出了小说的最后一句话："永远准备好迎接真相。"

在《诊疗椅上的谎言》的结尾，欧内斯特对治疗师自我表露的实验非常成功。他对心理治疗的爱与感激都有所增长。他忠实地遵循特罗特在序曲里的建议，为自己的"阴影"打开畅行无阻的通道；"阴影"是荣格用来指称自我黑暗面的词语。卡萝从欧内斯特的治疗中学会信任，欧内斯特则从她那里学到了如何与自己的阴影共存。

欲望医生

任何对《诊疗椅上的谎言》的讨论，至少都应该简短提到1987年的小说《欲望医生》（*The Doctor of Desire*），作者是有名的心理分析师及作家艾伦·惠利斯（Allen Wheelis）。《欲望医生》就像《诊疗椅上的谎言》一样，探索牵扯到性的治疗所造成的灾难后果，但是《欲望医生》更为黑暗。惠利斯毫不畏缩，诚实且勇敢地探索心理分析师面对逾越界限的情欲、对所知所学产生怀疑而带来的腐蚀、自恋的创伤、寂寞、孤立与无聊时的脆弱。惠利斯的同事中很少有人敢公开承认身为心理分析师的危险。2007年12月30日，达芙妮·默尔金（Daphne Merkin）在《纽约时报杂志》上纪念惠利斯的讣闻中赞美道："既然语言是心理分析工作不可或缺的工具，但奇怪的是，很少有心理分析师写得出优雅或甚至清晰的文章。"默尔金列出几位在这个"休闲领域"脱颖而出的心理分析师，其中便包括了欧文·亚隆。

亚隆的小说实验

《诊疗椅上的谎言》并未获得像《当尼采哭泣》那样多的书评，但是书评家对这本书的智慧和讽刺机智赞美有加。《克柯斯书评》评价这本小说是"精彩的例子，让我们看到心理医生究竟如何思考，显示出一个社群已经健全且成熟到足以面对它本身最深、最挥之不去的恐惧了"。《出版者周刊》的书评表示"这本小说非常有趣，将分析师在道德与专业上所犯下的错误呈现为做生意时可以接受的代价"。这个解读就跟评论中对小说家姓名的拼法一样不正确。乔纳森·基尔希（Jonathan Kirsch）在《洛杉矶时报》的书评最后，做了一个故作遮掩的免责声明："隐私权的规则除了适用在心理治疗师身上以外，也适用于书评家，导致我无法揭露亚隆如何巧妙设计出复杂的情节和次要情节。但是他如此潇洒成功地写出了这本书，因此，无论是以小说家还是心理医生的身份来说，他所有聪明狡诈的手法都将会获得原谅。"《诊疗椅上的谎言》用机智的讽刺、敏锐的心理学和老练的说故事技巧让我们看到艺术教导并娱乐大众的能力。正如乔塞尔森观察到的，《诊疗椅上的谎言》是亚隆"情节安排最为精密，说教内容最不明显"的小说，"但是任何心理治疗的学生会在其中发现，自己对心理治疗过程的概念将会受到许多挑战"。除复仇故事、心理个案研究、存在主义寓言与道德楷模之外，《诊疗椅上的谎言》最主要的是一个关于治疗师对自己专业的投入与感激的爱的故事。这本小说满足了多方面的阅读需求，不但吸引原本的读者群、年轻的心理治疗师，同时也吸引了病患、学生、教育家和不寻常的读者。可以在任何场合阅读这本书：大学的文学、心理学或伦理学课堂；研究所的心理治疗课；在家里或躺在办公室椅子上的时刻。

08 《妈妈及生命的意义》：创造力的"内在闷烧的堆肥"

《爱情刽子手》出版于1999年，问世十年之后，《妈妈及生命的意义》回归到"心理治疗故事"的形式，但还是有所差异。或许因为亚隆又老了十岁，更加觉察到生命无可逃避的幻灭，这本由六个故事组成的新选辑，比之前的故事更加黑暗、更加锋利，并充满哀伤的自责。它跟之前的书一样，讽刺和模棱两可是故事的特色。亚隆在心理治疗故事里从不使用固定公式，但是通常会呈现自我贬抑甚至自责的样貌。他几乎总是处在猝不及防的状况下，犹如读者一样。正如他在《直视骄阳》里承认的，这些故事透露出身为一个"过度成就者"的负罪感，他担心这是以牺牲他对家庭、朋友和病患的责任为代价所换来的。这些故事肯定生命，但不一定温暖人心，其中某些故事让我们更能理解亚隆之前与之后的著作，提供了令人着迷的背景故事或是预告了之后著作的主题。书中充满了很有价值的心理治疗见解，值得更多人阅读。亚隆呈现出令人苦恼的人类困境，即使有丰富的临床智慧仍然无法予以解决。矛盾的是，他似乎对自己的失败比对自己的成功更感兴趣，或许是因为失败代表了充满道德模糊性的警示故事。

谁的梦？——《妈妈及生命的意义》

这篇和书名相同标题的十二页故事，由同一个梦开始和结束。在医院里垂死的第一人称叙事者忽然从床上跳起来，冲到一个主题乐园，进入了鬼屋。他在一群旁观群众中看到他的妈妈，在黑暗包围他之前他挥着手对她喊："妈妈！我表现得怎样？妈妈？我表现得怎样？"

醒来之后，亚隆仿佛回到他在华府的童年，回忆着他和十年前辞世的母亲之间冲突的关系。尽管对母亲的愤怒依然存在，但他一直渴望获得母亲的肯定。"她的性格虚荣、爱控制、爱侵犯人、多疑、恶毒、非常主观、极度无知（但聪明，就连我都看得出这一点）。我记忆中从来没有、一次也没有和她分享过温暖的时刻。我从来不曾以她为傲，或因她是我的母亲而高兴。她是毒舌派，对谁都说恶毒的话，除了我父亲和我姐姐。"

这里存在很多问题。如果亚隆是可靠的叙事者，如果他和母亲——他的主要照顾者——的关系有这么严重的问题，那么他长大后如何和女性形成比较正向的关系呢？被一位几乎算不上"够好的"母亲养大，他如何发展出非凡的同理心并怀抱着希望呢？如果母子关系中这么缺乏真正的爱，他又为何像孩子似的称她"妈妈"

呢？亚隆对母亲的感觉极为苦涩——"多少次我祈祷，拜托，爸爸，拜托你，就这么一次，把她打昏！"——在《爱情刽子手》里，他回想自己哀求父亲"揍"她。亚隆是如何避免成为像他的母亲一样的呢？

亚隆对创造力的隐喻

《妈妈及生命的意义》比亚隆之前的任何小说或非小说书籍都更呈现出亚隆想要成为一位作家的强烈决心，并向对他影响最大的哲学家致敬。"尼采说，我们需要艺术，以免毁于真实。因此我认为创造是最好的路，将我的一生、全部的经验、所有的想象都转化为某种内在闷烧的堆肥，我尝试时时将之捏塑成美丽的新事物。"

然而，这里还有一个令人困扰的讽刺。《爱情刽子手》的最后一个故事描述了亚隆努力将马文这个人和马文梦境所属的下层世界融合在一起，但在《妈妈及生命的意义》里，意识自我与无意识自我之间的距离甚至更远了。无论是身为治疗师还是作家，亚隆都将一生奉献给了梦的修补工作。"我学会将梦驯化、拆解、建构。我知道如何挤压出梦的秘密。"可是，亚隆自己的梦描述的是他将一生奉献给了另一个目标——"赢得我死去妈妈的认可"。作为一位融合病人外在与内在世界的专家，他自己却欠缺自我整合。他的病人会很惊讶地发现，他是从极为痛苦的个人经验中说出："受虐的孩子往往很难从失能的家庭中解脱出来。"

故事中还有其他的讽刺。没有受过教育的露丝·亚隆（Ruth

Yalom）无法理解儿子写的书，但是她的确把这些书当成物品一样欣赏，当作是他的后代似的。在露丝·亚隆年老失去视力时，她还是用购物袋装着他的书，在某一刻还拿出来温柔地抚摸。骄傲的母亲用这些书做了一个圣殿。最后的讽刺出现在故事结尾，他的母亲告诉他，他误解了那个询问母亲他表现如何的梦，也就是故事开始的那个梦。亚隆愤愤不平地想，她怎么能质疑他的梦？她则说了故事最后一句话："这不是'你的'梦，孩子，这是'我的'梦。当妈妈的也会有梦的。"玩笑开到亚隆头上了，但是笑话的意义到底是什么呢？他从未想过他的母亲也会有未能实现的梦吗？作者吞噬了别人的梦和故事吗？这些问题是内在闷烧的堆肥的一部分，作家从这些问题中获得了新的、美好的东西。

英国文学博士南希·安德烈亚森（Nancy Andreasen）担任爱荷华大学英文系教授五年，然后转行成为神经心理医生，她在2005年出版的《培养天才级创造力》（*The Creating Brain: The Neuroscience of Genius*）里主张，创造力极为直觉，通常源于无意识或梦一般的精神状态。安德烈亚森的观点和亚隆一样。亚隆用内在闷烧的堆肥作为他自己创造力的生动隐喻，他能够在有意识和无意识的层面上挖掘早期的焦虑、恐惧和欲望，然后将其转化为巧妙的故事。亚隆一生努力要和他的主要照顾者保持距离，但这本心理治疗故事集里对母亲认可的需求迫使他承认事实正好相反。就像菲利普·罗斯笔下的波特诺伊（Portnoy）那样，亚隆承认他总觉得母亲的判断是错误的，但其实她往往是正确的——而且她确实是他存在的一个核心部分。

从恩典堕落：《与葆拉同行》

《与葆拉同行》以约翰·怀特霍恩（John Whitehorn）的一段陈述拉开序幕，怀特霍恩是亚隆在约翰斯·霍普金斯大学的导师，他鼓励学生倾听患者，并从中学习："要增长智慧，你必须永远当学生。"亚隆接着便描述他是如何一辈子遵循这个建议的。承受晚期癌症折磨的葆拉·韦斯特（Paula West），是一位卓越的病患与教师，她启发亚隆成立临终病患心理治疗团体。这个想法现在已经很普遍了，但是在1973年是前所未有的。团体取得了显著成功，证明了治疗可以改善癌症晚期患者的生活质量并延长寿命。团体的成功是通过向垂死病患提供"陪伴"（presence），让他们感觉与其他人有联系。葆拉的恩典触动了亚隆的生命，但之后他们的关系恶化了，当他不再受到葆拉眷顾时，让他在最后感到哀伤、失落，也让读者怀疑他认为自己背弃了葆拉的结论是否正确。

亚隆捕捉到了葆拉特别的洞察力与勇气，一开始就是她对亚隆说："我得了晚期癌症，但我不是癌症患者。"他们两人谈论生命、死亡、灵性、和平及超脱。亚隆指出，大部分时间他们讨论死亡，然后他写出一句很有意思的话给我们："每周在我办公室见面的不是我们两人，而是四个——她、我、她的死亡和我的死亡。"他认为是葆拉让他学会和死亡交朋友以及去除死亡的神秘面纱，是葆拉教导他病人最害怕的不是死亡本身，而是伴随着死亡而来的孤独。她的许多见解之一是，医生不了解和临终病人联系的重要性。

"他们为什么不明白,当他们无法再提供任何帮助的时候,也就是患者最需要他们的时候?"

葆拉也教会亚隆,她深刻的宗教信仰如何协助她与癌症共存。一位圣公会牧师让她能够逃离绝望,并确认新的生命意义。"牧师熟知反基督者尼采一句充满智慧的格言:'一个人若知道为什么而活,就能忍受任何逆境。'他从另一个角度诠释葆拉所受的苦:'癌症是你的十字架,你所受的苦就是你的神圣任务。'"亚隆毫无异议地接受了自己在葆拉的神圣计划里扮演的角色:他是她的神圣任务的对象,而他尽一切力量,让葆拉教育他,尽管他无法分享她的宗教虔诚。葆拉强烈的精神信仰并未将亚隆变成信徒,但是他对她的信念印象深刻,她认为宗教对于为死亡做准备是不可或缺的。就在得知癌症已经扩散到脊椎,而且她的时间已所剩不多之际,她为十三岁的儿子写了一封道别信,使亚隆感动落泪。"她在最后一段里提醒儿子,人类胚胎的肺不会呼吸,眼睛也看不到。也就是说,胎儿会准备好迎接它无法想象的生存方式。她告诉儿子:'我们不也在为一种超乎我们的理解甚至超出我们梦想的生存方式做准备吗?'"

葆拉在亚隆的陪同下,成为推动心理治疗团体成立的力量,她恰当地将团体称为"桥梁团体",并指定自己为团体的精神顾问。她创造了许多重要的仪式,例如,每次会晤结束时,大家一起安静地看着蜡烛。"她向两旁的成员张开双手,说道:'大家靠近一些,看着烛光,安静地冥想一会儿。'"亚隆指出,他和葆拉彼此需要,已经超越了职业关系。他记得,"葆拉让我感觉充满光明,我则是她的磐石、她一直在寻觅的港湾,直到我们俩终于有幸找到彼此"。

亚隆在他1980年的教科书《存在主义心理治疗》的一则批注里提到,一位癌症病人最近评论说,伊丽莎白·库伯勒·罗斯的临终阶段理论"倾向于医院病人的病情恶化,而忽略了病人有足够的时间消化面临死亡的经验时所产生的'黄金时期'"。在《妈妈及生命的意义》里,亚隆揭露这位病人就是葆拉。"她严厉批评库伯勒·罗斯——医界的死亡女祭司——未能认识到黄金时期的意义,反而发展出一套很悲观的治疗方式。每次谈到库伯勒·罗斯的死亡'阶段'——愤怒、否定、讨价还价、沮丧、接受——都让葆拉很愤怒。她坚持以这种方式区分情绪反应太过僵化,只会剥夺患者与医生的人性(我确信葆拉是对的)。"

亚隆也开始激起葆拉的愤怒了,尽管原因不同。当晚期乳腺癌患者的心理治疗团体在斯坦福社区变得很有名时,亚隆却无法再像之前那样花那么多时间陪伴葆拉。他责备自己让葆拉失望,他解释说:"当时我满脑子都是在学术界出人头地的目标、研究计划、补助申请、演讲、教学、写作等工作排得满满的,限制了我和葆拉的接触。我是否害怕和她太接近?"读者可能会说不见得,但是亚隆并不渴望赦免自己。亚隆用他最简短有力的一句话,承认团体的成功和他自己专业上的成功是绑在一起的。"简而言之,应该加以推广并争取支持。"当亚隆申请经费用来评估他对晚期乳腺癌病患的做法是否有效时,葆拉对亚隆感到很失望。亚隆立即指控自己,他注意到自己使用了第一人称描述这个由葆拉启发的计划。虽然他将投入团体的功劳完全归于葆拉，也确保她获得丰厚的报酬，但是他将心理治疗团体发展成一个研究计划的努力侵蚀了他们之间的爱。

这份爱进一步受到一位年轻、经验不多、被葆拉厌恶的女性综合治疗师进一步侵蚀。此外，葆拉也怨恨一位在一场为期两天的研讨会中蔑视她的意见的癌症专家；这是一场联邦补助研究计划时规定必须举行的会议，葆拉在会中表示，"勇气"和"灵性的深度"也应该是一个人面对癌症时心理适应状况的准确预测指标，这一观点却受到那位专家的蔑视。亚隆发现自己处于棘手的两难中，一边是有启发性但不肯妥协的病患，另一边是他敬重的同事，而他被迫在两者之间做出选择。葆拉责备亚隆"出卖给官僚体系"，不久即从团体中——以及亚隆的人生中——消失了。

然而，亚隆无法停止对葆拉的思念，他一直在思考可以做些什么修补他们的友谊。在故事结束之前，他为读者准备了许多惊喜，包括葆拉比实验组的桥梁团体里所有的三十位成员和控制组所有的八十六位成员都活得更久。几年过去了，亚隆发现葆拉还活着，但她现在患有红斑性狼疮，于是亚隆打电话给她，她则邀请亚隆去她家吃午饭。一如既往，她现在带领一个红斑性狼疮患者自助团体。正当他们沉浸在怀旧情感之中，两人都觉得治疗团体早期的几个月是他们的黄金岁月时，亚隆却惊骇地听到葆拉的名字被列在社区的"医疗黑名单"上，因为她相信治疗她的癌症医生都是无能的。她确信癌症医师开给她的处方导致她患上红斑性狼疮。现在她威胁着要控告她所有的癌症医师医疗疏失。

亚隆无法相信葆拉的指控，他认为这是偏执的表现。亚隆发现自己再次处于棘手的境地，被迫在葆拉的强烈信念和他自己的强烈信念之间做出选择。亚隆同情她的困境，鼓励她写一封"比较温和"的信给医学委员会，"诚实但温和一些"，这样医生只会受到谴责，而不会被吊销执照。"这些话当然都不真诚。全世界没有一个医学委员会会把她的信当真。"葆拉感谢亚隆给了她这么好的建议，但是亚隆感到极为讽刺，因为他的建议根本就不真诚。亚隆的读者对此可能不会同意。他的建议用意良好，既维护了葆拉的尊严，同时又容许她对别人做出微小的伤害。

亚隆总结道，他只能用一种方式来回应葆拉："将她当作患有严重精神障碍的人，好好处治她。这里的'处治'含有暗中进行、伪装的意思，等同于'处理'。"亚隆发现这正是他和他母亲的互动方式："我和母亲虽然相爱（他在前面那则故事中从未如此承认），却从来没有心灵对心灵的直接交谈，两个人带着清明的心对彼此伸出干净的手。我们一直在互相'处治'，各说各话，都在恐惧、控制、欺骗对方。"

亚隆与葆拉的关系让我们想到《当尼采哭泣》里医生与哲学家的关系。葆拉像小说中的尼采一样无法妥协。她对于死亡与临终的见解令人印象深刻，几乎像尼采的风格，但是她有许多盲点。亚隆很欣赏葆拉，但是必须谨慎面对她。亚隆和葆拉示范了角色互换和双向治疗，就像我们在《当尼采哭泣》里看到的那样，我们也看到临床关系的重要性，只不过治疗师和病人有不同的目标。他们尽一切力量拉近彼此的距离，但是双方都觉得受到对方的背叛与误解，正如布雷尔与尼采那样，所有四个角色都在各说各话。但可以确定的是，亚隆和葆拉让彼此的生命变得不同，正如布雷尔与尼采那样。我们猜想，如果葆拉读了这篇故事，应该会同意亚隆在描述她的观点时所秉持的公正态度并不亚于他在描述自己观点时的公正吧。正如亚隆的导师约翰·怀特霍恩所鼓励的，亚隆捕捉到了葆拉的存在与散发出的光亮，展现了他从病患身上学习的能力。

无中生有：《南方的慰藉》

正如亚隆在《觉醒与超越》里滑稽地指出的，很多读者误以为书名是"没耐性的团体治疗"，我们则在《南方的慰藉》里看到亚隆自己的没耐性，而这个故事传达的是短期团体心理治疗的限制以及治疗上的傲慢所带来的危险。我们也看到他身为治疗师和说书人的惊人能力——以病人梅格诺莉亚的话来说，那是"无中生有"的能力；梅格诺莉亚是一位邋遢、肥胖的七十岁黑人妇女，她在这篇简短的心理治疗故事里活了起来。这篇故事展现出亚隆的信念：一切都是治疗师磨坊的材料，从心理治疗的粗糠中筛出文学的麦子。

亚隆在故事开始的几句话便确立了《南方的慰藉》的基调和氛围。"我投入不少时间。长达五年。"这句话暗示着他处在无法逃脱的状态，若非遭受囚禁，就是护卫安全的人。要到第三句话我们才明白，他描述的是医院的环境："五年来，我在精神科病房带领一个日常治疗团体。"我们无法想象，备受推崇的短期团体心理治疗教科书作者会说得出比这还要讽刺的话。让故事更有可信度的是，他提供了一个局内人的观点。为什么治疗师要让自己承受住院患者团体噩梦般的景象——"成员不断快速变动；经常有人精神病发作；成员会欺骗或喜欢操纵；患者被二十年的忧郁症或精神分裂症折磨得不成人形，病情永远不会改善；房间里绝望的气氛浓得触手可及。"亚隆将最糟糕的留在最后："但这项工作真正的大问题、最困难的地方是医院和保险公司的官僚系统。"在描述了临床状态有多糟糕之后，亚隆询问治疗师如何维持不疯掉？他有一个简单的答案："学习戴上虚伪的面具。"

《南方的慰藉》既不是让人感觉良好的心理治疗故事，也不会让即将住院治疗心理疾病的病人感到安心。如果亚隆在他的第一本心理治疗故事集里将自己比喻为爱情刽子手，那么在第二本故事集里，他似乎准备好要挥舞真实的斧头，将每一位和住院病患团体心理治疗有关的人斩首，包括他自己。是无聊，而不是愤怒，使得亚隆决定放弃住院病患团体心理治疗。但是他没有完全放弃，每隔三个月，当新的精神科住院医生报到时，他就会从斯坦福大学医学院里摆满书本的舒适办公室骑脚踏车到犹如但丁式鬼屋的医院去，花几天时间向一批新学生传授他的临床专业知识。

亚隆的文学挑战是用一种生动、深思、诚实的方式去描述住院病患团体心理治疗里的人性故事。在呈现出几乎不可能处理的困难状况之后，他向读者介绍了五位病患，每一位只允许他用几句话描述。马丁是一位年长的男性，因为某种肌肉萎缩症而要依靠轮椅行动。多萝西从三楼窗户跳楼自杀，导致下半身瘫痪。梅格诺莉亚无法移动双腿，原因依然是个医学谜题。罗莎和卡罗是两位年轻的厌食症患者，模样就像集中营的受害者。故事聚焦在某一次的团体晤

229

谈。亚隆告诉成员，治疗目标是帮助他们找出生命中想要改变的方面。重点将放在此时此地的治疗法，这是最适合团体治疗的方法。亚隆一直提醒自己他那很快就又忘记的格言："小就是美，小就是美，制定小目标，取得小成绩。"

亚隆将重点放在梅格诺莉亚身上。"当她自我介绍时我吓了一跳，不只是因为她的淡褐色眼睛盯着我的方式，也因为她的柔和的南方口音很庄重。"这篇故事的标题显然是指涉梅格诺莉亚，但是我们知道亚隆擅长讽刺，所以我们其实不知道治疗对梅格诺莉亚来说究竟是安慰还是搅扰。我们也无法预测亚隆与梅格诺莉亚的关系有何本质。他将体验到多少南方的慰藉？从我们得知的少量细节可以看出梅格诺莉亚是虔诚的基督徒，她心地善良，宁愿帮助别人，也不想麻烦别人。亚隆从护士那里得知，虽然她安静、有耐性，但是经常躁动不安，会因为幻想有虫子在她的皮肤上爬而哭泣。当亚隆问她想要从这个团体学到什么时，她回答："我希望在这个团体学会倾听。"可是她已经是一位很好的倾听者了。不想引人注意到过了头的梅格诺莉亚，闪避所有对她的赞美。

梅格诺莉亚吸引住亚隆所有注意，唤起他对母亲的情感——可能比读过《妈妈及生命的意义》之后的读者所期待的情感还要正面一些。《南方的慰藉》弥漫着失去母亲的氛围：亚隆的母亲在治疗开始前三个星期过世了，而梅格诺莉亚对团体说，隔天她的母亲就过世满一年了。亚隆发现自己需要"梅格诺莉亚的慰藉"，并想起歌手柯林斯（Judy Collins）的一句歌词："将你的忧伤打包全部给我……"这是个让他觉得抚慰人心的提议。忽然，我们搞不清楚了，在这个治疗晤谈中，是谁在安慰谁？

正如《与葆拉同行》一样，《南方的慰藉》肯定了双向治疗的必要，治疗师和病患投入一场双向的治疗过程。亚隆并不真的是个受伤的疗愈者，但是母亲之死让他感到失落，他需要梅格诺莉亚的安慰便说明了一切。亚隆将梅格诺莉亚神化为大地之母，从她身上祈求保护和安慰。不过，他意识到了这个反移情的问题，我们假设这种意识可以让他在照顾团体的同时控制自己的需求。

梅格诺莉亚一生致力于帮助别人，亚隆面临的挑战便是找出方法让团体帮助她这位独自抚养了一个儿子和十五个寄养孩子的女性。亚隆跟团体说，或许其他病患可以帮助梅格诺莉亚学会抱怨。她抗拒这个建议，但是承认她的母亲也觉得梅格诺莉亚总是把自己摆在最后一位。亚隆鼓励她练习抱怨，她便遵照指示，并表达了自己从未成为教师的痛苦和失望。其他成员加入讨论，指出虽然梅格诺莉亚没有机会受教育，因为她几乎独自一人养大了她的七个弟弟妹妹，但是她实际上已经成为她的儿子和寄养孩子们的老师。梅格诺莉亚感激大家的支持，亚隆又补上一句，说她确实成为一位老师了。然后他骄傲地扫视精神科住院医师们，很得意自己说出了一句"精华"。骄兵必败，我们这样想着——果然，灾难发生了。

亚隆坚持要梅格诺莉亚自我表露，这就打开了装满悲叹抱怨的潘多拉盒子，释放出她的所有烦忧。她发泄了大量的怨恨和责难，包括生平第一次对抛弃她的丈夫说了坏话。亚隆觉得迷惑，同时警觉地看着她一面哭一面抓着皮肤上看不见的虫子。他承认，他打开了梅格诺莉亚烦恼的盖子，"但这一次我不想望向里面"。不过，晤谈还是以积极的方式结束，亚隆赞美每一位成员的努力。他们做了亚隆希望他们做的事，参与讨论并给予彼此支持性的评论。亚隆赞美梅格诺莉亚的努力，她接受了赞美，说："我了解，医生，我非常了解。"

然而，亚隆觉得有罪恶感，他觉得自己欺骗了大家，因为晤谈几乎失去控制，他被迫必须以非常手法即兴处理。他怀疑他鼓励梅格诺莉亚抱怨的建议是否会对她有帮助。"她的症状——莫名其妙的双腿瘫痪，皮肤出现有虫的幻觉以及她出现了错觉认为家中昆虫成灾背后有阴谋——都很严重，远超过心理治疗能触及的范围。"亚隆判定自己有罪，因为他打破了心理治疗的基本规则：永远不可以剥夺病人的防御，除非你可以提供更积极的东西。他的结论是，他的虚荣害了梅格诺莉亚，主要因为他想要她成为他的母亲。他对于治疗的傲慢、他宏伟的救苦救难幻想以及渴求母性支持的反移情欲望都在诱惑着他，以致他拒绝"真诚地面对那个有血有肉的梅格诺莉亚，而不是我强加在她身上的形象"。

《南方的慰藉》展示了亚隆无中生有的才华。读者同情治疗师的困境，他在艰难的状况下已经尽了力，而且还比大部分处于同样状况的心理健康专业人士更为自责。他承认了一连串的错——渴望赞同；在要求梅格诺莉亚打开心扉却遭到拒绝时感到慌张；当梅格诺莉亚开始大哭并搔抓皮肤时变得惊恐起来。亚隆知道动机的复杂性，包括一个角色承认自己虚荣时可能是在微妙地操控读者的同情心。他分别描述团体里的五位成员，呈现出他们的脆弱与尊严。病人总是让我们感受到他是一个活生生的人，而不是一本由症状汇编而成的教科书。亚隆和病人及精神科住院医生的外部对话以及亚隆与读者的内在对话，彰显了住院病患团体心理治疗公开与私下进行的戏剧性。故事令人回味的标题捕捉到了梅格诺莉亚柔软的南方口音、她对亚隆魔法般的魅力、她对团体的支持，或许还包括传奇性的南方利口酒——虽然毁了梅格诺莉亚的婚姻的是杜松子酒，而不是南方的慰藉。①

理性对峙背叛？——《悲伤治疗的七堂进阶课》

《妈妈及生命的意义》里最长也最充满情绪的故事是《悲伤治疗的七堂进阶课》，如同亚隆在新版后记中指出的，这是一篇"如实描述涵盖多项主题的治疗（与事实的唯一出入是略去平淡的细节以及掩饰真实的身份）。治疗师向患者学习的主题在《与葆拉同行》中介绍过，这一篇有更完整的探讨"。这是亚隆在本书中最为自我表露的故事。对于丧偶的读者，《悲伤治疗的七堂进阶课》可能是唯一一反驳他们自身悲伤经历的故事了。

艾琳是一位不大看重精神医学的外科医生，但是当她发现丈夫杰克得了无法开刀的脑瘤时，她请求与亚隆开始进行心理治疗。亚隆对此并不怎么热衷；艾琳是他两位挚友的好友，他知道将会很难维持界限。他谨慎地接下案子，部分原因是他和一位同事最近刚完

---

① 《南方的慰藉》原名 *Southern Comfort*，也是一家1874年成立于美国新奥尔良的酒公司品牌，以生产利口酒而闻名，品牌名称多译为"南方安逸"。——编注

成三年的丧偶实证研究。亚隆讽刺地说:"身为丧偶治疗的专家,我怎能拒绝艾琳而不心怀愧疚呢?"当亚隆听说艾琳一直很注意他的书,而且认定只有他才足够聪明可以治疗她时,亚隆的虚荣心又进一步被点燃了。"恰恰戳中我的虚荣要害。"

长达七十一页的《悲伤治疗的七堂进阶课》包含了许多有意思的临床与个人生平的见解,以至于谁都可以轻易写出两倍长的评论。病人的愤怒、苦涩、罪恶感比之前的任何故事都更强烈,而且亚隆感觉到,如果艾琳没有一个年纪还小的女儿需要照顾,她可能早就自杀了。在每周两次、为期五年的治疗里,医患关系充满感情,而且不断改变。

自从艾琳二十岁那年哥哥过世后,她便发誓再也不要跟任何人建立依附关系,以免自己再度受伤;但是她后来打破承诺,和儿时男友杰克结婚。艾琳接受心理治疗一年后,杰克过世,这时的艾琳已经四十多岁,她再次发誓不再形成其他的依附关系。她也不想和亚隆形成情感上的依附,因为他也可能在她接受治疗时就死去,害她再次无依无靠。

亚隆将故事分成七堂课,每一堂课都阐明一个临床上的见解。很多课包含多种见解,有些属于进阶,有些虽然很基础但是值得重复学习。第一课强调,治疗师必须体现理性的声音。治疗时,亚隆从头到尾都得面对艾琳的非理性,惊叹着她的"双重性格,一方面超乎常人的理性,同时却又存在荒谬的不理性"。第二课探讨了艾琳的信念:只有丧偶的人才能治疗丧偶的人。对此亚隆并不赞成。第三课专注于艾琳对亚隆的愤怒,因为亚隆试图让她不再依附杰克，并自以为了解她。第四课检视"黑色毒液"，这是艾琳表达悲伤的愤怒的隐喻。她坚信每次亚隆接近"黑色毒液"时，他要么会弃她而去，要么会死去。亚隆为了示范"黑色毒液"不会摧毁他或他们的关系，他立下一个新的治疗规则：每次艾琳对他发脾气，那一周就自动多加一次晤谈时间。第五课巧妙地以"理性与背叛"这个标题点出重点，回归到关于爱与失落的问题上。"我所谓的重新融入生活，她称为爱的背叛。我所谓的脱离对逝者的依恋，她认为是背弃她的爱。"第六课发生于治疗的第四年，预示了一个治疗的新阶段，肯定治疗师和病人已经成为旅行的伙伴，在同样的人生路上前行。第七课则牵涉到放手的过程，当治疗师和病人亲密地一起工作了多年后，这会特别棘手。

　　一个转折点发生了：艾琳因亚隆无法了解她的悲伤而烦恼，于是要亚隆读一篇俄国诗人约瑟夫·布罗茨基（Joseph Brodsky）在《纽约客》杂志上发表的文章，标题是《论悲伤与理性》（*On Grief and Reason*）。布罗茨基认为罗伯特·弗罗斯特（Robert Frost）是一位比大部分读者所认识到的更为黑暗的诗人，他讨论了弗罗斯特一首叙事长诗《家坟》（*Home Burial*），诗中描述一个农夫和妻子用不同的方式哀悼儿子的死。农夫斥责妻子抓着悲伤不放，不愿停止哀悼。他自以为是地对她说，应该结束哀悼了。亚隆受到这首诗的吸引，而且知道诗里有艾琳内在生命的钥匙，于是亚隆认定，《家坟》对于双亲之间发生冲突的描绘，必然也在艾琳的哥哥死后发生在她的家中。亚隆的误解让艾琳气愤不已。"她惊讶地瞪着我，就像一个老师看着一个愚笨的学生，搞不懂他怎么能升到她这一班。"惊讶到说不出话的艾琳，终于咬着牙说："诗里的农夫夫妻不是我的父母，是我们，是你和我。"震惊于自己错误的亚隆迅速恢复过来，问道："是我不断说那些让人愤怒的话？是我硬要插进你和你的悲伤中间？当然也是我在门口挡住你，想强迫你吞下治疗悲伤的药物？"艾琳点头，并开始哭泣，这是治疗三年以来，她第一次在亚隆面前哭。"我递给她纸巾，也为自己拿了一张。她伸手握住我的手，我们又相聚在一起。"

值得注意的是，治疗上的突破来自一首诗。对文学的世界和治疗的世界一样熟悉的亚隆，立刻想到托马斯·哈代的一首诗，他在之前的著作中也提到过："如果有一个方法能让生命更光明，首先必须睁大眼睛看清楚最黑暗的一面。"《悲伤治疗的七堂进阶课》让亚隆看清楚了最黑暗的一面；那是一种麻痹性的死亡焦虑，迫使悼念者远离生活。亚隆一再引述诗人、小说作家、画家、雕塑家的话，来进一步解释临床的见解。引经据典已经成为亚隆的第二本能，不由自主便可信手拈来。

亚隆在理性与叛逆的问题上的立场是毫无疑问的。艾琳慢慢学会接受他的建议，脱离对过世丈夫的依恋，在故事结尾，艾琳和一年前丧偶的凯文恋爱了。《悲伤治疗的七堂进阶课》里的一切都赞成用这种合理态度面对哀伤。在文章中，亚隆并没有说自己是爱情刽子手或是幻想毁灭者，或许因为他不想重复自己。相反，他让我们想起他自己对丧偶的实证研究。"我采取的是已获确认、稳健的立场，也就是说，哀悼的功课是让自己逐渐与逝者分离，将精力重新转向其他人。"

为了获得更多的支持，亚隆引述弗洛伊德1917年的文章《哀悼与忧郁》(*Mourning and Melancholy*)，这篇文章发表一个世纪之后，仍然是最有影响力的理论，该理论认为哀悼者需要让自己脱离死者的世界，以便重新将注意力放在活人的世界里。弗洛伊德在他最著名的句子之一中写道："现实测试显示，当所爱的对象已不复存在了，便会接着要求将所有的生命力（性欲）从逝者身上撤回（脱离）。"

"理性与背叛"这种二元对立的问题，并不是说丧亲之痛是永无止境的——对于大部分人来说，悲伤会随着时间的推移而减轻——而是没有指出，哀悼者可以找到一种方式，在和生者形成新的联系之际，仍能与死者保持联系。正如心理分析师威廉·华登（J. William Worden）在《哀伤辅导与哀伤治疗》(*Grief Counseling and Grief Therapy*)第三版里观察到的，"哀悼者不会中断与逝者的联系，而是会找到方法与逝者建立'持续的联系'"。华登还说，哀悼的其中一个任务，"就是为逝者找到一个位置，让哀悼者得以和逝者保持联系，但不致妨碍哀悼者继续生活。我们需要找到纪念逝者的方法，也就是记得逝去的爱人——把他们留在身边，但是我们仍然继续好好生活"。

用"持续的联系"来面对哀悼在我自己的生活中非常真实。在我的第一任妻子于2004年过世之后，我便开始针对爱与失去、死亡教育、临终追思、丧偶追思等主题教课、写书。我没有想到我会在芭芭拉去世后这样做，但是针对死亡进行教学与写作成为我处理失落的主要方式。在她过世五年之后，我开始约会，并在2011年和一位认识几年的可爱女性茱莉结婚。在我大学里的办公室和家里,都有芭芭拉和茱莉的照片。我们家有一处供奉芭芭拉和茱莉已逝双亲的神龛,但是茱莉和我并没有像亚隆提过的《远大前程》里的郝薇香小姐那样,试图让时间冻结。

我猜艾琳会欣赏专研丧亲的菲利斯·西尔弗曼(Phyllis R. Silverman)对于"哀悼的核心矛盾"的说法:"我们无法活在过去,或是仿佛逝者依然是我们生活一部分那样继续下去,但是我们也无法放弃这段关系——试图表现得好像过去根本不存在那样。哀悼者会找到和所爱的逝者建立起联系的方法,同时带来安慰和支持。"艾琳可能也会欣赏剧作家罗伯特·安德森(Robert Anderson)说的话,我在《书写鳏寡》(Writing Widowhood)里引述过:"死亡终结了生命,但是不会终结关系,关系会一直挣扎着寻找某种永远不会找到的解决办法。"正如我观察到的,"丧偶的人会持续他们与逝者的联系,同时和生者形成新的联系"。我在《死得其所》里提出,持续的联系也有助于解释为什么垂死的作家会觉得有必要写临终回忆录:垂死的作家觉得有必要和读者建立一种在他死后仍然存在的联系。确实,在《悲伤治疗的七堂进阶课》接近尾声时,艾琳告诉亚隆,她希望他把他们的治疗写出来:"你从我们的治疗中学到东西,我不希望只到你为止。"她注意到亚隆听了之后扬起眉毛,又说:"是的,是的,我终于懂了。已有了深刻的认知,你不会永远存在。"写作捕捉到了介于治疗帅与病人之间的存在,就像撰写临终回忆录的作者一样。

与《妈妈及生命的意义》里的其他故事一样,《悲伤治疗的七堂进阶课》也留给我们一些问题。如果亚隆采用"持续的联系"处理艾琳的悲伤，艾琳的治疗是否就不会那么混乱了？如果他失去了挚爱的妻子，并且试图在形成新的依附关系的同时依然维持与妻子的联系，是否就能够接受这种做法了？这些问题并不会削弱故事的力量。亚隆揭露了治疗哀悼者时的陷阱、测试和雷区以及可能玷污病人与治疗师的"黑色毒液"。他成功地让他身为存在理性主义者的个性与艾琳承受哀伤打击的浪漫主义者形成对照。治疗往往像一场摔跤比赛，但是最终双方都赢了，而这场建立在平等、彼此透明的关系上的独特治疗也赢了。

在《南方的慰藉》中，亚隆觉得自己在治疗中的即兴表现像在欺骗，艾琳则说服他，他的即兴反应对她有很大的帮助。"最近我常说：'高明的治疗师会为每一位患者创造新的治疗方式。'这是很极端的立场，甚至比荣格很多年前提出的建议更激进，他认为我们应该为每一位患者创造新的治疗语言。但激进的时代就需要激进的立场。"

过度热心的反移情：《双重揭露》

在《悲伤治疗的七堂进阶课》的狂飙[1]之后，亚隆以两个比较轻松的虚构故事结束本书，在这两个故事里现身的治疗师，便是在

---

[1] 此处"狂飙"的原文为 Sturm und Drang，意指18世纪末由德国作家席勒、歌德等人发起的文学运动，以扬弃旧有创作手法、解放个人情感为要求，史称"狂飙突进运动"。该运动为后来的浪漫主义奠定了基础。——编注

《诊疗椅上的谎言》里首度出现的欧内斯特·拉许。亚隆让拉许复活，因为他有很引人注目的个性，他也像亚隆一样，是一位反传统的存在心理医生，坚持真诚、互相坦白透明的医患关系。拉许再度发现自己处于尴尬或不得不妥协的状况下，展露出亚隆对于治疗所保持的讽刺与模棱两可的看法。

亚隆称《双重揭露》为"假设性的故事"。如同他在新版后记中所解释的，好几年前他有一位病人得花两小时车程才能到他的办公室，他会对每次的治疗晤谈进行录音。每次晤谈结束后，病人会拿到录音带，以便在下一次来晤谈的路上可以听。有一次，他忘记给她录音带，她十五分钟后回来拿。录音带意外录下亚隆针对治疗交代秘书记录的口述内容。口述内容中没有任何让人不安的内容，但是万一里面含有令人困扰、治疗师不希望病人知道的反移情信息呢？"这篇故事便是以这项'假设'为虚构的骨架，展开故事里的情节与梦境。"

反移情可能仍是心理动力治疗里最难处理的问题，尤其当治疗师无法与病患共情时。《双重揭露》里的拉许发现自己正是处于这种状况。他治疗茉娜四个月了，但是她毫无进展，这令他感到沮丧。茉娜也很沮丧，她之前的两位治疗师都是不动声色地听她诉说，保持距离，没有情感投入。而拉许不同，他积极投入，但是她抗拒他把注意力集中在此时此地的关系上。茉娜对自己的生活感到绝望，并且在三十五岁经历中年危机，她在治疗时间里主要是抱怨自己的存在，包括一次治疗要花掉她一百五十美元的状况。她反复询问要如何找到合适的约会对象时，拉许不耐烦地说了一句严厉且不合适的话："你看到我的运动衫上写着'婚友社'了吗？"这令她很不高兴。当茉娜听到拉许录下的评论时，她的沮丧转变成愤怒。拉许在录音带里承认："让我感觉人格受损……我做什么都无法让她满意，激起我很多不愉快的感觉。这里面肯定和我母亲有关。每次我问到我们的治疗关系，她便露出那种警戒的眼神，仿佛我在挑逗她。我有吗？仔细检查我的感觉，一点也没有。"然后他却说了自相矛盾的话，提到"胸部很好看"，想象"纽扣像要爆开"，但接着又担心自己盯着她的胸部看。他也表露了其他会让茉娜抓狂的感觉，包括她喜欢抱怨、缺乏温柔。

拉许录下这些话，是为了在反移情研讨会提出个案讨论，亚隆便通过这个研讨会讽刺地对比了古典和当代对这个主题的观点。在光谱一端的是沃纳（Fritz Werner）医师，一位年长的正统派心理分析师，受聘来主持研讨会；这个研讨会之前没有人领导，后来则变得意见分歧很大。亚隆将他一些最尖锐的批评毫不保留地用在沃纳身上，这位医师被年轻治疗师视为傲慢、精英主义，和当代的治疗现实脱节。不像研讨会里的其他治疗师，比如沃纳多年来都在看富有的病患，不接受保险，因此无须担心管理式照护服务制度的干预。套用拉许贴切的描述，沃纳主张的是过时的"正确无误的知觉"（immaculate perception），一个认为分析师要完全客观的信念。

拉许则是反移情光谱的另一端。"诚实尤其重要。拉许对一切事情都是虔诚的怀疑论者，唯独怀有原教旨主义的热忱信奉诚实的治疗力量。基于这个信念，他必须诚实，但那是经过调整、选择性的诚实。"拒绝古典分析的客观性和中立,拉许引述亚隆最喜欢的哲学家的话:"一切都是解读,如同尼采一百年前就已知道的。"此处让人联想到弗洛伊德的《图腾与禁忌》(Totem and Taboo),其中的世界是叛变的儿子们奋起反抗有恋母情结的父亲,亚隆借此显示心理分析的历史就是一场不可平息的战争。沃纳眼中发亮:"很高兴看到这场暴动,仿佛一群兄弟暂时放下竞争,联合起来展开弑父计划。"沃纳和拉许可能处在反移情光谱的对立两端,但是亚隆并未以讽刺的夸大来矮化任何一人。沃纳对拉许的批评大致是正确的。拉许犯了严重的治疗错误,如果不修正,将会摧毁治疗。沃纳不是因为拉许的愤怒情绪而责备他,而是因为他在治疗上"无法自制",通过他提及运动衫的那句讽刺而将愤怒的感觉表达出来。

茉娜听了录音带,知道拉许对她的真正感觉之后,拉许发现自己处于妥协的位置。一边开车赶赴下次晤谈,一边听录音带的茉娜,对听到的内容高声吼叫:"那个混球!"茉娜的狂怒也反映出她对前夫的感觉。就像《诊疗椅上的谎言》里的卡萝一样,茉娜的计划对她的治疗师不利,心想:"小人!"很显然,亚隆的四位女性病患——《诊疗椅上的谎言》里的卡萝、《悲伤治疗的七堂进阶课》里的艾琳、《双重揭露》里的茉娜以及我们之后将讨论的《叔本华的治疗》里的帕姆——都很易怒,尤其是对她们的治疗师。没有人比亚隆更会描写愤怒了——也没有作家能将女病患对毫无所知的治疗师进行复仇计划的情节描写得比他更诙谐了。

《双重揭露》里的幽默在于,茉娜决定在治疗时重现让拉许产生反移情情绪的行为,但不揭露自己从哪里获知情报。她忽然发展出新的自信与直率，对拉许提出明知故问的问题，仿佛对准他肚子揍上一拳。"你其实不喜欢我，对吧？"坚持要互相诚实的她，问拉许是否觉得她很无聊。稍后又要求知道他是否觉得她很爱"抱怨"，录音带里用的就是这个字眼。茉娜在下一次晤谈中继续如此大胆直接。拉许夸赞她的治疗进展，但是当她想要知道他是否觉得她有吸引力时，他却不禁防备起来，"拉许在心里对自己哀叹：我被钉在十字架上了。他对于专注此时此地的治疗策略最大的恐惧已经发生了"。拉许发现自己面对茉娜的情况就像《诊疗椅上的谎言》里年轻的自己一样，被迫承认对正想陷害他的女病患有性欲的感觉。但是这次，拉许只能怪自己了。茉娜很享受看到拉许处于防卫的窘境，被她的话逼得走投无路，但是她不情不愿地承认，拉许确实尽全力维持和她之间的真诚关系。她一直没有告诉他录音带的秘密，但是听到他的反移情却成为她在治疗上的转折点，让她得以做出生命中重要的改变。

"此去平安"：《匈牙利猫灵的诅咒》

《妈妈及生命的意义》里的最后一篇心理治疗故事——《匈牙利猫灵的诅咒》——是亚隆最奇幻的一篇作品，故事一开始非常真实，拉许正试着说服一位病人不要终止治疗，然后就从一个梦进入到另一个梦，直到现实和幻想变得无法分辨。拉许不是特别喜欢海斯顿，他是特立尼达逃亡奴隶的玄孙，然而当海斯顿在第四次晤谈时表示想终止治疗之际，拉许的自尊心还是受到了伤害。拉许对自己低语一句他母亲常说的意第绪惯用语："此去平安。"这是一句亲切的致意，但是他母亲的用法却带着讥嘲，暗示着"'赶快走吧，再也别回来了'或是'上帝保佑，希望很久以后再见到你'"。正如在《双重揭露》里一样，亚隆在《匈牙利猫灵的诅咒》中也将拉许联系到开篇故事里作者自己的母亲。

为了理解自己为什么觉得海斯顿很无聊，拉许请海斯顿回想导致他恐慌发作而去医院挂急诊的事件的细节。海斯顿闭上双眼，经过几分钟的静默之后，他在几乎是出神的状态之下开始说话，讲他遇见一位叫阿尔忒弥斯——代表贞洁、童贞和狩猎的希腊女神——的女性。阿尔忒弥斯像她的双生弟弟阿波罗一样，也能带来猝死和疾病。海斯顿和阿尔忒弥斯有非常美妙的性爱，但是她对他施展魔法，他便开始梦到被一只气势凶狠、像狮子一样大的猫追逐。阿尔忒弥斯变成机器人，巨大的胸部会喷出放射性液体，这个液体有侵蚀性，开始蚀去他的脚和腿——就像《双重揭露》里的黑色毒液。海斯顿惊恐地醒来，跳下床，丢下熟睡的阿尔忒弥斯，跑到医院急诊室去了。这个梦代表什么？为什么对海斯顿和拉许都造成冲击？有趣的是，十五年前，拉许曾有类似的经验，那时他和前女友茱蒂共度春宵，但是第二天一大早，茱蒂就神秘消失了，没有留下任何踪迹。"这对他造成很大的打击，心理治疗也从未能完全抹去他的痛苦；即使在多年后的今天，想起来心里依旧刺痛。"

拉许满脑子都是被他视为茱蒂替身的阿尔忒弥斯，这促使他找到了这个令海斯顿的梦想变成噩梦的女人，他在一家融合书店的复合式咖啡馆看到了她，并和她花了很长时间讨论20世纪德国文学。

他告诉阿尔忒弥斯他和茱蒂令人困扰的经历,她说自己也有类似的经历。拉许说:"真的?太神奇了,我们竟然有这么多共通点。我们是不是应该试着为彼此疗伤?"亚隆利用了他这位受到迷惑的治疗师带来的黑色幽默。拉许问自己:"你在做什么?"他明白自己如果与阿尔忒弥斯发生关系,是违反伦理道德的,追求与病人有关系的女人,让他无可救药地逾越了界限。拉许可以想象他的临床督导史崔德的批评:"拉许是一位称职、有道德的医生,只是有时会用阴茎思考。"

故事越来越超现实,拉许和阿尔忒弥斯的经历,与海斯顿的如出一辙。历史在重演吗?他们刚在一起的那个晚上,拉许就沉浸在对过去的回忆与遐想中,他回忆起早年的性幻想,包括和汉娜阿姨做爱、在回声谷主题乐园坐云霄飞车以及与父亲下西洋棋。《匈牙利猫灵的诅咒》似乎是亚隆在《妈妈及生命的意义》里描述的"鬼屋"的另一个版本,暗示本书已经转了一圈,回到原点了。拉许和迷人的阿尔忒弥斯上床,进入梦乡,然后体验到海斯顿的噩梦,一只巨大的猫威胁着他,并且他为阿尔忒弥斯巨大胸脯喷出的有毒液体所伤害。他努力想尖叫:"'妈妈!妈妈!救我,妈妈!'却发不出声音。"接着他醒来,就像海斯顿一样,抛下阿尔忒弥斯。这时,亚隆引进了故事里最令人惊艳的角色,贪婪的猫——梅吉斯,它的名字是匈牙利文的"暴怒"。拉许努力化解梅吉斯凶狠的愤怒,说服它放弃对前世淹死它的女人复仇,这一段让人想起《诊疗椅上的谎言》中,治疗师和卡萝的类似关系。故事结束时,梅吉斯出乎意料地祝福拉许和阿尔忒弥斯,鼓励他们充分利用自己的生命。

《匈牙利猫灵的诅咒》是亚隆最具实验性的短篇小说，让人想起格林兄弟的童话故事、寓言和奇幻写实。亚隆认为这是他最有想象力、最诙谐的一篇作品。如同亚隆在新版后记中所指出的，这篇故事结合了《妈妈及生命的意义》里所有的主题，包括"治疗师听到一个麻烦又不讨喜的患者决定终止治疗时的窃喜，对特定患者感到无趣以及利用这种无趣引导治疗进行，因患者对别人造成伤害而感到不安并渴望弥补其过失，忽略患者最佳利益的错误，虚荣的拯救幻想，对患者生命中某个人物的痴迷，为了治疗师是否有下班时间而左右为难"，亚隆又加上一句，这些弱点及其他，都出自他个人的经历。

重要的赞美

《妈妈及生命的意义》一直没有像《爱情刽子手》一样成为畅销书，但仍获得广泛的赞誉。《克柯斯书评》认为本书配得上被称为《爱情刽子手》的"续集"，《书单》也这么认为："亚隆再次引人入胜地叙述某些病患对于疗愈自己所展现的韧性。"伦敦的《泰晤士报文学增刊》赞赏本书在文学和心理方面的力量："不像大部分心理治疗师，亚隆会说故事，而且说得很好，读者很容易就忘记自己阅读的是萃取自好几周、好几个月甚至好几年的治疗工作而得的成果……而亚隆以令人羡慕的开放和风格完成了这项工作。"

09 《给心理治疗师的礼物》：身为治疗师的危险与特权

亚隆在《给心理治疗师的礼物》中一开始便承认："病人担心我的健康。这么长期的治疗，我到时还在吗？当我度假时，他们害怕我一去不返，他们想象着参加我的葬礼或探视我的坟墓。"这是很不寻常的开场，尤其是讲治疗的书。表露病人对他的死亡的焦虑，等于表露了他自己的焦虑。我们可以感觉到，他是一位受伤的治疗师，像每一个人一样，被逼近的死亡伤害。亚隆一生都在写关于死亡焦虑的文章，而现在他已经七十多岁了，提起病人对他的死亡的关心，确实合适。

2002年，亚隆七十一岁时出版了《给心理治疗师的礼物》，连同《爱情刽子手》与《当尼采哭泣》，是他最受欢迎的书。本书一开始，就有一种挽歌的调性，他回忆着自己四十五年的心理治疗师事业，并沉思他的专业在这些年里的激烈改变。他哀叹道，许多改变就长远来说并不是好事，因为管理式照顾的侵入、精神药物的召唤，以及认为只有从实证获得效度的治疗才是正当合理的误解。当代的心理治疗处于危机之中，亚隆担心心理治疗的未来也很有道理，他担心："心理治疗会被经济压力扭曲到什么程度呢？它会因为过度精简的训练课程而贫乏到什么地步呢？"本书的原文副标题"写给新时代的治疗师与他们的病人的公开信"，显示书中一部分是针对治疗师的自助手册，另一部分是提炼自亚隆先前著作的精华。本书传达了亚隆对心理治疗疗愈力量的热切信念，并希望他热爱的专业能够度过当前的风雨。

亚隆在引言中回想这本书萌芽的那一刻。那时他正在观赏加州亨廷顿图书馆英联邦文艺复兴以来畅销书的展览，注意到其中有三本书被归类为"忠告"——"吸引大众注意"的建议，如对动物饲养、缝纫和园艺的指导。于是写一本忠告书籍的想法突然变得有吸引力了。在这次经历前不久，亚隆才重新读了里尔克的《致一位年轻诗人的信》。亚隆感觉到里尔克的一缕幽魂俯瞰着他，他刻意努力将自己提升到里尔克"诚实、雍容、宽宏精神的标准"。

分为五个部分的《给心理治疗师的礼物》涵盖广泛的主题，开头部分是治疗师与病人的关系，占了全书八十五章中的四十章（每一章平均只有三页，有些甚至只有一页），包括避免做出诊断（除非是为了配合保险需求）、将病人视为旅程中的同伴、帮助病人发展同理心、承认错误、肯定当下、给予回馈。第二部分从治疗过程转向治疗内容，包括死亡、生命里的意义（不是生命的意义）、自由。第三部分触及各种议题，如写笔记、病人流泪时、家庭访视、非关"性"的触碰病人、探讨之前的治疗。第四部分处理治疗中的梦境，包括务实地运用梦境、注意病人的第一个梦、仔细处理与治疗师有关的梦。最后的部分专注于身为治疗师的"危险与特权"。大部分章节内容在亚隆之前的著作中已经研究过了，但有些是他第一次提到。在《弗洛伊德也有对的时候》中，亚隆讨论了他和心理分析逐渐改变的关系，并对一个大家很少讨论的主题提供深入的信息：治疗师自己在治疗里的经验。亚隆也讨论了病人对他的书有何反应，这个主题在他下一本非小说的书《直视骄阳》里描写得极为详尽，正中我们下怀。

上了年纪的作家，无论专精于哪个学术领域或科系，都会担心死后还有没有人读他的书，亚隆也不例外。在《给心理治疗师的礼物》的开篇，亚隆便提到心理分析著述先驱卡伦·霍妮，"大部分年轻的治疗师并不熟悉她。由于在我们这个领域中，杰出理论家的兴衰速度太快了，我将会不断提起往事"。他对自己的书是否很快就会被下架保持沉默。很明显，亚隆竭尽全力要让读者不熟悉的心理治疗师重新活过来：卡伦·霍妮、埃里希·弗洛姆、卡尔·罗杰斯、温尼科特（D. W. Winnicott）、桑多·费伦齐、罗洛·梅、哈里·斯塔克·沙利文、梅兰妮·克莱恩（Melanie Klein）和艾伦·惠利斯。

回馈

亚隆喜欢用"回馈"这个词，而不是批评，来帮助病人更了解自己。"治疗的目标之一是增加病人的现实感，帮助个人以别人看自己的方式来看待自己，这需要通过回馈，才能使盲目的自我明显减少。"回馈必须温和才会有效。亚隆最喜欢说的就是："打铁莫趁热。"也就是说，病人在情绪上能够接受时，才可以给予回馈。回馈也可能包括治疗师承认错误："公开承认错误对病人也是很好的示范，并显示出你对病人的重视。""年龄状态"是另一个回馈技巧。"有时我觉得病人在某个年龄状态，有时在另一个年龄状态，我会试图以对方可接受的方式分享这个看法，通常是在我觉得病人处于符合目前年龄的状态时提出来。"

关于回馈，亚隆提供了四个建议，以戏剧手法在描写团体心理治疗的《叔本华的治疗》中呈现出来："（1）回馈是基于此时此刻的观察；（2）回馈要尽量接近引发的事件；（3）重点要放在听者的具体观察和感受，而不是猜测或解释说者的动机；（4）接受回馈的人要与其他成员核对，以得到一致的确认。"

治疗师自我表露

一些第一次接触亚隆作品《给心理治疗师的礼物》的读者，可能会对他在谈到治疗师对病患揭露自己生活时需要小心的那一章所说的话感到惊讶——第二句话可能还比第一句话更令人惊讶。"如果把治疗师的表露分成不同等级（如分为0～10分），我必然是属于最高一级（10分），可是我还不曾有过因表露太多而造成不良影响的经历，相反地，每当我分享自己的生活时，总是会促进治疗的效果。"亚隆从未后悔在治疗中自我表露，倒不是因为病人在知道了他个人生活的某个方面后总是有正向响应，而是因为如果治疗师专注于此时此地，负面的反应可以很有用处。治疗师的所有自我表露都必须通过一个考验："表露这件事对病人是最有益的吗？"

亚隆引用一个好几年前他在门诊病患团体中的表露作为例子，那时他提到自己和最近过世的母亲冲突的关系，有些病患想知道他母亲过世与丧礼的细节。"我一五一十地回答了所有问题。比如说我和母亲关系不好，她容易生气，我选择住在加州，部分原因是为了和母亲保持五千千米的距离，她就像一头凶猛的恶龙，但年纪大了以后，毒牙掉落，在最后几年里，我们的关系变得很亲近，我也成了尽职的儿子。"亚隆在《妈妈及生命的意义》一书中那篇与书同名的文章里，探讨过这种有争议的关系，但是在《给心理治疗师的礼物》中，亚隆又揭露了新的信息，谈到书写母亲在治疗上的重要性："这个梦所刻画的意义危机（与鬼屋有关）促使我以不同的方式来探索自己的生命。我做完梦后立刻写下一个故事，在故事中，我与母亲的鬼魂对话，以疗愈彼此之间的裂痕，并想了解为什么我们的生命意义会彼此纠缠、冲突。"

要想了解亚隆在治疗师自我表露这条路上走了多远，我们需要看一看他接受治疗时的第一个梦，这个梦经过四十年后，他记忆犹新。他引述这个梦，主要不是为了说明他支持自我表露的态度改变，而是要展示病人在治疗中的第一个梦具有不寻常的意义，因为在这个时候，病人无意识中的"梦境编织者"还没有因分析调查而变得过度谨慎。"我躺在医生的检查台上。被单太小而无法适当地遮住我。我看到一位护士把针插进我的小腿骨。突然爆发一声嘶嘶的流水声——嘶嘶嘶嘶嘶。"然后他为我们诠释这个梦。"这个梦的核心意义在于响亮的嘶嘶声，我立刻知道是怎么回事。"亚隆小时候备受慢性鼻窦炎的折磨，每到冬天，他的母亲就会带他去医院让医生冲洗鼻窦。亚隆痛恨这个程序。"我还记得半圆形托盘上引流出来令人既害怕又恶心的东西，觉得脑浆跟着脓和黏液一起流出来。"梦境揭露了亚隆对于即将来临的精神分析的所有恐惧，害怕暴露出来、被穿透。尤其害怕会失去他的"理智、被人洗脑，有一长段坚实的身体（小腿骨）会受到难以忍受的伤害"。

手的碰触

在《给心理治疗师的礼物》里，亚隆揭露了一个《妈妈及生命的意义》中《与葆拉同行》省略没提的相关细节。葆拉在一次聚会尾声所说的话让亚隆感到惊讶："大家互相靠近一点。"然后要求大家手牵手，看着燃烧的蜡烛，安静冥想一会儿。葆拉的建议与亚隆的医学训练有所抵触，他感到不自在，但是他很快便明白，这是一个重要的行为。他在《给心理治疗师的礼物》里详细提到这件事，说到他以前从未和病人牵过手，但是在这种情况下，他没有别的选择。"我加入时立刻像所有成员一样，觉得这种结束团体的方法非常棒，几年下来，每次聚会都是以这种方式结束。"

手的碰触让我们想到基督徒的按手仪式，表示接受了圣灵。对亚隆来说，牵手的行为具有同样的神圣，但是没有宗教意味，暗示着人与人之间的联系是对抗恐惧与孤单的治疗力量。手的碰触象征着治疗师与病人的亲密关系，是不可侵犯的信任，是来自治疗中施与受的礼物。葆拉要大家靠近一点的建议，促使亚隆在每次治疗晤谈结束时和病人握手，或将手按在病人肩膀上。

治疗师的治疗

《给心理治疗师的礼物》对亚隆之前的著作进行注解，为已经说过的故事添加细节，但是有一个主题，亚隆处理得比之前更加深入：他在不同生命阶段所经历过的不同类型治疗。

> 在我四十五年的职业生涯中，曾接受治疗的漫长探索如下：在精神科住院医师训练时，接受每周五次正统的弗洛伊德式精神分析，总共长达七百五十小时（训练我的是保守的巴尔的摩华盛顿学院的精神分析师）；接受查尔斯·克罗夫特（Charles Rycroft）精神分析一年（他是英国精神分析学会"中间学派"的分析师）；接受完形治疗师帕特·鲍姆加特纳（Pat Baumgartner）两年的训练；接受罗洛·梅（Rollo May）的心理治疗达三年之久［他是威廉·阿兰森·怀特学院（William Alanson Whyte Psychoanalytic Institute）的人际和存在导向精神分析师］以及各种学派治疗师的短期治疗，包括行为治疗、生物能、罗夫按摩法、夫妻治疗，以及至今持续十年、没有领导者的男性治疗师支持团体；还有在60年代时五花八门的会心团

体，包括一次裸体马拉松团体。

亚隆在《给心理治疗师的礼物》里指出，选择不加入精神分析学会是他在职业生涯中做过的最佳决定之一，但是他也承认对于心理分析的感觉已经幡然改变了。"也许我过于危言耸听，可是依我的观察，近年来许多对心理治疗领域持续不断的攻击，有可能使精神分析中心成为最后的堡垒，保存集体的心理治疗智慧，就好像几个世纪以来教堂是哲学智慧的宝库，也是唯一能讨论严肃的存在问题（生活的目的、价值、伦理道德、责任、自由、死亡、社会、联系）的地方。"近来最为正向的心理分析发展之一，是对主体之间（intersubjectivity）及两人心理学（two-person psychology）的强调，在这两个概念获得其他人接受之前，亚隆便已经倡议很久了。他也肯定同理心在治疗中的角色，并进一步解释荣格"受伤的疗愈者"的概念。

亚隆从未暗示治疗师应该从病人身上寻求治疗，但是他承认，治疗所带来的意外礼物中有一部分是"帮助他人"本身所具备的治疗效应。"我自己无数次在治疗会谈开始时因为本身的事而忧虑，虽然没有清楚说出自己的内在状态，却在治疗结束时感觉好多了。"亚隆对于因为本身的事而忧虑，却在治疗结束时感觉好多了，并没有举出实际的例子，但是我们马上就可以举出一个例子。想象一位存在主义心理治疗师因为癌症而濒临死亡，他想要用还算健康的余生做他一直在做的事情：帮助他的病人。想象这位治疗师思索着自己的成功和失败，对于治疗的神秘寻求最后的理解。亚隆在他的下一本小说《叔本华的治疗》——一本将治疗的礼物编织成虚构故事的书——中便想象了这种状态。①

---

①《生命的礼物》英文原名即为"治疗的礼物"(*The Gift of Therapy*)。——编注

10 《叔本华的治疗》：寻找解药

亚隆2005年的小说《叔本华的治疗》的出发点，并不是要发展某个情节、角色或处所，而是一组围绕着以下四个主题展开的一系列想法："（1）团体治疗如何运作；（2）哲学可能如何影响心理治疗，尤其是叔本华的哲学；（3）叔本华奇特的生命经历和他严重的个人病态状况如何影响他的哲学结论；（4）死亡意识如何影响一个人的生活。"在小说中探索其中一项就已经很具挑战性了，探索全部四项更是令人战栗。

让亚隆的故事更加复杂的是，叔本华是世上最厌世的哲学家之一。叔本华因悲观的哲学思想、对女性尖酸刻薄的评论以及极端怀疑人类关系而声名狼藉，他可能是有史以来最令人厌恶的思想家了。他最臭名昭著的隐喻之一：他将人类——或者他蔑视地称为"两足动物"的族类——视为一群刺猬，为了免于冻死而挤在一起，却又忍不住以身上的尖刺刺向彼此。这位多刺的19世纪早期德国哲学家是世界上措辞最尖锐的反对者，如果让他选择的话，他宁可从未诞生。尼采虽是叔本华最伟大的门徒，但和叔本华相比，尼采是个双眼朦胧的乐观者。

那么，想象一下，一位虚构的角色菲利普·史莱特（Philip Slate），把叔本华当作自己的楷模，鄙视着每一个人，这样一个人怎么可能想要成为临床哲学家？团体治疗的成员要如何忍受他？尤其其中一位女性成员，在她大一时被当时担任其助教的菲利普始乱终弃。这样一位可恶的角色能够让人相信他真的改变了吗？既然解药本身就有如此大的缺陷，为什么要将本书取名为《叔本华的治疗》呢？存在主义精神医师朱利亚斯·赫茨菲尔德，在其他团体成员的协助下，可以为有缺陷的哲学解药提供救命的解毒剂吗？

亚隆将《叔本华的治疗》描述为"小说、心理传记与心理治疗教学的奇怪混合体"。这个描述实在不足以形容这本小说，结合了心理学、哲学、传记和生死学的《叔本华的治疗》，以一个激励人心的故事提供了生命教育。

存在主义精神医师

朱利亚斯·赫茨菲尔德让我们想到《诊疗椅上的谎言》里的欧内斯特·拉许。朱利亚斯比欧内斯特大二十岁，更有临床经验，阅历丰富，饱经沧桑，但是他在本质上并未改变。朱利亚斯六十五岁时，"他已经执掌精神医学界牛耳达三十年之久，在加州大学精神医学的教授职位中，培养了许多学生，并在五年前担任美国精神医学会理事长"。把加州大学改成斯坦福大学，去掉理事长一职——亚隆对于专业领域里的政治从来没有兴趣——就是欧内斯特·拉许年老之后的写照了——同时也是塑造了这两个角色的小说家的写照。

与欧内斯特和亚隆一样，朱利亚斯热爱自己的职业。在故事的开头，他跟菲利普说："我一直认为治疗不只是一个职业，更是一种召唤，是关心他人生活的人的生活方式。"朱利亚斯不断向团体成员——过去四分之一个世纪里带领过的每一个团体——肯定地表示"团体不只是一群人聚集在一起，团体有自己的生命，具有持久的个性"。朱利亚斯对团体成员怀有单纯的爱，尊重每个人的个性。

与亚隆一样，朱利亚斯意识到他所珍爱的职业正受到来自各方面的攻击。这些外在的威胁以及内在的怀疑，并未成为朱利亚斯做好自己的工作的阻碍。他享有"医生中的医生"的声誉，他是一位"顶尖的治疗师，就像神奇的大巫师，愿意为病人做任何应该做的事"。治疗师西摩·特罗特也被视为是病人的最后希望，这两位心理医生有很多共同点。出生于纽约布朗克斯的朱利亚斯，青少年时对赌博比对学校功课更感兴趣。他"沉默寡言"，惹了一大堆麻烦，失去了大家的信任，他发现自己被"定型"了，这表示没有人会欣赏改过自新之后的朱利亚斯，或想要和他扯上关系。十五岁时，他跟着家人搬到华府，他的父亲努力赚钱养家，而朱利亚斯在搬家后像是变了一个人，他凭着"厚脸皮"，几乎选上了高中学生会会长。朱利亚斯先是成为医生，之后又成为心理医生，而他从未怀疑过自己这些决定。他像苏格拉底一样，相信最有智慧的人就是谦卑地承认自己所知有限的人。他也尊重专业界限，不像亚隆之前创造的那位被病人视为最后希望的治疗师。

擅长写作的心理医生

朱利亚斯像亚隆一样喜爱临床工作，但他未实现的伟大抱负则是成为文学作家。身为精神医学研究者和临床医生，他获得了相当大的成功。"他是个优秀的专业作者，著述甚丰，出版了两本书和一百多篇精神医学论文，但朱利亚斯渴望的是写出文学作品，几十年来，他一直从工作和想象中收集了许多短篇故事的情节。虽然他开始写了几篇故事，但一直没有时间也没有勇气完成一篇故事，然后送去出版。"文学作家不会对亚隆在这里用"勇气"一词感到惊讶：空白的页面可以令人瘫痪。朱利亚斯决定不再追求"他一生未完成的伟大目标：成为真正的作家"，这是他唯一失去勇气的事情。

然而，无法写小说并不会阻碍朱利亚斯书写他最了解的主题：精神医学。他知道，好的作品可以从实验的失败中诞生。作家是机会主义者：一切都是作家磨坊里的材料，包括失败。二十年前，朱利亚斯为菲利普治疗了三年，结果并不成功，但是"对朱利亚斯的写作有奇妙的帮助，会谈中浮现的许多观念都被他放入他的著名文章《治疗师与意志》以及《意愿、意志和行动》这本书中"。

朱利亚斯会为他的小说构思怎样的情节？他的计算机里有一个文件名字叫作"短篇故事情节",在"面对敌人的受害者"这份情节列表里有两个纲要。第一个遭遇发生在正在驶离土耳其海岸的豪华邮轮上。"一位精神科医师进入船上的赌场,在穿过烟雾弥漫的房间时,看见一位以前的病人,这个骗子曾经从他身上骗走七万五千元。"读过《诊疗椅上的谎言》的读者很快就能认出来,这个情节是马歇尔·施特莱德被前病患骗走了好几万元,一心想要复仇的后续发展。朱利亚斯第二个遭遇的情节,牵涉到一位女律师"在免费的专业服务中被指派为一个强暴犯辩护,她到狱中和他会谈时,怀疑他就是十年前强暴她的人"。这个情节让我们想到《诊疗椅上的谎言》里的另一个角色,愤怒的律师卡萝·阿斯特丽德,只有对正义的渴望能够超越她的愤怒。对于这两个复仇情节,亚隆在《叔本华的治疗》里使用了后者,向我们展示了当柏克莱大学文学教授帕姆·斯万维尔发现她以前的老师菲利普参与了团体时她多么愤怒。

也是读者

朱利亚斯或许不能像亚隆那样成为小说家,但他是位文学与哲学的爱好者。《叔本华的治疗》开头那一段便显示出,朱利亚斯很熟悉苏格拉底之前的哲学家关于生死的训诲,"他同意斯多葛学派的说法:'我们从一出生就开始走向死亡。'他也赞成伊壁鸠鲁的理念:'只要我存在,就没有死亡;只要有死亡,我就不存在。既然如此，为什么要害怕死亡呢？'"朱利亚斯常常对临终病人引述这些安慰的话，现在他必须用在自己身上了。

毫无疑问，朱利亚斯最喜爱的哲学家是尼采，他以学术权威的方式引用了尼采的著作。朱利亚斯不但知道尼采写的文字，也了解文字的模棱两可之处。朱利亚斯在他那本翻到卷角的《查拉图斯特拉如是说》里标注了两个段落；几十年前，他在写一篇关于尼采对弗洛伊德不为人知的重要影响的文章时，就开始用这本书了。一段是"完成你的生命"，另一段是"死得其时"。朱利亚斯知道尼采模棱两可的语言可以有多重诠释。"朱利亚斯常常把尼采的话比拟成罗夏投射测验，两者都会提供许多对立的观点，由读者的心理状态决定其中的含意。"故事接近尾声时，朱利亚斯又回到尼采身上，比较了尼采和查拉图斯特拉的相似性。"他遵循查拉图斯特拉的道路，向别人分享自己的成熟，在帮助别人中超越自己，并愿意在永恒中不断重复这种生活方式。"

其他细节也一一证实了朱利亚斯对文学的热爱。他床边的小桌上有一堆还没阅读的小说，很可惜他没有时间读了。多年前帕姆送给他一本约翰·加德纳（John Gardner）写的小说《格伦德尔》（Grendel），他读了之后引述其中内容给另一位病人丽贝卡听，丽贝卡后来告诉他，这个故事对她意义重大。菲利普也酷爱阅读文学与哲学，但与朱利亚斯不同的是，他喜欢展现自己的知识。菲利普像个学究似的指出，早在加德纳之前，海德格尔便已提出死亡就是"不可能再有任何可能性"。朱利亚斯回想起四十年前他还是学生时，听过心理分析师弗洛姆引述古罗马诗人泰伦斯（Terence）

的话："我是个人，所有人性都不会令我觉得陌生。"与叔本华不同，朱利亚斯最喜爱的作家都是肯定联系与参与的人，如加缪和萨特。引人注目的是，朱利亚斯的女儿是文学教授，儿子是约翰斯·霍普金斯大学的神经生物学研究者，这表明他全家都投入了艺术与科学，两个亚隆倾注热情的所在。

其他作家特质

朱利亚斯体现了亚隆对宗教的不信任，他鄙视"宗教剥夺信徒的理智和自由时所使用的工具"。他向团体承认他很嫉妒神父拥有赦免信徒的力量，他保证自己会"根据理性原则来工作"，不会"把神话当成事实"，将病人当成小孩子来对待。然而，虽然排斥超自然的宗教，朱利亚斯并不怕承认从神圣著作中吸取教训。例如，他想到犹太教法典《塔木德》里写的："挽回一个人就是拯救全世界。"这正是他成为治疗师的理由。

朱利亚斯毫不畏缩地直视死亡，这使他更能欣赏生命。"因为生命的有限、缺乏更高的目的或设计，因而生活在绝望之中，实在是身在福中不知福。"他赞同斯宾诺莎和爱因斯坦对死亡的回应："单纯地低下头，向优美的法则和大自然的奥秘致敬，然后继续生活。"死亡是生命的相反，但是垂死并不是活着的相反，而是生命的一部分。朱利亚斯的个性很像亚隆。"朱利亚斯天生就信任病人，他是最乐观的人，非常容易被人欺骗；这让他觉得天摇地动。"乐观既不是天真，也不是肤浅。朱利亚斯信任别人，但是他并不笨。他很自律，每天跑五千米保持体态，他像古希腊人一样相信中庸之道，让工作与娱乐保持平衡。"如果不曾脱去束缚、投身欢笑，岂不是错过太多生命的演出！"

团体心理治疗师

《叔本华的治疗》实施了许多亚隆在《团体心理治疗的理论与实践》里提出的重要建议。朱利亚斯给菲利普的第一课就是病患最重视的治疗关系。"他们很少记得治疗师提供的重要见解，而是深情地回忆自己和治疗师的关系。"朱利亚斯坚持要求团体成员遵循三个基本规则：（1）守密——不对别人说团体成员的事情；（2）自我表露——向其他团体成员尽最大努力揭露自己；（3）团体凝聚力——在九十分钟的心理治疗会晤之外，彼此若有任何接触都要告知团体。

朱利亚斯的核心假设之一就是，一位好的团体治疗师可以让病人此时此地的冲突揭露出病人过去或现在的问题。他告诉菲利普："我假定成员会在团体中表现出社交生活中容易产生问题的行为，我还进一步假定他们会把团体关系的学习应用到外界的关系中。"朱利亚斯也建议菲利普避免和病人有双重的关系，包括恋爱关系或商业关系。朱利亚斯自己也遵守这些建议，就像亚隆在教科书中解释过的，朱利亚斯说明了垂直和水平自我表露的差别。他认为在自我表露时应该鼓励冒险，无论是个别治疗还是团体治疗，都应该是双向对等的。朱利亚斯援引了马丁·布伯的"吾与汝"（I-Thou）关系，认为可以促进亲近和双向的自我表露。

亚隆赋予小说中心理医生许多他自己的职业经验。像亚隆一样，朱利亚斯在职业生涯早期带领过一群乳腺癌患者进行团体治疗，这个经历为成员和他自己都带来了转变。可惜的是，病人"直到身体满是癌细胞时"才学会如何生活。

发现死亡之日

在小说的开头，朱利亚斯就被判了死刑，一位皮肤科医师告诉他，他有一个已经溃烂的黑色素瘤，他可能只有一年的日子可活。亚隆写到癌细胞正在吞噬朱利亚斯的身体时，文字异常生动："当人突然发现自己不再是至高无上的生命形式时，是多么令人吃惊的事！他只是一个宿主，为另一种更适于生存的生物提供养分、食物，让它狼吞虎咽。这种生物以令人眩晕的速度分裂细胞，以闪电行动吞并邻近的原生质。这群细胞毫无疑问已取得装备，进入血流中航行，到远方的器官殖民，也许是把甜美脆弱的肝脏当成喂食的环境，或是把湿软的肺脏当成绿茵的草地。"无论死亡对亚隆来说有多么恐怖，将癌细胞转移的致命过程以隐喻来表达的能力显然带给他某种美感上的愉悦。亚隆的文字显示，死亡仍是他的灵感女神。

朱利亚斯对于死亡并不陌生，因为十年前他挚爱的妻子米里亚姆因车祸过世了，米里亚姆是他中学时就认识的。在《诊疗椅上的谎言》和《叔本华的治疗》中，核心的治疗师都是鳏夫，这有重要含意。亚隆很幸运,婚姻美满且长久,但是他有能力想象朱利亚斯在失去妻子之后必然会有的感受。亚隆提供了两个似乎很真实的观察。"虽然他在高中第一眼看到米里亚姆时就深深爱上了她,但同时也怨恨她带来的阻碍,让他失去众多他认为自己有权享受的与女性的交往的机会。"婚姻最幸福的丈夫或妻子大概会了解这句话里的真相。亚隆也了解对逝者的理想化。"车祸把她带离人世已经十年了,他对她的珍爱甚至比她生前有过之而无不及。"

发现自己已到癌症晚期后,朱利亚斯想为《美国精神病学杂志》写一篇个人文章,标题就是《面临死亡的精神科医生》,或者为《太阳时报杂志》写些东西,或是干脆写一本书,书名就叫作《死前自传》(*Autobiography of a Demise*)。朱利亚斯明白,想写这些东西的部分原因是基于对抗恐惧的动机。他一直没有写出这篇文章或这本书,因为缺乏时间,或许也缺乏勇气,但我们可以感觉到,亚隆既有时间也有勇气来写作。

从死亡发现之日起,朱利亚斯让自己投入工作:他正在带领的治疗团体。工作一直都是朱利亚斯的最大乐趣。对朱利亚斯来说,工作不仅是一种治疗,也是一种救赎。我们在亚隆的故事中,从未看过比这更生动的对"受伤的疗愈者"的描绘了。"他被一个半小时的团体过程深深吸引,因而忘了自身的绝望。这种情形并不罕见,所有团体治疗师都知道团体治疗氛围的奇妙疗愈性质。"朱利亚斯打算投身在工作中,充分利用剩下的时间,相信帮助别人的同时也可以帮助自己。工作是他全部的生命,他从来没有想过要抛弃他的病人。他要死在岗位上,一直工作到最后,将自己献给别人。

身为治疗师,他面对的挑战之一是诚实地说出他对即将到来的死亡有何感觉,但又不让病人承受他自己的恐惧而毁了他们的治疗。不过,朱利亚斯没有因自己成功帮助过的病人而感到满意,反而思索那些他虽然尽了力却无法帮助的病人。于是,他决定和他最显著的失败案例接触。

多刺的两足动物

朱利亚斯和菲利普·史莱特久违了二十二年的通话,推动了小说情节的进行。菲利普依然跟朱利亚斯记忆中的一样难以相处。当菲利普邀请朱利亚斯到他的办公室时,朱利亚斯震惊地发现他的前病人现在已经是个临床哲学家了。一个缺乏人际交往技巧的人如何能成为治疗师?当菲利普要求朱利亚斯担任他的督导时,朱利亚斯更加惊讶不已。菲利普对于接受一个在个别治疗中无法帮助自己的治疗师来督导自己,丝毫不觉得是个问题。"研究表明,任何一种治疗方法对三分之一的病人都是不成功的,此外,毫无疑问,我也在失败中扮演着重要的角色:我的顽固、僵化。你唯一的错误只是为我选了错误的疗法,又坚持太久。"菲利普在这里和其他地方,都以一种胁迫和自大的语气与朱利亚斯对话,他尽可能与他的前治疗师保持距离。朱利亚斯要如何与一个一辈子要求与人保持距离的人建立联系呢?

菲利普·史莱特严厉、冷淡、没有感情,像一片空白石板。史莱特(Slate)这个姓氏的含义正是"石板",一种成分是黏土或火山灰的变质岩，常常用来做成墓碑。菲利普的情感被埋藏在坚硬又易碎的外表下。亚隆仔细选择了两位主角的名字。菲利普明白自己名字的含义，他在接近故事尾声时说："也许我已经没有希望了，我过去和现在的关系都是一片空白。"①菲利普记载关系的石板可能是一片空白，但他绝非卢梭所说的"心如白纸"（tabula rasa）。菲利普持续挣扎，对抗迫使他远离一切人际接触的生命本能力量。朱利亚斯·赫茨菲尔德（Hertzfeld）的姓氏也有暗示。"赫茨"（Hertz）与德文的"心"（Herz）发音相同，也与"受伤"（hurts）发音相同，暗示朱利亚斯的绝症带来的存在性痛苦。

朱利亚斯在电话中解释自己有健康问题并且正在考虑退休，他并不是在寻求同情，但是菲利普从未表示过同情或关怀，即使后来两人会面时，菲利普也没有任何表示。在这一点上，菲利普很像《妈妈及生命的意义》里刚开始接受治疗的艾琳，不将亚隆视为一个有他自己的故事的真正的人。朱利亚斯参考了自己1980年记下的治疗笔记，当时菲利普刚刚开始接受治疗，他的主要抱怨是"我被违反意志的性冲动驱使"。亚隆用了一句摘要，而不是以述说场景的叙事来描述菲利普的"抱怨"——这个词远远不足以形容他的性上瘾。菲利普开始接受治疗时只有二十六岁，他丝毫不想否认他的矛盾，如同朱利亚斯在第一次会谈的临床笔记中所记录的，"当前病史：从十三岁开始受性欲驱使，自青少年到现在都有强迫性自慰，有时一天要四五次。满脑子想的都是性，自慰能给他带来平

---

①菲利普此句话的原文，直译是"我那记载关系的石板上，过去与现在，都是一片空白"。——编注

静,他的大量生命都耗费在对性的沉迷上,他说:'我追逐女性所花的时间,足以取得哲学、中文和天体物理学博士学位。'"

菲利普对自己的治疗记得的少数细节之一是,当朱利亚斯觉得治疗走到死胡同时,用来询问病人的一个问题:你会为自己选择什么样的墓志铭?菲利普沉默着没有回答,使得朱利亚斯替他说出了答案:"他喜欢打炮。"朱利亚斯刺耳的话当时对病人并没有什么影响,但是十年后,菲利普在决心改变自己的生活时用到了这句话——朱利亚斯挖苦地称之为"事后生效的方法"。

菲利普开始接受治疗时感到极度痛苦的问题——"为什么我不能做自己真正想做的事?"——对朱利亚斯而言,是一个心智挑战。即使在病人终止治疗很久之后,他还在持续思考这个问题。意志瘫痪是心理治疗师、哲学家和小说家探究的问题——正适合亚隆这样的作家。

在亚隆的小说里,菲利普是唯一遭受性上瘾折磨的角色。菲利普可能让我们想到《妈妈及生命的意义》里的梅吉斯,不过,这只野生生物的行为是出于"自然本性"。菲利普喜欢一夜情胜过长期关系,他很少与女性交往超过一个月。通常是女方跟他分手,不过无所谓,反正他想避免所有纠葛。将自己性史上的战利品记录在一本记事簿里,他告诉朱利亚斯,在过去的一年里,他和九十位不同的女人上床。他既不感到高兴,也不感到羞耻。他对任何一位都没有兴趣。他对自己身为研发杀虫剂的化学家工作也没兴趣,这是个完全符合他的信念的细节,他认为大部分活着的生物都是害虫。菲利普会同意萨特在《无路可出》(*No Exit*)里的讽刺言论:"他人就是地狱。"菲利普的父亲是投资银行家，长期忧郁，在菲利普十三岁时自杀，而菲利普与母亲（或继父）没有建立任何关系，二十年都没有联系。他甚至没有参加她的丧礼。

菲利普擅长分析，但是缺乏温暖或同理心，他是那种智力极高但情商极低的典型例子。他没有朋友，无法直视任何人的眼睛。他的解释是"目光交会将使我分心，妨碍我找出别人需要的答案"。——其实是为他无法与他人建立联系找的理由。三年的治疗没有缓解他的症状，也没有拓宽他的视野，或是改变他的行为。

然而，自从终止治疗之后，菲利普的生活发生了很多变化。一笔小额遗产使他辞去了工作，进入研究所念书。他在哥伦比亚大学完成了哲学博士学位；在加州一所小型大学教书，尽管他的几个学生似乎觉得他讲课很无聊；他还是开始做起哲学咨询了，这是一种植根于苏格拉底传统的运动，20世纪80年代在加州发端，帮助客户从哲学的角度理解自己的生命。

作为小说中的对手，菲利普常常吐露出亚隆自己的观点。这并不奇怪：小说家常常将自己投射到许多不同的角色身上，所有角色可能体现出角色创造者生命中的各个层面。在告诉团体有关哲学咨询背后的假设时，菲利普发挥的作用便有如作者一般："教育和治疗之间只存在一个模糊的界限。希腊哲学家苏格拉底、柏拉图、亚里士多德、斯多葛学派学者、伊壁鸠鲁派学者都相信教育和理性是克服人类痛苦的必要工具，大部分哲学咨询师认为教育是治疗的基础，这个观念来自莱布尼茨的座右铭：'智慧与疗愈。'"亚隆也相信哲学咨询，利用哲学的智慧来丰富心理治疗。存在心理治疗便根源于远古和近代的伟大哲学家。

亚隆在《叔本华的治疗》的致谢词中,引述了彼得·雷比(Peter B. Raabe)的话。雷比是西蒙弗雷泽大学(Simon Fraser University)哲学教授,也是加拿大第一位因为哲学咨询的理论与实务工作而获得博士学位的人。雷比在他2002年的《哲学咨商的议题》(*Issues in Philosophical Counseling*)中指出,哲学咨询不是心理治疗,因为它并不"假装了解或是有办法诠释无意识(如果无意识真的存在),从而认为比人们自身更了解他们"。雷比表示,哲学咨询可以做的是教客户"哲学思考能力和哲学处理方法,以帮助他们避免或预防未来的问题"。

菲利普可以运用他从哲学咨询与心理治疗中得到的所有帮助。自从朱利亚斯上次见到他以来,是什么造成了菲利普的转变?许多年前,他向另一位"治疗师"——亚瑟·叔本华——寻求治疗;叔本华冷峻而令人振奋的文字改变了菲利普的生活,让他的生活既变得更好,也变得更糟了。

《布登勃洛克一家》

菲利普邀请朱利亚斯听一场他的演讲,主题是叔本华哲学的重要性。这是一场主要为了他的前治疗师朱利亚斯而准备的演讲。演讲聚焦于托马斯·曼1901年出版的小说《布登勃洛克一家》(*Buddenbrooks*),当时这位诺贝尔奖未来得主只有二十六岁。四十八岁的大家长托马斯·布登勃洛克为了无法逃避的死亡而消沉，不经意地拿起一本多年前在二手书店买的哲学书，暂时得到了慰藉。托马斯·曼一直没有指出这本书的作者是谁，但是给了读者一个标题——《论死亡及其与永生之关系》（*On Death and Its Relation to Our Personal Immortality*）。作者正是叔本华。

虽然菲利普从哥伦比亚大学——美国最棒的大学之一——获得哲学博士学位，但是他完全不知道如何教书。他用无聊、毫无生气的声音低沉地说个不停，完全不花力气去引导学生参与讨论。他进行演讲的教室的确很大，只有大约三十位懒洋洋的学生以及几位睡觉的游民在里面，但他毫不掩饰自己对听众的蔑视。他的鄙视不只针对学生，他称他们为"乱七八糟的大学里的笨蛋"，他的教学可以称为羞辱教学法。他冷嘲热讽地说："如果我讲得杂乱无章，还要请你们宽容。"然后命令一位学生在黑板上拼写出"杂乱无章"和"宽容"以及另一个词"崭露头角"，这是一种用来贬低听众的教学策略。只有当菲利普说他刚刚提到的哲学家康德会出现在期末考里时，才会引起学生的注意。菲利普的演讲内容并不令人反感，但是他的傲慢态度是不可原谅的。他那神谕般的声音暴露出他缺乏智慧。

菲利普的教学枯燥乏味，学生无法理解教授的话，一个一个慢慢在上课时间开溜。当菲利普在演讲中叫出朱利亚斯的名字，建议"任何即将死亡的人"都应该读一读《布登勃洛克一家》时，朱利亚斯不禁吓了一跳。菲利普朗读了其中一段，预示了《叔本华的治疗》从头到尾未提及的问题。父母要留给孩子什么样的遗产？治疗师要留给病人什么样的遗产？当菲利普念出布登勃洛克默默沉思自己一生的段落时，教室里的人都走光了，只剩下朱利亚斯。

271

通过与世界上两位最伟大作家叔本华和托马斯·曼的对话，亚隆提出了一个古老的问题：临终之人要留给生者什么？《叔本华的治疗》从头到尾都笼罩着父亲缺席的阴影。叔本华的父亲自杀了，菲利普的父亲也自杀了。自杀的黑暗遗产是什么？而且受伤的儿子要如何避免踏上和父亲同样的命运呢？亚隆尚未准备好回答这个问题，但是他的答案会在一定程度上强化每一位团体成员建立人际关系的能力。

菲利普虽然刻意选择了托马斯·曼小说里的某个段落来朗诵，但并不谨慎。确实，叔本华的文字一开始吸引了布登勃洛克。叔本华对于意志的看法让他感到狂喜，相信"死亡是一种喜悦，如此绝妙，如此深刻，只有在类似当下这样的启示时刻才可能梦到。这是从无法言喻的痛苦游荡中返回，是重大错误获得了矫正，是解开了枷锁，是打开了大门——令人哀伤的灾难再次获得解除"。但是，菲利普没有提到，第二天，布登勃洛克醒来，觉得"昨夜夸张的情绪让人感到羞耻，无法从即将和宇宙合而为一的想法中获得慰藉"。朱利亚斯对于叔本华的安慰也不领情。听完菲利普的演讲之后，他在笔记本里写下："在没有任何我、我的记忆和独特意识的坚持的情况下重新加入宇宙一体性的想法，这实在是最冷酷的安慰了。不，那根本不是安慰。"

取得共识

朱利亚斯和菲利普正处在人生的不同阶段，但是彼此需要。朱利亚斯想知道菲利普如何在叔本华的帮助之下改变了自己的人生。为什么菲利普在朱利亚斯的治疗失败之后，阅读叔本华却成功了？菲利普虽然已经完成了咨询的课程，但是需要两百小时的专业督导才能获得克萨斯州政府的咨询执照。不过，还有更深入的原因让他们彼此需要。朱利亚斯认为菲利普目前无法成为合格的治疗师，通过在团体心理治疗里当个病人，菲利普或许可以学到关于治疗的重要知识。菲利普则认为，朱利亚斯可以从叔本华的哲学中学到关于自己、临终和死亡的重要知识。因此，菲利普提出一个独特的（咨询）督导方式——（哲学）教学交易，双方都可以获益。这项交易让我们想到亚隆的第一本小说，其中布雷尔和尼采轮流治疗彼此。但布雷尔和尼采的关系中隐瞒着一个无法告诉尼采的可怕秘密，致使事情更为复杂，而朱利亚斯不同，他和菲利普的关系不会因这种方式受到破坏。然而朱利亚斯确实有一个黑暗的秘密，他从未告诉任何人，这个秘密使他和菲利普有了无法预料到的联系。

亚隆原本可以在《叔本华的治疗》里再度使用互相交换的技巧，但是他有好几个决定不这么做的理由。首先，他不想重复老套，不想两次都使用同样的文学技巧；其次，菲利普的演讲丝毫无法激起朱利亚斯的兴趣，无法让他产生进一步学习叔本华的人生或思想的想法；再次，治疗师应该避免和病人有双重关系，包括师生关系，而督导与教学的交换关系正是师生关系；最后，朱利亚斯知道，菲利普还没准备好接个案并接受督导。菲利普需要"补救的治疗工作"，这是委婉的说法，意思就是学着成为一个"人"。

于是朱利亚斯提出另一个提议。他同意当菲利普的临床督导，但是菲利普需要花六个月的时间,成为朱利亚斯心理治疗团体的病人。这个提议让菲利普感到惊慌。"和别人一起描述自己的生活和问题,对我有什么益处呢?一想到这种痛苦的合奏,就令我不寒而栗,不过,就如同叔本华所说的,知道别人比你更痛苦,总是令人愉快的。"菲利普将叔本华与幸灾乐祸扯上关系,也就是从别人的痛苦和不幸中获得乐趣,这违背了哲学家对于人性本质的愤世嫉俗的观点。如果临床哲学是建立在幸灾乐祸上,怎么可能会成功呢?朱利亚斯和菲利普的协议会是与魔鬼打交道吗?菲利普所说的话显示出他是多么需要学习才能成为一个真正的人,更别说是当治疗师了。他接受了这个提议,只是有一个条件:希望朱利亚斯同意将团体治疗算成督导时数。朱利亚斯同意了这项提议,这让双方都承担了风险。朱利亚斯知道,他做了一个伦理上有争议的决定。菲利普会是一位不情愿的病人,甚至可能带有敌意,他的抗拒可能会破坏团体。菲利普一辈子建构的一层坚硬的盔甲,就算治疗不要求他抛弃自我监禁的屏障,也会需要他松开盔甲。双方虽然都有很大的疑虑,但是同意彼此合作。他们之间逐渐演化的关系是这本小说的伟大成就之一。

批评心理治疗专业的过度操纵

亚隆无法苟同心理治疗专业过度操纵的做法。他或许没有提及他认为会危害心理治疗的特定作者或书籍的名称,但是我们往往能推断出他批评的对象是谁。菲利普第一次参加团体的时候,吉尔觉得迫切需要谈谈一位治疗师给他妻子罗丝的一本书，内容关于儿童性侵，使得她相信自己童年曾经遭受过性侵。吉尔说，罗丝现在有了"陈见"，菲利普立刻纠正他是"成见"。在治疗师的赞同之下，罗丝尚未细想就得出定论，毫无证据地说她父亲在她小时候性侵了她。罗丝的父亲对这个指控感到苦恼，同意参加她的治疗晤谈，从几百千米外到达现场。罗丝还要求吉尔也参加晤谈，以便"保护"她。

身为治疗师，亚隆知道性侵是严重的问题，尤其是针对软弱无助的孩子，这会造成长远的心理阴影。身为小说家，他永远不会等闲看待这个罪行。在罗丝的治疗晤谈里，她对父亲的指控越来越疯狂，就如吉尔对自己的治疗团体说的："她无的放矢地指责他，甚至说他在她幼时邀请邻居、牌友、消防队的同事一起蹂躏她。"另一位团体成员丽贝卡问吉尔，罗丝的父亲如何回应这些指控。吉尔说："他看起来像个可敬的人，他是个老好人，大约七十岁，和蔼可亲。这是我第一次遇见他，天啊，他太棒了，我真希望自己有这种父亲。他只是静静坐着承受一切，并告诉罗丝，如果她有那么多愤怒，最好能发泄出来。他只是温和地否认所有疯狂的指控，并猜测她其实是气他在她十二岁时离开家庭，我认为他猜得很对。"

罗丝的治疗师强力推荐的那本书，几乎可以肯定就是美国文艺创作教师艾伦·贝丝（Ellen Bass）和她的学生劳拉·戴维斯（Laura Davis）所写的《勇气可嘉的女人》（*The Courage to Heal*）。此书于1988年出版，现在已经印到第四版了，仍然是自助书籍中最畅销的。这本书像是战鼓，鼓励相信自己童年（甚至一两岁的时候）曾遭受过性侵但没有记忆,直到几十年后接受治疗才想起来的女性。《勇气可嘉的女人》引发了恢复记忆(以及施行魔鬼仪式)的现象,持续扰乱心理学和心理治疗达二十年之久。

记忆研究者已经示范过,记忆不像录音带或照相机,无法忠实地重现声音或影像,它是一种持续进行的过程,牵涉到不断地改变、修改,而且往往经过扭曲。认知心理学家罗芙托斯(Elizabeth Loftus)和科普作家凯逊(Katherine Ketcham)在《记忆VS创忆:寻找迷失的真相》(*The Myth of Repressed Memory*)里提到一个经典实验,称为"在购物中心迷路"(Lost in the Mall),发现要让儿童产生虚假记忆很容易。记忆是可以捏塑的,不但不可靠,而且很容易操控。剑桥的研究者巴特利特(Frederic Bartlett)在一百年前就观察到了,记忆是"一种想象出来的重建或建构,从我们对一大堆由过去的反应或经验组成的事物所持有的态度打造出来的……因此几乎从来就不是真的很精准"〔出自奥利弗·萨克斯(Oliver Sacks)的著作《幻觉》(*Hallucinations*)第154页注释七中的引文〕。无论刻意还是无意,治疗师可以在病人脑中植入想法,从而创造出成见,类似罗丝的例子那样。朱利亚斯明智地避免建议吉尔如何回应他妻子的状况。亚隆很明智地提醒读者,心理治疗也有一时的流行和虚假的痊愈,等回过头来才发现对病人造成了伤害。

在团体治疗一开始时,朱利亚斯对菲利普的担忧并非多虑。两人之间的张力非常明显。菲利普抢了朱利亚斯的舞台,先一步告诉大家朱利亚斯得了绝症。朱利亚斯抱怨道:"我觉得被人抢走先机,我有一件大事要告诉大家,却被别人抢先说了,抢走我自己的生命故事，或者说是死亡故事。"朱利亚斯因此而感受到自尊心上的双重伤害，首先是癌症晚期的诊断，然后是被剥夺了用他自己的话述说出来的机会。朱利亚斯需要说出自己的故事，而不是由他人代他说出来。甚至当菲利普试着帮助他，引述了斯宾诺莎爱用的拉丁词组"从永恒的观点来看"，希望他从宇宙的观点去看待生命，朱利亚斯仍然觉得这个建议没有帮助，这不是他需要的那种解药。朱利亚斯用来处理日夜袭击他、提醒他没有未来的黑暗想法的药物，是他在治疗团体里体验到的强烈生命经验，而这个药物对菲利普来说简直是毒药。其他团体成员很快便察觉到朱利亚斯和菲利普之间的敌意。当被问到为什么选择邀请菲利普参加团体时，朱利亚斯一反常态地回答说："我不确定为什么。"朱利亚斯相信，他现在最需要的是加强他的依附关系，而菲利普则和叔本华一样，相信一个人所攀附的东西越多，生命的负担就越大。两人截然不同的态度指出了本书书名的双关语，正如乔塞尔森指出的："'叔本华的解药'既指叔本华提供的解药，也指叔本华所需要的解药。"

"新的生命形态"

团体成员对菲利普十分不解，认为他是"一个新的品种、一种新的生命形态"。托尼是一名大学辍学者，因为攻击别人而进过监狱，他指控菲利普"用漂亮、夸张的口号"展现知识方面的"搔首弄姿"，还说这也是一种诱惑。菲利普客观地否认了指控。菲利普即使在引述叔本华生命晚期已经得到他渴望的名声时所说的话:"我们全都是受苦的同伴,我们都需要包容和关爱生命中的同伴。"还是一种有意思但是令人反感的特质。亚隆在《给心理治疗师的礼物》里也提到过,他特别喜欢叔本华的"受苦的同伴"一词,因为消除了病人与治疗师之间的区分,亦即"'他们'(受痛苦折磨的人)和'我们'(提供疗愈的人)之间"的藩篱。但是,菲利普在故事开始不久后使用"受苦的同伴"一词时还是充满理性,无法感受到叔本华这句话的真意。

读者难免会猜想,这个被称为菲利普的新品种或新生命形态,是否真的完全没有情感,成了一片没有能力理解生命情感本质的白纸,或者他将自己的情感压抑到已经永远无法触及的地步了。菲利普是亚隆笔下最特别的角色,他在谈到自己时总是用第三人称,他无法看着别人或是以名字直呼对方,说话的声音仿佛与形体脱离,显得无法碰触,好像住在不同的星球上似的。

亚瑟·叔本华

菲利普不相信轮回转世,但是如果可以回到从前,他会希望自己是叔本华。他相信叔本华拯救了他,因此也确信这位哲学家可以拯救别人。菲利普很快就厌倦了大学教职的工作,因为对他而言,学生都不够好——叔本华会觉得这个说法很符合他自己的信念——无法满足于当一位教授的菲利普,现在转向了哲学咨询。他告诉团体,既然哲学疗愈了他,也可以疗愈别人。疗愈是个模棱两可的字眼,而叔本华解药的局限立刻昭然若揭。

无论如何，菲利普说得没错，阅读叔本华的著作确实能让他克服严重的性欲上瘾，这一事实让朱利亚斯也认为了不起。朱利亚斯承认："现在的治疗师大部分都会说你不可能靠自己克服严重的性欲上瘾。"不可否认，菲利普运用的叔本华的技巧都很有效："虽然我已经尽了全力，但你控制强烈驱力的技巧比我提供的任何方法都更为有效。"

《当尼采哭泣》发生的年代，设定在对于两位主角的生命具有决定性的1882年，而《叔本华的治疗》则不同，它发生在2005年，历史中的叔本华已经以七十二岁高龄过世一百四十五年了。由于亚隆的读者中大概很少有人熟悉叔本华，因此这位小说家决定述说两个平行的自我发现和自我转化的故事。菲利普在知识和心理上的第一次突破发生在他研究所读到叔本华著作的时候，他在这位哲学家的帮助下，克服了自我毁灭的性欲上瘾。第二次且更值得关注的突破发生在菲利普身为朱利亚斯的治疗团体成员时，他学习到人际关系的重要性。为了帮助我们了解菲利普的第一次疗愈，亚隆让我们看到了叔本华作为一个人和一个思想家的成长过程。

《叔本华的治疗》一书共四十二章，有十六章着重叙述了叔本华的一生与工作。这些章节解释了很多菲利普和叔本华之间的相似之处。菲利普告诉团体说："认识叔本华就是认识我，我们是不可分割的孪生脑袋。"和菲利普一样，叔本华有一个"失去爱的童年"，这点不可避免地塑造了他的人生与哲学。叔本华的父亲是商人，他在叔本华还是青少年的时候自杀了。叔本华经常对母亲感到愤怒，认为母亲要为父亲的自杀负责。在谈到英国心理分析师爱利克·埃里克森（Erik Erikson）具有影响力的理论时，亚隆认为，如果没有母爱的纽带，孩童就"无法拥有爱自己所需要的基本信任感，无法相信别人会爱他，也无法热爱生命。这种人在成年后会与人疏离，退缩到自己的世界，经常与他人处于敌对的关系中。这种心理状态最终深深影响了亚瑟·叔本华的世界观"，也影响了菲利普的世界观。缺乏母爱就已经够辛酸了，而父亲也因为自杀而被夺走，更形成双重打击。

一位父亲的自杀

关于海因里希·叔本华六十五岁时自杀对青春期儿子的影响，亚隆有许多话要说。这位小说家指出："每一件自杀都会在亲人身上留下震惊、内疚和愤怒，亚瑟·叔本华也经历过所有这些心情。"海因里希的自杀有一个正面的结果，那就是让他唯一的儿子可以追随想要成为哲学家的热情，而这个事业选择必然会遭到他的反对。亚隆认为，从这个角度来看，叔本华因父亲早死而获益，正如同样幼年丧父的尼采和萨特那样。"尼采的父亲是路德教派的牧师，如果他没有在尼采幼年时过世，尼采有可能成为反对基督教的人吗？"

叔本华的解脱有一个黑暗面，那就是他害怕自己促成了父亲的自杀。解脱往往伴随着自责，然后则是愤怒，可能同时以内化和外显的方式存在着。自杀是最难以哀悼和处理的死亡，会产生持续一生的黑暗情感，你可以说那是继承遗产，或是继承负债。叔本华逐渐相信他的母亲应该对父亲的自杀负责，致使这个儿子"强烈抨击母亲针对父亲的行为举止"。亚隆其实可以指出，海明威也像叔本华一样，为了父亲的自杀而责怪母亲，这个指责便在他最具传记性质的小说《丧钟为谁而鸣》中上演。叔本华和海明威在所有文字中都展现出对女性终生的厌恶，或许可以部分理解为他们认定母亲该为父亲自杀负责而出现的反应。菲利普对于父亲的自杀也有同样的挣扎。

亚隆在小说的四十二章中，有四十一章的开头都适当引用叔本华的话当作引言。亚隆提供了参考来源，帮助读者在叔本华的著作中找到关键段落，以便进一步研读。引述的文字或是充满矛盾，或是如禅宗公案般令人深思："生命是一件不幸的事。我决定以自己的生命来思索生命。"有的则赋予"天才"一词令人惊异的崭新定义："天才和才能好比两种神射手，才能可以射中别人无法射中的目标，天才却可以射中别人无法看见的目标。"在此处，叔本华就是标靶，这句格言本身就是天才之作。有时候，引文预示了正统的弗洛伊德理论，带有决定论的僵硬："我们对世界的观点具有坚固的基础，无论深度还是浅度，都来自童年时代。这种观点在日后会越来越复杂、越来越完善，但本质却不会改变。"

某些引文像是警世故事："一个拥有罕见才智的人，却被迫从事赚钱的工作，就好像图案美丽的昂贵花瓶，却被当成厨房的罐子。"引文往往反映出了各章的主题，如前面那一句，描述叔本华差点逃不过父亲要他成为商人的命运。有些引文肯定了此时此地的重要性——亚隆经常提及的概念——以及自我实践的重要性。有些引文预示了人之必死的长远洞见,只有身处死亡边缘的人才能够体会,"年轻时的喜悦和活泼有一部分是出于这个事实:我们正攀爬生命之山,没有看见死亡躺在另一侧的山脚"。叔本华的某些话也适用于亚隆身上:两人都是爱书之人:"类似我的人类留下的不朽作品或观念,就是我一生最大的乐趣。如果没有书,我将长期陷入绝望。"其他的引文则显示出亚隆会明确拒绝的冷嘲热讽的态度:"能够永远不与同类生物产生关联的人,才是快乐的人。"

这句话指引着菲利普的生活。亚隆用叔本华宣言作为各章引言,呈现出菲利普虚度的一生,那些因为性上瘾而浪费在纵欲的高潮和自我厌恶深渊里的生命。有些引文非常傲慢,令人无法忍受,如同菲利普在小说的大部分章节所表现的那样:"我到三十岁时,就对与我相同的生物感到全然失望、厌倦,他们其实不完全与我相同。猫在年轻时会玩纸球,以为纸球是类似它自己的活物,我和人类这种两足动物的关系也是如此。"其他引文则显示出叔本华——如果不是变得谦逊了——认知到我们都不完美,值得耐心与原谅,同时也揭示了菲利普在小说尾声终于获得的洞见:"我们必须宽容地对待人类的每一种愚行、弱点和缺陷,心中牢记自己拥有的也只是自身的愚行、弱点和缺陷。"

有些引文激发了人们获得智慧的希望与决心,却又发现这种努力的徒劳与错觉:"最伟大的智慧就是把享受当下作为生活的最高目标,因为这是唯一的现实,所有其他事物都只是思想游戏。但我们也可以称之为最伟大的愚蠢,因为当下只存在于片刻之间,旋即如梦消失,再也不值得付出一丝努力。"还有一些引文会带来"啊哈"的领悟时刻:"巨大的痛苦使人较能承受原本难以承受的痛苦,相反地,如果没有巨大的痛苦,即使是最小的烦恼也会成为痛苦的根源。"有一段话揭示了自我表露无法预测的后果:"如果我保持沉默,不说出秘密,秘密就是我的囚犯;如果我说出秘密,我就成为秘密的囚犯。沉默之树才有平静的果实。"小说的最后一句引文很像是叔本华向世间告别的总结:"人类从我身上学到为数不多的事,却永难忘怀。"

书中只有一章的引文不是出自叔本华。亚隆用的是尼采的话:"有些人无法解除自己的锁链,却仍可以使朋友得到自由。"阅读叔本华帮助尼采解除自身的枷锁,但接着他需要从前导师那里获得自由。

亚隆指出叔本华的病理状态,却不至于使他变得病态。小说家结合了洞察力和同理心来描绘他的心理传记式肖像(psychobiographical portrait)。亚隆选出的引文和心理传记方面的叙事,使得叔本华在读者眼前活了起来。亚隆在身为教师和说书人方面,都和观念狭窄的菲利普相反。亚隆让我们更加了解叔本华的人生和工作之间的关联,而小说家的诠释总是思虑缜密而且引人深思。作为各章引文的叔本华的文字,透露出亚隆对这位哲学家的熟悉程度既深又广。大部分的引述来自叔本华第一本也是最伟大的一本书——《意志和表象的世界》(*The World as Will and Representation*),他也因此书而为人所熟知。有些文字来自他晚期的书《附录与补遗》(*Parerga and Paralipomena*),此书虽然书名沉闷,却意外获得欢迎,让叔本华出了名。根据书末注释,亚隆请知名德文教授及翻译家华德·索

283

克尔（Walter Sokel）协助修改了某些引文的英文翻译。索克尔于2014年过世，享年九十六岁。简言之，亚隆翻遍了叔本华全部的著作，寻找这些精练的警语。而菲利普，当然，言必称夫子。

《哲学家的告解》

亚隆对于协助他了解叔本华人生和哲学的许多来源致上谢意，特别对其中两位学者赞誉有加。他最感激的是《叔本华及哲学的狂野年代》（Schopenhauer and the Wild Years of Philosophy）作者吕迪格尔·萨弗兰斯基（Rüdiger Safranski），此书英文版出版于1991年。亚隆也引述了布莱恩·麦基（Bryan Magee）1999年出版的《哲学家的告解》（Confessions of a Philosopher）给了他读书治疗法（bibliotherapy）的灵感，"通过阅读整个哲学文集疗愈自己"。我们对麦基的书特别感兴趣，因为就像《叔本华的治疗》一样，这本书关注的是个人，让我们看到哲学是如何帮助受"生命"这种病痛所苦的个人。麦基出生于1930年，比亚隆早一年，是一位杰出的英国哲学家，同时也是国会议员、广播与电视制作人以及音乐和戏剧评论家。在许多方面，麦基和亚隆都是同类。两人在哲学及艺术信念上有诸多相同之处，包括对叔本华无穷的兴趣。麦基的叔本华读书治疗经验与菲利普不同，值得比较一下。

麦基三十多岁时经历了具有"洪水力量般"的中年危机。尽管他拥有了自己想要的一切，包括令自己满意的关系、成功的事业、新奇冒险的生活，但人类终将一死的命运所带来的"极端生动、超乎自然的强烈"感觉却让他无法承受。麦基思索着，在死亡面前，生命要怎样才能有意义？像亚隆一样，麦基在上帝那里找不到慰藉。他在智识上一直是未可知论者，认为最重要的问题是不可能知道答案的。让麦基几乎崩溃的中年危机，更应该是存在上的问题而非智识上的问题，而且无法用言语来形容。他在这期间并没有企图自杀，因为他没有能力结束自己的生命。不过，他很确定自己会死，就像燃油耗尽的火，终将熄灭。结果麦基没有死，倒是发现了一位哲学家，改变了他自己的人生，或者说，麦基重新发现了一位哲学家，因为他六年前便读过这位哲学家的书，却没有得到太多收获。等到中年危机来临了，才让麦基深信这位哲学家的重要。这位哲学家就是叔本华。"他让我看到，我大部分的经历中，那些隐含而没有被掌握到的东西。"

与为了治疗性上瘾而寻求并接受叔本华协助的菲利普不同，麦基则是在哲学家的著作中寻找"人生是什么？"的合理答案。当麦基开始阅读帕特里克·加德纳（Patrick Gardner）1997年的重要著作《叔本华》（*Schopenhuer*）——亚隆也读过这本书——书中字句以一种麦基之前或之后都从未体验过的方式，从书页上向他蹦跳而来。"当我读到'世界之谜的答案只能透过外在与内在经验的适当联系才可能获得'，就好像有人在我脑子里扭亮了一盏灯似的。"一读完加德纳的书，麦基便马上去读叔本华的所有著作。重新阅读《意志和表象的世界》之际，麦基发现自己的生活发生了改变。"就好像我的听觉恢复了。我从未和一位作者有如此直接且生动的个人接触：亚瑟·叔本华就和我一起待在房间里，他坐在我面前和我说话，他的手放在我的手臂上或膝盖上，他说出的每一句话都是刚刚创作完成的文字。"

亚隆不会完全同意麦基在《哲学家的告解》里的观察，包括以下的话："我研究过的宗教中，我觉得智识上最不值得尊重的就是犹太教了。我无意冒犯任何读者，但事实是每当我阅读基本犹太教义时，就发现自己在想：'怎么可能有人会相信这个呢？'"当麦基对他的"犹太朋友"这样说的时候，他们往往会说："有头脑的犹太人不会相信。"麦基的说法不但冒犯人，而且也是错误的。我们会觉得奇怪，麦基和他的朋友为何连犹太哲学家兼神学家马丁·布伯都无法欣赏、没有引述，而亚隆却在《叔本华的治疗》里大量引用马丁·布伯的著作。

叔本华和艺术

叔本华是第一位认为生命最高价值就是艺术的伟大哲学家，所谓艺术就是审美的冲动。世间公认的最伟大哲学家柏拉图，对艺术保持高度怀疑，而与之不同的叔本华，如萨夫兰斯基指出的，则成为"艺术家的哲学家"，影响了尼采、瓦格纳、托马斯·曼、普鲁斯特、卡夫卡、贝克特以及其他人。麦基观察到，哲学家和艺术家都会凝视"事物最终的本质，存在最终的神秘"，又说："正如叔本华的说法，哲学家以抽象方式来呈现艺术家以具象方式创作的内容。"接着麦基引述了一位受过哲学训练的小说家的话，"艾丽丝·默多克（Iris Murdoch）说：'无论好坏，艺术看得比哲学还深入。'她说得对，因为话中暗示在某些方面哲学超越了艺术，同时也暗示了整体而言哲学不如艺术，这也是对的"。

叔本华和文学

亚隆某些最具洞见的观察都集中在叔本华对文学作家的影响上，但研究文学的学者并不一定承认这一点。小说开始不久，菲利普便教导朱利亚斯了解叔本华对萨特的影响。"叔本华说：'人是猎食人的动物'，我确信萨特的《没有出口》一书的灵感来自叔本华的思想。"之后，帕姆在团体会谈中提到纳博科夫1951年出版的回忆录《言论、记忆》（*Speak, Memory*）里的一段文字，以她的说法，书中将生命描述成"两个完全相同的黑暗之池间的火花，一个是出生前的黑暗，一个是死亡后的黑暗"。她想到的是纳博科夫回忆录中令人印象深刻的开场白："摇篮在深渊之上摇动，而常识告诉我们，我们的存在只是两个永恒黑暗之间的短暂裂缝。"当菲利普指出纳博科夫的开场白"毫无疑问是取材自"叔本华的文字，帕姆便发怒了："你认为叔本华似乎曾说过类似的话，真了不起噢！"菲利普为了更专心，也因为自己与帕姆之间不愉快的关系，闭上眼睛背诵了叔本华《论空无存在原理之补遗》（*Additional Remarks on the Doctrine of the Vanity of Existence*）中的一整段文字："在千万年的不存在之后，人类惊讶地发现自己突然存在；他活了一会儿，然后再次进入千万年的不存在。"

帕姆仍然为了之前她还是菲利普的学生时，被他在性方面利用而气愤不已，否则的话，我们可能会期待身为文学教授的帕姆应该会欣赏菲利普在文学上的敏锐。虽然帕姆可能看不出菲利普说的这些话切中要害，但亚隆的读者能够领会到这段情节有助于证明菲利普确实对叔本华知之甚详，也会欣赏亚隆把这位哲学家的文字融入小说里的技巧。叔本华的文字之所以如此重要，还有另一个原因：如果他说得对，死亡后的存在和出生前的存在是一样的，死亡就不会那么痛苦了。

意志

叔本华的重要著作《意志和表象的世界》最早出版于1818年，之后重新修订过，此书认为盲目、无法抗拒、野蛮而带有恶意的动力驱策着人类的存在。叔本华相信，我们被绑在"意志之轮"上，一直徘徊在深渊之上。在建构身体的形而上学时，他认为意志存在于性器官里。萨夫兰斯基认为，叔本华大致上相信"我们对性欲毫无招架能力"。他与女人之间的关系总是令他不满意："亚瑟·叔本华亲身经历了性行为，他认为这是对他至高的自主权的羞辱。"这是菲利普非常了解的经历。确实，在二十五年前，他便是这种野蛮意志力的化身。"我猎艳成性、无法自制、永不满足，脑子里很少想其他事。我的全部生命都在追求女人，新的女人，永远是新的女人，因为对方一旦和我上床，我很快就对她失去兴趣。"菲利普会完全同意叔本华早年写的一首诗，谈到欲望的噩梦："哦，欲望，哦，地狱／哦，感官，哦，爱情／无法缓和／从天堂之高／

你扯着我／把我向下丢掷／没入这地球的尘土／此处我置身束缚之中。"

心理学上的叔本华

亚隆对叔本华的主要兴趣，在于他对19世纪初尚未存在的心理治疗这项专业的影响。亚隆借菲利普向治疗团体的成员传授叔本华对心理学思想的影响。菲利普说："他是第一个从内部审视冲动和感受的哲学家，他在日后的生涯大量描写人类关注之事的内在本质：性、爱、死亡、梦、痛苦、宗教、自杀、人际关系、空虚、自我价值感。他谈到这些我们不敢知道而压抑下来的内心深处的黑暗冲动，其他任何哲学家都不能与他相比。"若是没有叔本华，就不会有尼采或弗洛伊德，至少这两位思想家不会是我们现在所知的样貌。菲利普注意到，他讨论叔本华对弗洛伊德的影响所写的博士论文，与朱利亚斯一篇讨论尼采对弗洛伊德不为人知的影响的文章类似，于是菲利普说，他欠叔本华一份人情，因为这位哲学家让他知道他的性欲是正常的。菲利普指出，叔本华是欧洲主要人物中第一位把东方思想引进西方哲学的人。正因如此，帕姆才会前往印度参加心灵修隐，希望能放下对于生命中令她失望的男人所怀有的愤怒。她的朝圣之旅并未成功，透露出亚隆对建立在抛弃世俗以及欠缺依附关系的人生保持怀疑态度。

叔本华对抗尼采

菲利普和朱利亚斯之间的大部分对立，反映了叔本华和尼采之间更大的分歧。朱利亚斯引述尼采的时间几乎和菲利普引述叔本华的时间一样多。朱利亚斯似乎把整本《查拉图斯特拉如是说》都背了下来，并一再引述其中的文字。菲利普也读过尼采，他观察到尼采"曾说我们在半夜沮丧地醒来时，过去被我们击败的敌人又会回来缠住我们"。但是，即使在引述尼采的话时，他还是忍不住会加一句，说尼采"抄袭叔本华的著作"。帕姆是朱利亚斯的盟友，也同样热爱尼采。她最喜欢的文学金句来自《查拉图斯特拉如是说》："人必须有内心的混乱，才能生出跳舞的星星。"小说接近尾声时，帕姆勉强承认叔本华"写的散文比任何哲学家都更好，当然不包括尼采，没有人的文笔比尼采更好"。

一开始，尼采是叔本华的学生，但是他发展出来的哲学却与他的导师正好相反。尼采拒绝叔本华的悲观主义，坚持肯定生命哲学，赞颂生命。叔本华是哲学界最有名的否定者，而尼采则是最有名的肯定者。叔本华口中带有破坏性的意志，成了尼采哲学中的"意志的力量"，是通过成为自己力所能及的人而主掌自己生命的勇气。与叔本华不同的是，尼采对东方精神不太感兴趣。

但是，虽然有这么大的差异，叔本华和尼采还是有很多共同之处。亚隆针对叔本华所说的话——"遇见如此有天赋又如此挑战社会、如此有先见之明又如此盲目的思想家，实在让人内心难以平静。"——用在尼采身上一样正确。两位哲学家的成年生活中大部分时间都很孤独、寂寞，都是在人际关系技巧上极为欠缺的伟大天才。亚隆观察到弗洛伊德"不曾公开承认亚瑟·叔本华是其革命性理论的共同创作者，但叔本华早在弗洛伊德出生之前就已提出这种说法：我们由埋藏深处的生物力量所支配，却误以为自己有意识地选择自身的行动"。尼采也是如此，两人都拒绝正式的宗教，认为这些宗教使信众只能仰赖宗教而活。两位哲学家都坚持真理是主观的，主张诠释者和诠释二者之间无法分割。亚隆也观察到，两位哲学家都同意"当自我实现达到极致时，死亡焦虑就减轻到最低的程度"。朱利亚斯就像亚隆一样，也拥有以上这些信念。

帕姆·斯万维尔

除了朱利亚斯和菲利普之外，帕姆·斯万维尔是这本小说里最有趣又最坦率的角色。她和《诊疗椅上的谎言》里的卡萝·阿斯特丽德是同一个模子印出来的，受过高等教育，事业有成，而且能言善辩。她也在大部分时间里都怒气冲冲。帕姆觉得其生命中的所有男人都背叛了她，第一个就是菲利普，他在性上面利用了她。后来帕姆和大她二十七岁的妇产科医生厄尔谈恋爱，并嫁给了他。起初，厄尔的文学造诣给她留下了深刻的印象，但帕姆发现他的文学知识都来自文学经典指南（Cliffs Notes），这是他用来让人对他印象深刻的手法。当帕姆发现厄尔跟病人上床之后就离开了他。之后，她和柏克莱大学的英文教授同事约翰发生关系，约翰承诺会离开妻子，但是又改变了心意。"她的心情摇摆不定，一会儿痛恨他，一会儿爱他、渴望他，一会儿又希望他去死。"

《叔本华的治疗》的前几章让人了解到帕姆对东方启蒙精神的追求以及她回家之后几乎没有改变的原因。亚隆非常有技巧地详细描写她远赴印度的旅程，包括古老的《印度爱经》里描写的充满异国风情的情欲雕像、拥挤街道上肉桂和小豆蔻的香味以及她在孟买巧遇象神节为期十天的庆典。帕姆的导游叫作维杰·潘德，引导她认识象头神的种种符号的象征意义，教导人们切断所有执着。亚隆以寥寥几页文字指出东方和西方的文化区别。例如，当帕姆告诉维杰自己意外得知这个隐修机会，并被告知要以开放的心态参加，维杰开始摇头，于是帕姆问他是否不同意她刚刚说的话，他回答说："啊，请注意印度人表示同意时会左右摇头，不同意时会上下点头，和美国人的习惯刚好相反。"类似这种细节使得小说有可信度。

帕姆所经历的内观禅修，由葛印卡上师教导，这让她留下不愉快的经历。她无法消除欲望或依附执着，虽然她是很努力的学生，并且总是听从上师的教诲，最后却很失望，幻想也破灭了。她忍受了十天的静默，这确实有涤静思绪的效果，但是她发现，宁静——或是上师所称的"定"（equipoise）——麻痹了她的想象力。在这种状况下，恐怕就连她最欣赏的文学天才——卡夫卡、陀思妥耶夫斯基、伍尔芙、哈代、加缪、普拉丝或爱伦·坡——也无法在这种心智状态下写作。我们还可以加上一句，就连亚隆这样的小说家，也无法在这样的气氛中发挥才能了。

直到小说后半部，帕姆才回到治疗团体，而她在见到新成员时所说的话，真是令人难忘："'哦，是史莱特？'帕姆眼睛不看菲利普，尖锐地说：'不是菲利普·死烂货吗？或是死混球？'她看着门口说：'朱利亚斯，我不知道自己是否能和这个混蛋一同待在这个房间里！'"她的话震惊全场。亚隆的两位愤怒女性角色，卡萝·阿斯特丽德和帕姆·斯万维尔，一位是律师，一位是英文教授，都擅长咒骂，她们分别在《诊疗椅上的谎言》和《叔本华的治疗》里以充满浓重表达方式的俚语让这两本书增色不少。亚隆很同情帕姆对菲利普的愤怒，所以让她发泄她的情绪。朱利亚斯知道，他必须找到方法帮助帕姆克服她对菲利普的愤怒，否则她将以过高的代价获得胜利，在这个过程中不仅摧毁了她的对手，也摧毁了她自己。朱利亚斯面对的挑战，部分在于他不信任"宽恕企业"，就像他不信任重获记忆的心理治疗潮流一样，这都是简化的老调重弹和公式。朱利亚斯不急于跳上"宽恕"的流行花车。就像身为治疗师的朱利亚斯，必须帮助帕姆和菲利普克服他们彼此间的不信任，身为小说家的亚隆，则必须让两人依然符合角色所设定的特质，同时还要拓展他们的观点。

帕姆和菲利普被证明是当之无愧的对手，两位教授都擅长引经据典来支持自己的立场。帕姆毫无困难地引用马丁·布伯的话，向团体说明菲利普过去如何利用了她。亚隆通过帕姆的话，显示了他掌握这位学者的作品却不至于减损其复杂度的才华："布伯是犹太裔的德国哲学家，在五十年前过世，他的成就是探讨两个生命间的真正相会，所谓'我—你'关系就是全然同在、关爱的关系，相对于'我—它'关系，就是忽视另一个人的'我'的性质，利用对方而不是建立关系。这个观念非常适用于这里，菲利普多年前就是把我当成'它'来利用。"

冒险的——对等的——自我表露

帕姆对布伯的提及是关于冒险自我揭露的漫长讨论的一部分。吉尔承认自己是个酒鬼，每天晚上都喝到不省人事，这把大家吓了一跳。吉尔在团体治疗和长达两年的个别治疗中从未提到自己酗酒，当朱利亚斯了解到这一点时，他的惊讶变成担忧。朱利亚斯先是觉得自己受到欺骗，但是很快意识到，吉尔应该因为自我表露受到夸赞，而不是责备。"冒险的人一定要受到支持和强化。"吉尔的表露给了菲利普机会去问朱利亚斯是否愿意分享他自己的秘密。感到意外的朱利亚斯，直到下一次聚会才揭露了一个从未告诉过任何人的秘密——除了几年前，向一位非常亲近的朋友说过。在他妻子米里亚姆过世后不久，他的哀伤产生一种"奇怪的转变"，体验到"性能量有如汹涌而来的巨浪"，他开始对性越来越沉迷，与已婚和未婚的女性发生关系，包括米里亚姆的一位亲戚。

值得注意的是，朱利亚斯遵照着亚隆关于治疗师自我表露的建议，这是亚隆长久以来持续对于个别与团体心理治疗的贡献。亚隆在《给心理治疗师的礼物》中说："治疗师建立行为准则的最有效方法，就是自己做榜样。"几页之后，他又说："所有意见必须通过一项考验：表露这件事对病人是最有益的吗？"朱利亚斯坦白这件事的一个动机是表达对菲利普的认同；另一个动机是鼓励团体打破对他的美化，了解到他也是人，一样充满人性。

团体成员被朱利亚斯的表露震惊了，一片默然，不确定该说什么，等到他们能够再度开口说话时，大家都以同理心响应朱利亚斯，询问他纵向的问题，如这些女性对他那带有性意味的行为有何反应。他毫不迟疑地说："我觉得非常尴尬和羞愧。"朱利亚斯接着提出一个横向的问题，即团体成员对于他的自我表露有何感觉？在向团体示范了他期待其他成员进行的那种自我表露之后，他开启了一连串有价值的讨论。托尼问朱利亚斯为什么要自我表露，并自己回答了这个问题："只因为你和菲利普的协议吗？"朱利亚斯的回答像是一个预言："托尼，好问题。你越来越让我刮目相看，几分钟前，我还想要一个协同治疗师来帮忙我，然后你就跳出来做这个工作，你做得很好。心理治疗对你来说可能是个合适的职业。"朱利亚斯之后在反思自己的自我表露时领悟到，自己的癌症晚期诊断，让他无论是身为一个人或一位治疗师都有了成长。他已经成为受伤的疗愈者。

朱利亚斯的自我表露促使帕姆和菲利普做了同样冒险的自我表露。只剩下六次聚会了，帕姆突然宣布她和托尼最近有性关系，而托尼对这项表露完全没有准备。朱利亚斯提醒她，她已经破坏了团体的一项约定："团体外的关系所造成的危险就在于它会危及治疗。为什么会这样呢？因为关系密切的人常常把这份关系看得比治疗更重要。"帕姆对别人充满批判——大家都说她是团体的"审判长"——她很难为自己的行为辩解，找了一个又一个的理由，包括顺应"反射动作",菲利普听了,柔和地说:"很久以前,我也是如此,反射动作。"最后,她承认自己犯了错,对利用和羞辱托尼而道歉。她也承认自己从团体中学到了很重要的事。"现在,我相信有可能原谅一个人,但不能原谅这个人的行为。我想我可以原谅改变后的菲利普,但他并没有改变。"菲利普对此回答说:"我的生活已经完全不同,我已十二年没有女人了。"好像这种重磅炸弹式的自我表露还不够爆炸性似的,菲利普还加上了一些关键细节,在小说中首次显露了他的痛苦。他承认,他之所以找到了改变自己的力量,是因为他的生活越来越令他无法忍受。朱利亚斯给他的墓志铭帮助他明白,他将在这折磨之轮中永远转个不停,除非他找到逃脱的方法。通过以叔本华的生活方式作为自己生活的范本,菲利普找到了有效的解药——直到他开始参加治疗团体,领会到否认情绪和拒绝人际关系会产生严重的甚至威胁到生命的副作用。

在治疗团体中看到帕姆,让菲利普回想起多年前,帕姆还是他的学生时,自己对她的疯狂情感以及自己现在对帕姆仍然有的情感。"菲利普不打算隐瞒任何事,他愿说出自己全然的嫉妒,想要拥有帕姆的原始心理状态,甚至说出托尼拥有大力水手上臂的形象,但他全身大汗淋漓。"亚隆用了一个很少看到的医学词语,却没有予以说明,但足以让读者从前后的文字脉络中推断出那个词的意义:过度流汗——通常由疾病或极大的压力引起。菲利普跑出房间,几分钟后,他和托尼一起回来,这充满情绪张力的一章便以已经流干一切的菲利普画上句号。

倒数第二次的聚会充满了意外。聚会一开始，帕姆就念了爱比克泰德的一段话，讲述参与市民生活、学习忍受侮辱以及容忍他人的重要性。她指责菲利普只是选择性地挑出支持他立场的文字段落。接着帕姆和菲利普开始辩论：终生为忧郁所苦的叔本华说，大部分的人会选择从未出生，这句话是否应该认真思考？可以想到菲利普当然同意叔本华的观点，他认为生命从头到尾都在受苦。菲利普指控帕姆提出两位他最喜爱的哲学家——爱比克泰德和叔本华——动机只是要让他"不知所措"。在逼问之下，菲利普承认自己不想侮辱帕姆，帕姆可能是在试着帮助他。托尼用了一个并非他日常惯用的词语，并且听起来像一个在交叉辩论中得意扬扬的律师似的，并建议菲利普意图和行为要"表里一致"。菲利普出乎意料地同意了，他承认自己需要接受治疗。看到大家假装被吓到，他笑了起来——他在书中的第一次微笑。托尼虽然缺乏正式教育，但他对治疗师有着直观的理解，表达了这本小说的主题："叔本华已经治愈你，但你现在需要逃脱叔本华的疗愈。"

选择的错误

菲利普对自己不经意间致使帕姆多年来承受痛苦这件事诚心道歉。他虽然没有准备要放弃叔本华绝望的生命观，但是他仔细听着朱利亚斯说《查拉图斯特拉如是说》如何帮助他接受癌症晚期诊断。帕姆也很喜爱这本小说，并引述了其中她最喜欢的一段，"查拉图斯特拉说：'那是人生吗？好，再来一次吧！'我喜爱拥抱人生的人,这种人不愿接触逃避人生的人"。亚隆通过这位文学教授的话提出他自己对叔本华的见解。帕姆说,"我正在教一堂传记课,上星期偶然在埃里克森所写的马丁·路德传记中读到一段令我吃惊的话,大意是说:'路德把自己的精神官能症提升为普世的病态,然后试图为世界解决他无法为自己解决的问题。'我相信叔本华就像路德一样,严重地陷入这种错误,你却追随他的引导"。帕姆大可以引述《青年路德》(Young Man Luther)里的另一段话,套用在叔本华和菲利普身上:"或许有一天,社会大众会知识充足、思虑周详,热切地相信最致命的罪恶就是扼杀孩子的心灵;因为这将削弱信任这项生命原则,在缺乏信任的状况下,每一项人类行为,不管感觉起来多么善良或似乎极为正确,都容易为破坏性的责任感所扭曲。"

像叔本华一样,菲利普陷入了选择的错误,不允许自己看见生命是一个充满喜悦的悲剧。亚隆描述了其他的选择错误,包括帕姆的一个选择。邦妮观察到,帕姆所参加的佛教修隐会强调"慈悲和联结,并不强调孤独"。朱利亚斯则说,菲利普引述的许多古希腊哲学家也肯定友情。菲利普还是觉得自己被大家围攻,但是朱利亚斯提醒他,如果他想成为咨询师,就必须进入社交世界。菲利普直视朱利亚斯的眼睛,以最恶劣的用语去形容自己是无法去爱或被爱的生物。然后菲利普开始啜泣起来,冲出房间,朱利亚斯紧随其后,鼓励他回去。"老弟,你必须回去,这就是你来此的目的,就是这一刻,千万不要浪费掉。你今天做得很好,正是你成为治疗师的必要方向。聚会只剩几分钟,你只要和我回去,与大家坐在一起就好了,我会注意你。"于是两人一起回到团体。"菲利普把手放在朱利亚斯的手上,过了一会儿才站直身体,跟着朱利亚斯走回团体。"

亚隆让读者自己从小说最高潮的一幕中得出结论。回想一下,菲利普的生父是死于自杀。我们不得不揣测,父亲的自杀如何影响了儿子的生命。亚隆提到叔本华对父亲死亡有何反应时所说的话——"每一件自杀都会在亲人身上留下震惊、内疚和愤怒"——几乎可以适用到菲利普对父亲之死的反应上。菲利普厌恶自我,相信自己像个怪物,不适合活着,这在多大程度上代表了他对结束自己生命的父亲的认同?小说一直没有探索菲利普性上瘾的原因,但是他的行为是不是在表达对母亲的愤怒呢?他可能为了父亲的自杀而责怪母亲,因此和叔本华的命运相似。菲利普的性冲动是不是针对创伤而导致的人格解体、麻木与空虚的反应,如同施瓦茨(M. F. Schwartz)与同事所提出的理论那样?菲利普切断他所有的依附关系,以此克服了他的性上瘾,这个方法有其利,也有其害。

在这一幕里,围绕着朱利亚斯的父亲意象极为惊人。朱利亚斯很少提到他的孩子,但是他一定思索过托马斯·曼小说里布登勃洛克提出来的问题:"我会希望在我儿子身上继续存活吗?"朱利亚斯的癌症晚期病情让情况变得更复杂了,菲利普即将再度失去生命中的重要人物,一位发挥救生索功能的人物。朱利亚斯承诺菲利普,回到团体后会照顾他,但是两人都知道,这位治疗师待在他们身边照顾任何人的日子都已经不多了。

朱利亚斯的治疗团体是他最有支撑力的家庭,而到了小说尾声,他终于获得刁钻儿子的信任和爱。菲利普首次了解到朱利亚斯对他的情感有多深。他将朱利亚斯的爱内化,很快地,他将会追随他的治疗师的脚步。朱利亚斯和菲利普回到团体之后,有人问朱利亚斯感觉如何。"精神上觉得很棒,心情很好,我非常欣赏团体今天的工作,很高兴自己是其中的一分子。身体上确实很累,我不得不承认身体的不舒服和疲倦。但我仍有十足的精力留给最后一次聚会。"此章已经没有什么需要再多说的了——除了团体以后再也不会聚会了。第二天,朱利亚斯剧烈头痛,陷入昏迷,三天后过世。

死在岗位上

尼采力劝他的读者:"死得其时。"而朱利亚斯遵守了这位哲学家智慧的建议,直到死前都在保持治疗师本色,工作到生命结束的那一刻。朱利亚斯对自己的人生没有什么懊悔。我们还记得他说过,活得越丰足的人,越不害怕死亡。朱利亚斯的死没有呈现在我们眼前,但是如果我们能够触及他最后的思绪,就会看到一位毫不怀疑地肯定生命喜悦的人。"我无法假装我完全不害怕。但是我主要的感觉是感恩。我爱过,也被爱过;我获得了很多,也付出某些东西作为回报;我阅读过,旅行过,思考过,写作过。我和世界交流过,与作家和读者的特殊交流。"

这些不是朱利亚斯的话,而是奥利弗·萨克斯发现自己得了黑色素瘤,即将不久于人世时说的话。2015年2月19日,萨克斯在《纽约时报》发表了一篇短文《我自己的人生》(My Own Life)，描述进入人生最后一段的感觉。他和将死的朱利亚斯有很多相似之处，甚至更像与他处于同一时代的欧文·亚隆。这位有名的英国神经学家兼作家，出生于1933年，比亚隆小两岁，写过几本畅销的个案研究，其中一本被改编为著名电影《无语问苍天》(Awakenings)，由罗宾·威廉姆斯和罗伯特·德尼罗主演。身为神经学和精神医学的教授，萨克斯也像亚隆一样，寻求艺术和科学的结合。《纽约时报》描述萨克斯是"当代医学的桂冠诗人"，也是"20世纪伟大的临床作家之一"，这些话也可以用来描述亚隆。

阅读《我自己的人生》时，我们会惊讶于许多萨克斯说过的话，也可能出自亚隆或替身朱利亚斯口中。萨克斯写道："剩下的几个月要怎么过，都任凭我决定。我必须尽我所能过最丰足、最深刻、最有建设性的生活。"他引述了最喜欢的哲学家之一，大卫·休谟（David Hume）的话，休谟六十五岁的时候得知自己患了不治之症，在一天之内写了一篇短篇自传，标题就叫作《我自己的人生》。萨克斯在得知癌症晚期诊断之后继续写作，完成自传和一本叫作《感恩》(Gratitude)的书。如果朱利亚斯在团体最后一次聚会之后有更多时间，他的遗言很可能在精神上类似萨克斯的遗言："过去几天，我能够从很高的地方观看我的人生，像在看一幅风景画，而且和各个部分都有更深刻的联结感。这并不意味着我的人生已经完结。相反地，我觉得我充满活力，而且我想要并希望在剩下的时间里，可以让我的友谊更深刻，跟我爱的人道别，写出更多东西，去旅行（如果我还有那个力气），让理解与洞见达到新的层次。"六个月后,萨克斯过世了。①为什么亚隆要在最后一次聚会之前就杀死朱利亚斯?朱利亚斯的癌症晚期诊断是小说的一个重要元素,影响了所有的团体成员,但那不是小说的主要焦点,找到叔本华解药的解毒剂才是。亚隆以戏剧手法在倒数第二次的治疗聚会中呈现菲利普的突破;若是让我们看到朱利亚斯的死亡,而不只是告诉我们死讯,可能会起到反作用。亚隆总是对于角色如何与死亡这个念头共存比对于角色死亡那一刻更感兴趣。简短两句话交代过去,可以避免过于感伤或将死亡情景理想化,这在文学中屡见不鲜。[王尔德嘲讽地说过,读到狄更斯《老古玩店》(*The Old Curiosity Shop*)里小耐儿(Little Nell)死亡的部分时,一个人要有"铁石心肠"才不会笑出来。]

亚隆无意重写托尔斯泰的小说《伊凡·伊里奇之死》(*The Death of Ivan Ilych*),该书描绘了一个角色面临死亡的最后痛苦时刻。亚隆需要想象的反而是他非常熟悉的事情。身为心理医生,亚隆与很多临终病人一起工作过,但是他从未描绘过一个人临终的过程(除了《诊疗椅上的谎言》中简短描述了伊娃的死亡),这或许是因为不想离开他写小说的初衷太远吧。

朱利亚斯在小说开始没多久所说的那些关于死亡的话,在小说结尾发挥了特别的意义。朱利亚斯告诉团体:"没有人有结束生命的经验,因为这种事只会发生一次。教科书也没有谈过这种情形,

---

① 亚隆对这一段的反应是:"我从未见过萨克斯,但是我很佩服他的作品,而且非常喜爱他的回忆录,所以我写了一封粉丝信,在他过世前几天寄给他。他的助手回信给我,说她把我的信朗读给他听了。"——原注

所以每件事情都要即兴演出。"我们可以在不反对朱利亚斯说法的情形下指出，写出临终经验与死亡或许可以算是一个练习结束生命的例子，对于一件不管我们是否准备好都会来临的事进行一次彩排。

死亡是生命里唯一一件小说家们只能想象而不能知晓的事，正如文学评论家加勒特·斯图尔特（Garrett Stewart）所指出的："尽管临终在生命终结时是个残酷的事实，但死亡本质上是小说中不可避免的虚构事物。死亡对我们自己来说只存在于'不存在'的状态，与其说它是一个话题，不如说它是一个作废的事件，没有属于它的词汇，在它无法穿透的真相面前，我们只能沉默。"朱利亚斯花了一辈子时间准备面对死亡，阅读一切他找得到的相关书籍，教导别人不要害怕，同时让自己活得最充实。舞台下短暂的死亡表明朱利亚斯已经做好了充分的准备。

《叔本华的治疗》最后两章，将小说中两个彼此关联的故事画上句号。叔本华清醒地面对死亡，在晚年获得了他长久寻求的认可和名声。他的死亡是短暂而没有痛苦的：前一刻他还坐在沙发上读书，下一刻他便死于肺栓塞了。叔本华在遗嘱中写明，墓碑上只刻他的名字，他自己的说法如下："不要加上其他东西，没有日期，没有年份，没有只言片语。"以亚隆自己的文字来说，则是"躺在这个平凡墓碑下的人希望他的作品能为自己说话"。许多人能言善辩地代叔本华发言，包括亚隆。《叔本华的治疗》最后一章发生在三年后。帕姆、菲利普和托尼成为朋友，帕姆亲吻他们两人的额头，说："记得朱利亚斯爱你们，我也是。"她祝他们在这个特殊的一天好运。一小时后，这两位协同治疗师开始一起带领他们的第一个团体治疗。七位成员走进菲利普的办公室，坐在以前朱利亚斯带治疗团体时使用的椅子上。"菲利普成年后流过两次眼泪：一次是在朱利亚斯带领的最后一次团体聚会上，第二次是在得知朱利亚斯把九张椅子遗赠给他的时候。"

或许，小说结尾最重要的问题关乎的是菲利普转变的深度和广度。一个从不知道如何以健康的方式与别人建立关系的人，能够理解自己行事的错误，学会看重人际关系的价值，变成有同理心的治疗师吗？另一个问题牵涉到小说结尾干净利落的结局。朱利亚斯还活着的时候，所有病人都取得了显著的进步，并尽最大努力解决自己的人际关系问题。他们惊人的治疗进展合乎现实吗？或是受到结局的美学限制？

唤起者和满足者

临终之人有很多东西可以教导生者，没有人比亚隆更了解这一点了，他的小说和非小说著作都是对死亡的冥想。在朱利亚斯的治疗团体里，死亡从来都不遥远，而在他仅剩的一年中，他有许多事情需要完成。

美国小说家盖尔·戈德温（Gail Godwin）在其1994年的小说《好丈夫》（*The Good Husband*）中，她将一位虚构角色的死亡比喻为最后的考试。英文教授玛格达·丹佛斯（Magda Danvers）五十八岁了，因卵巢癌而濒临死亡，她想知道自己的临终遗言会是什么。她在盘点自己的一生时，将人们分为唤起者（arouser）与满足者（fulfiller）。玛格达是唤起者。她写道，她向学生与读者展示了"一些朝向完满的指引，在每天的旅程中带领他们走向完满，但是，我还没有让自己完满。这就是艺术的目的。或许这是唯一的方法，让我们可以得到此生努力去获取的东西。人类的状况正是以缺乏完满而臭名昭著"。相反地，朱利亚斯和他的创造者属于满足者，让我们看到生命的美丽和完满。

叔本华嘲笑道，"我能忍受这样的想法：不久之后我的身体就会被小虫吃光，但一想到哲学教授会咬烂我的哲学，就令我不寒而栗"。亚隆用这句话作为小说倒数第二章的引文。叔本华脸皮异常薄，他对当代其他哲学家的著作都看不上眼，并觉得他们的作品低劣。亚隆总是慷慨对待同时代的心理医生和小说家，不太可能担心文学评论家挑剔他的小说。《叔本华的治疗》依然是一个引人入胜的故事，描写一个治疗团体的内部运作情况，其中有一位濒临死亡的治疗师，遵循在他之前的伟大哲学家、心理学家、神学家和文学作家的传统，可以救治人类的绝望。

普获赞美

《叔本华的治疗》在多家跨界期刊和报纸上获得了很大程度的好评。琼-黛安娜·史密斯（Joan-Dianne Smith）在为《国际团体心理治疗期刊》（*International Journal of Group Psychotherapy*）写的书评中，开头就是一句许多其他书评家都会同意的话："称得上是小说中对团体治疗经验最现实、最诚实、最凄美的描绘，这本引人入胜的小说会吸引任何对哲学、心理治疗和人类意义斗争感兴趣的人。"安德鲁·巴利（Andrew Barley）在《当今的哲学》（*Philosophy Now*）双月刊里，称《叔本华的治疗》为"非常凄美和个人化的书"，"作者相信我们应该努力'超越自己'，此书即为最佳证言"。默尔·鲁宾（Merle Rubin）在《洛杉矶时报》上称本书为非常独特的小说类型："与那些常常不承认写小说有文学以外的动机的小说家不同，亚隆则毫不掩饰地承认他的目标在于教育大众。与广泛存在的误解观念相反，'教育'也可以很有趣。亚隆的热情很有感染力，他善于用清晰并有趣的文章介绍复杂的观念和理论，使他广受欢迎。他确实知道如何讲述一个令人全神贯注的故事。"

大部分对《叔本华的治疗》的书评都是正面的。格伦·加伯德（Glen O. Gabbard）在《美国精神病学杂志》上则写到情节的发展受到小说主题的驱使要多过受到角色的心理层面的驱使。有些书评家对于亚隆将心理治疗聚会与死去的哲学家的一生并列在一起感到失望。斯凯·穆迪（Skye K. Moody）在《西雅图时报》上哀叹道："亚隆的编织并不成功，因为读者必须从一个吸引人的故事跳到另一个故事，然后再跳回来。虽然故事被拆开了，但是有了赫茨菲尔德这个角色，还是证明了亚隆讲故事的才华。"

两个结局

我们通常不会想到科学家或医生会建议修改小说的结局，但是《癌症科学期刊》（*Journal of Oncological Science*）上的一篇文章恰恰做到了这一点。作者纳兰·阿奎尔·巴巴詹（Nalan Akgül Babacan）回忆着，当她还是年轻的医科学生时遇见了亚隆。"那时候，我正笼罩在严重忧郁症的黑暗双翼之下。"阅读亚隆的书给我带来了转变。"我读了一本又一本的书，我确信欧文·亚隆也为我完成治疗后获得的洞察力和生命能量做出了贡献。在我的医学生涯中，我一直阅读他的新书，每一部作品都让我成为不同哲学家生活的一部分了。"巴巴詹现在是伊斯坦布尔的癌症医生，她猜测朱利亚斯可能陷入昏迷，死于癌症的脑部转移。直到21世纪初，转移性黑色素瘤患者的预期寿命是六到九个月，但是现在，有了革命性的新型抗癌药物，病人的预后好很多了。黑色素瘤的新疗法让巴巴詹想到一个有趣的问题："亚隆的作品可以有一个新结局吗？谁知道呢？或许文学大师会选择另一种存活期更低的癌症，或许朱利亚斯虽然有脑部转移，还是会因为新的治疗而活得更久，而在延长的生命中，他会用喂养他灵魂的存在主义书籍，在诊断时温柔触碰到更多人的生命。谁知道呢？"

即使没有这样修改结局，亚隆也在小说结尾实现了他的四个既定目标：让我们看到团体治疗如何进行、哲学如何影响心理治疗操作、叔本华的生活如何影响他的思想以及对死亡的认识如何影响一个人的生命。亚隆实现了另一个隐含的目标：让我们看到教育如何成为治疗的基础。以菲利普的说法，教育与心理治疗都展现了智慧和关怀。《叔本华的治疗》也探索了遗产的本质，即临终者送给生者的礼物。遗产是对于单纯的存在这项无价的礼物所表达的感恩。到了故事尾声，没有人比朱利亚斯更感激，感激有机会完满他的人生。若是要说菲利普获得了九张椅子，象征着他成为一位卓越的教授，就是朱利亚斯的遗产，可能有点夸张，但是菲利普确实会很高兴将他从他导师那里学到的一切教给他人。我们不需要相信上帝或来世，就能意识到朱利亚斯的精神会驻留在那些被他碰触过的人心里。他仍旧是一位教师——治疗师的大师，教导他的病人学生如何生、如何死。亚隆从未告诉我们朱利亚斯希望他的墓碑上刻些什么字，但是我想到了美国历史学家亨利·亚当斯（Henry Adams）的话："老师的影响是永远的；他永远无法辨认出他的影响在何处停止。"

11 《直视骄阳》：用小说疗愈

亚隆写《直视骄阳》时已经七十五岁，他透露了持续书写死亡的诸多原因，首先便是他需要面对自己的死亡焦虑了。亚隆相信透明度的重要性，他认为书写是"脱敏"的过程。"我认为人可以习惯任何事，就连死亡这件事也不例外。"但是还有其他原因让他书写死亡，包括想要教导别人："我对如何缓解死亡焦虑颇有心得，希望在有生之年，头脑还灵光时，把我的经验传授给他人。"亚隆故作正经地指出，朋友们常问他目前在忙些什么，当听到他回答说正在写一本克服死亡恐惧的书时，便完全不知该如何应对。"除了极少数的例外，没有人会继续问下去，不久话题便岔开了。"

本书书名来自17世纪法国作家弗朗索瓦·德·拉罗什福科（François de La Rochefoucauld）的箴言（录在书名页上）："烈日和死亡一样，令人无法直视。"亚隆坚定不移地直视死亡焦虑在心理治疗病人生命中扮演的角色。"时时刻刻意识到死亡并不好过。"他承认，"这好比直视烈日：你能忍受的程度有限。"亚隆所有的著作都展现出他对死亡的敏锐觉察，但是《直视骄阳》是他至今最私人的作品。他从不回避提供他个人产生死亡焦虑的例子。亚隆直视烈日的一个方法就是描述病人的死亡焦虑；另一个方法是描述他在陪伴临终的老师和导师时的情景；还有一个方法，是描述自己在等待医学检验X光片时发现的可能危及生命的病变的医疗结果时，几乎令他瘫痪的焦虑。或许，亚隆直视烈日的方法中最不寻常的就是重新阅读他自己写的小说，也就是"小说疗愈"。

《直视骄阳》的力量来自亚隆身为心理医生和作家的威信：身为治疗师，他奉献自己的一生去治疗受死亡焦虑折磨的病人；身为作家，他将病人和治疗师都视为同行的旅伴。"作为一个在不远的将来自己也会死去的人，又作为一个花了几十年时间处理死亡焦虑的精神病学家，我强烈感觉到，面对死亡不是去掀开有害的潘多拉盒子，而是让我们以更丰富、更慈悲的态度重拾生命。"他提到的"不远的将来"，让这本书有了急切之感，有时候读起来像是生命尾声的回忆录。

《直视骄阳》共有七章，分别探索死亡焦虑的不同方面。第一章《凡人的伤痛》具有引言的作用。对亚隆最有影响力的导师不是伟大的心理学家，而是古典哲学家，尤其是伊壁鸠鲁，亚隆认为他是存在心理治疗师的原型。虽然伊壁鸠鲁以感官享受而知名，尤其是饮食方面，但是他也支持将获得宁静、冷静作为目标。

第二章《辨识死亡焦虑》指出对死亡的恐惧不是其他东西的症状或替代品，而是最基本的焦虑。对死亡的恐惧弥漫在弗洛伊德和布雷尔在《歇斯底里研究》中提及的病人的生活中。人们试图克服死亡焦虑的方法,第一种是通过超自然的宗教,它许诺死后依然有生命;第二种则是通过他们的孩子,许多父母认为孩子代表他们的"不朽的未来"。

第三章《觉醒经验》讲述了一些临床故事,说明面对死亡可以让病人更能欣赏生命。亚隆大可以称这本书为"觉醒"(Awakenings),可惜奥利弗·萨克斯已经在1973年抢先一步用了这个书名。①亚隆引述了海德格尔对现实两种模式的区分,一种是日常的现实,即"事物何以如此",我们都沉浸在日常司空见惯的现实里;另一种是本体论的现实(ontological reality),即"事物本然如此",也就是存在的奇迹。

第四章《观念的力量》聚焦于直视烈日的哲学家、治疗师和文学作家对于适应死亡焦虑的探索。亚隆将本章大部分篇幅都用在讨论伊壁鸠鲁上;伊壁鸠鲁预言了当代对无意识的观点,他的观念包括死亡焦虑在大部分人身上是隐藏起来的,必须针对经过伪装的表象加以推断才能得知。亚隆也讨论了其他哲学家,包括尼采。他指出,尼采的两句如花岗岩般不怕时间侵蚀的名言——"成为你自己"和"任何不曾杀死我的东西,让我更强壮"——可能对心理治疗患者有帮助。

第五章《透过联系克服死亡焦虑》肯定了陪伴(presence)的治疗力量。亚隆比较了两种寂寞,即日常的寂寞和存在的寂寞,他

---

① 此处指的是《无语问苍天》这本书。——译注

认为后者更为深刻。同理心是最有力量的工具，可以克服这两种寂寞。亚隆不是第一位肯定同理心的治疗师。卡尔·罗杰斯是提倡同理心的先驱，以发展自我心理学而闻名的美国心理分析师海因茨·科胡特（Heinz Kohut）则以同理心为基础，创建了一个新的心理学流派。但是，长久以来没有一位治疗师针对同理心的著作叙述得比亚隆更加丝丝入扣。

第六章《觉察死亡：回忆录》是最让人感兴趣的一章，让我们更深入地了解亚隆如何将个人经验改头换面放进小说中。他第一次写到他早期的死亡经历，讨论了一些对他有巨大影响的诗和故事，包括美国著名诗人肯明斯（E. E. Cummings）写的《死亡先生》（*Mister Death*）[1]，这首诗如此惊人，他当下便背诵下来；亚隆还诠释了一些他自己最难忘的死亡梦境。他也解释了为什么他觉得必须书写死亡。

最后一章《面对死亡焦虑：给治疗师的建言》是最长的一章，主要是针对不熟悉亚隆存在主义取向心理治疗的读者。在这一章中，他聚焦于几位病人。当一位病人问他如何处理自己的死亡恐惧时，亚隆回答："我也曾在半夜三点时突然间恐慌大作，怕死怕得要命，现在这种情况少很多了。随着我年龄的增长，凝视死亡有一些积极的收获：我活得越来越深刻、越来越有活力。死亡让我活在每个当下，并去珍惜觉醒以及纯然活着的乐趣。"或许，亚隆的回答中最重要的字是"也"，就像亚隆的第一位分析师奥利芙·史密

---

[1]"死亡先生"并非一首诗的名称，而是肯明斯《野牛比尔》（*Buffalo Bill's*）诗中最后一句。——编注

斯说的那样,"这似乎正是我们都会有的想法",暗示了治疗师和病人之间的联系。

《直视骄阳》里没有理论的突破或惊人的表露,也没有什么会让亚隆的长期读者惊讶的事物。但是,就像他早期的非小说著作一样,这本新书里还是有惊喜的。其中一个亮点就是,亚隆讨论到他陪伴临终的导师罗洛·梅的经历导致他做了一个生动的梦,他把这个梦用在了小说里。另一个亮点是,他在等待核磁共振扫描结果时如何安慰自己。死亡仍然是亚隆的灵感来源,正如《直视骄阳》所示范的。

治疗师自我表露的运用

《直视骄阳》里揭露的事情之一,就是亚隆自己体验过多少治疗,包括20世纪70年代流行的按摩身体深层组织的罗夫按摩法(Rolfing)。这个治疗法后来不流行了,因为它在身心两方面都很痛苦。亚隆在《直视骄阳》里承认:"我对一些怪异的信念颇不以为然,比如气功疗法、人人奉若神明的印度上师、灵气、先知、营养学家宣称的各类未经验证的疗法、芳香疗法、顺势疗法以及灵魂出窍、水晶光能疗法、宗教神迹、天使、风水、灵通(channeling)、遥视(remote viewing)、人体悬浮术、念力、前世疗法以及外星人创造了古老文明,制造神秘麦田图案,并且建造埃及金字塔等这类荒唐的概念。"

亚隆给治疗师的建议中,很少有比治疗师自我表露更令人不安的了。"治疗师表露自己时会很不是滋味，病人也会担心自己侵犯了治疗师的隐私。"亚隆总是用治疗师的自我表露来促进病人的自我表露，但是他很谨慎，不对病人或读者透露关于他家庭的信息。然而现在，他首次打破这个规则，表明他了解父母会担心孩子，有时候甚至是担心过度。这个自我表露是突如其来的。苏珊为儿子最近与毒品扯上关系被捕而心急如焚，亚隆安排她一大早来晤谈，而这个时段通常亚隆是留给写作，苏珊便问他为什么打破他的时间安排模式。亚隆告诉她，下周一部分时间他要去远地参加儿子的婚礼。想要继续提供一些对她可能有帮助的话，于是亚隆说："苏珊，我儿子这次是再婚，他离婚那段时间我也难过了好一阵子——做父母的看孩子受苦却帮不了忙实在很难受。所以我也是过来人，知道你有多忧心。想帮孩子渡过难关是为人父母的天性。"苏珊后来在最后一次晤谈时告诉他，这是她的治疗中最有价值的一刻。值得注意的是，让她的治疗出现转折点的，并不是亚隆对苏珊处境的诠释，也不是她自己的洞见，而是他和她分享自己对某些事情的决定，这个行为肯定了治疗师与病人关系的强烈重要性。

觉醒经验

拒绝凝视太阳的人可能会引述《传道书》（*Ecclesiastes*）里面说的"太阳之下没有新鲜事"来安慰自己。亚隆的表达方式有些是新颖的，虽然背后的想法并不新颖。他用了"觉醒经验"一词描述紧急事件或无法挽回的事件可能让人因此受到震动，进而从日常的心智状态进入到对于本体的强烈察觉。与死亡擦肩而过就是一种最典型的觉醒经验。亚隆引述了几个文学上的觉醒经验范例。例如，在《小气财神》里，守财奴斯克鲁奇因为未来的圣诞节鬼魂来访而大彻大悟；《战争与和平》里的皮耶站在行刑队伍面前，幸而在最后一刻获得缓刑。最有名的死亡觉醒经验是出现在《伊凡·伊里奇之死》里，垂死的主角在生命即将结束之际才发现他一生追求的目标都是错的。托尔斯泰用一句话传达了这项启示："死亡之处有亮光。"有些读者将这句话诠释为基督式的觉醒：伊凡·伊里奇最后低声说的话，"结束了"，也是耶稣的最后遗言。没有宗教信仰的亚隆采用的不是这种解读。相反地，他肯定垂死的主角猛然顿悟了存在的真相而产生的异乎寻常的清醒，那就是：单纯地活着，不伤害任何人。

亚隆长久以来都相信，哀悼可以是一种觉醒经验。文学作品中充满觉醒经验，因此可以用来帮助进行心理治疗的病人。当病人爱丽丝描述自己为了搬到赡养中心而放弃家里所有东西的痛苦时，亚隆为她朗读了《安娜·卡列尼娜》里的一段文字，描述潜伏在生命表层结构之下的深渊。这些文字帮助了爱丽丝，亚隆写道："一方面，她从中照见了自己，从而被赋予了一种熟悉感和控制感；另一方面，我为她花了时间和精力从我喜爱的托尔斯泰语录中挑出这段文字来，这显示出我们关系的深厚。"

亚隆和爱丽丝关系的不寻常之处，在于关系持续了——"坐稳了，你们这些只熟悉当代短期治疗模式的年轻读者"——三十年！爱丽丝五十岁时开始接受亚隆的治疗，当时的主诉是关于她儿子的问题,还有与几位朋友和顾客的问题,这些年来,她数次为了不同的原因回来治疗,包括丈夫过世。爱丽丝并不接受亚隆的所有观点,有时候她会在手机语音留言里留下简短讯息,告诉亚隆他说的话"像是当面赏了她一巴掌"。他们的关系建立在亚隆愿意承诺永远不会弃她于不顾或躲避她的基础上,经受住了这些风暴。爱丽丝的故事快要结束时,亚隆给了我们一个出人意料的结局。搬到赡养中心两天之后,爱丽丝在晤谈一开始就说:"我好快乐。"通过间接提及弗吉尼亚·伍尔芙由讲稿扩展而成的文集(《一间自己的房间》),亚隆告诉我们,爱丽丝这辈子第一次拥有了自己的房间。

另一位病人威尔,四十九岁,是一位理性的律师,大致是因为亚隆有系统的临床笔记使他有了觉醒经验。亚隆模糊地记得在早些时候的一次治疗中威尔因情绪激动而流泪,但威尔完全不记得了,于是亚隆核对自己的笔记。"我走到计算机前,在他的档案里输入'眼泪'查询,一分钟后坐回原位。'这是关于你父亲的。你当时悲伤地说,你很遗憾从没真正和父亲聊一些心里话,然后你的眼泪突然涌上来。'"威尔对于亚隆记得以前他曾经流过眼泪而感到印象深刻。读者也一样觉得印象深刻。后来的几次晤谈,威尔一再情绪崩溃,因为他最近觉察到了自己对父亲的死亡以及自己的死亡所隐藏起来的恐惧。亚隆没有向读者直接明说,但是他大量记录临床笔记可能是为了日后书写这个个案。如果真是这样,威尔做出让亚隆写他的故事的决定可能正是治疗有了突破的原因。

涟漪效应

在《直视骄阳》一书中，亚隆最强大的概念之一就是涟漪效应了。

起了同心圆般向外扩散的影响力，可能影响他人好几年，甚至好几代。也就是说，我们对别人的影响，会由这些人进一步影响到其他人，仿佛池塘的涟漪一波波荡漾开来，直到看不见，但依然持续在人心深处泛起波澜。凡走过必留下痕迹，而且往往是在不自知的情况下，这个概念给了那些因为生命的有限与无常而不免声称人生在世了无意义的人一个强有力的答案。

据我所知，亚隆是第一位提到涟漪效应的心理治疗师。如果好好运用，涟漪效应可以是一项遗产，是持续传递下去的礼物。亚隆提供了许多涟漪效应的例子，包括留下自己本身的某些特质给别人，如指引、智慧或美德；对社会、科学或艺术做出贡献，是另一个创造涟漪效应的方式。"能当一名治疗师是一种福分：看着别人走出困顿、迎向生命，是无与伦比的喜乐。治疗给了我激起涟漪的绝佳机会，让我得以在每次会谈里，将我的特质、对人生的体悟传递出去。"亚隆最佳的涟漪就是《叔本华的治疗》里的朱利亚斯，将治疗这项礼物传递给他的病人，而病人便因他的协助而获益。他则继而从病人身上获益：获得了病人的信任、洞见和善意。

垂死的艺术：亚隆与莫里·施瓦茨

亚隆用"同心圆般向外扩张的影响力"隐喻涟漪效应，让我想到莫里·施瓦茨（Morris Schwartz）在他1996年所著的《万事随缘：莫里的最后一课》（*Letting Go: Morrie's Reflections on Living While Dying*）中引述的寓言。施瓦茨是布兰迪斯大学（Brandeis University）的社会学教授，启发美国专栏作家米奇·阿尔博姆（Mitch Albom）写出了1997年畅销书《最后十四堂星期二的课》（*Tuesdays with Morrie*）。施瓦茨讲了一个他的静坐师父告诉他的故事，关于一道男性的海浪很害怕自己撞击岸边而消失，一道女性海浪要他放心："你不明白，你不是一道海浪；你是海洋的一部分。"亚隆并没有引述施瓦茨或阿尔博姆的故事，但是亚隆同意死亡是更大的整体的一部分，和之前的生命与之后的生命连接在一起。施瓦茨于1995年死于俗称"渐冻人症"的肌萎缩性脊髓侧索硬化症，也称为葛雷克氏症（Lou Gehrig's disease）。《最后十四堂星期二的课》里的一些段落，如让死亡成为一个人最后的研究计划，应该会让《叔本华的治疗》里面临死亡的朱利亚斯很欣赏吧，或许他还会和病人分享呢。施瓦茨说："既然每个人都会死，他可以死得很有价值，对吧？他可以成为研究对象，一本人形教科书。在我缓慢、有耐性的死亡中研究我。看看我会发生什么，跟我一起学习。"

跟亚隆一样，施瓦茨知道临终最痛苦的一面就是孤单。施瓦茨在美国广播公司的《晚间新闻》节目里问主持人泰德·科佩尔（Ted Koppel）："我要像大部分的人一样退出这个世界吗？还是我要继续活在这个世界里？"施瓦茨接着回答自己的问题，朱利亚斯和亚隆必然会赞成他的说法："我决定要好好活着——或至少试着好好活着——以我自己想要的方式，有尊严、有勇气、带着幽默、沉着镇静。"施瓦茨的许多生命教导和《直视骄阳》里的相似。"让生命有意义的方法就是全身心投入到爱别人，全身心投入到你周围的社群，创造一些给你目标、意义的事物。"施瓦茨的主要教诲——"一旦你学会如何死亡，也就学会如何活着了"——正是《直视骄阳》的主题。亚隆的所有著作都肯定了一个矛盾的信念：虽然肉体的死亡击倒了我们，但死亡这个想法却拯救了我们。我们可以想象亚隆也赞成使用施瓦茨选择的墓志铭："至终都是老师。"

亚隆和施瓦茨都从参与者——观察者的观点书写，这个观点是施瓦茨在马里兰州罗克维尔（Rockville）的栗树小屋精神病院（Chestnut Lodge）五年的工作时间里所发掘出来的。《直视骄阳》和《万事随缘：莫里的最后一课》都深具启发性，而非陈词滥调，这不是多愁善感的《最后十四堂星期二的课》会获得的评价。《直视骄阳》和《万事随缘：莫里的最后一课》都是当代垂死艺术的代表作。亚隆和施瓦茨常常提到同样的哲学家和诗人，包括马丁·布伯和英国诗人奥登（W. H. Auden）。亚隆说过，对死亡的领悟往往太迟而来不及好好欣赏生命，这让我们想到施瓦茨在《最后十四堂星期二的课》里幽默的观察："现在我要死了，人们对我更有兴趣了。"施瓦茨在职业生涯早期与别人合著了三本书，在他生命的最后阶段，他很后悔自己没有写更多书，而多产的亚隆则不会有这种遗憾。

与《万事随缘：莫里的最后一课》或《最后十四堂星期二的课》相比，《直视骄阳》的学术性较强。《直视骄阳》同时采用了存在观点以及心理动力观点，充满慈悲、智慧和幽默，无论是一般读者还是专业读者都会很欣赏。亚隆具有罕见的给予指引而不独断的才华，能够以振奋人心的方式书写残酷的题材。

感恩

没有什么比感恩更能引起涟漪效应了。亚隆在《当尼采哭泣》中探索了感恩比较黑暗的一面，书中的尼采拒绝欠布雷尔人情，害怕自己因此落入别人的控制之中。在《直视骄阳》里，亚隆只强调感恩能够形成持久关系的正面意义。他提到使用正向心理学先驱之一马丁·塞利格曼（Martin Seligman）发明的练习"感激小叙"（gratitude visit）。亚隆请病人进行感激小叙。"想想某个还活着的人，你对他满怀感激之情，却从没对他直接表达过。花十分钟的时间，写一封感恩函给他，然后两人一组，把这封信念给对方听。最后一个步骤是，你在近期内找个时间亲自登门造访那个人，再把这封信念给他听。"在我的写作课上，也用过几次某种形式的感激小叙，请学生对某人表达感激之情，包括已经过世的人。亚隆提供了个人经历感恩的涟漪效应的例子，示范了感恩是一个可以丰富施与受双方的礼物。"作为一大家子的大家长，我们全家人下馆子时，我总是付账的那个人。我的四个孩子（在微弱地谢绝我买单后）会殷勤地道谢，我总会对他们说：'感谢你们的祖父本·亚隆吧，我只是把他的慷慨转送给你们。以前他也总是替我买单。'（顺道一提，我也只是微弱地谢绝他）"

阅读自己治疗师的书的病人

亚隆谈到涟漪效应时提到的例子里，有几个是读过他的书的病人。他在《给心理治疗师的礼物》和《直视骄阳》中都透露过病人对他治疗师兼作家的身份有何反应。他在《给心理治疗师的礼物》中说："大部分病人都读过我的书，他们对我著作的反应也是丰富的材料来源。有些人因为我写了那么多书而震惊，有些人表示对我不感兴趣。有位病人说他在书店读了一些片段，但不想买，因为他'已经在我办公室缴过钱了'；有些人相信每个人关爱的能力有限，需要节省使用，就很讨厌我的书，因为书中对我与其他病人亲近关系的描述，表示我能留给他们的爱已不多了。"亚隆在几页之后宣称，出版《爱情刽子手》之后，他假设病人对一位书写心理治疗故事的治疗师会保持谨慎恐惧的心态。因此，他习惯告诉新的病人，在取得病人允许之前，决不会写病人的故事，而且还会用很多方法隐藏他们的身份。他暗示病人不用担心他会未获许可或没有隐藏身份就写出他们的故事。也不用担心他只是把他们当成心理学个案研究的潜在对象。他们担心什么呢？他们不在乎"是否被写到书中，而在乎自己是不是不够有趣，才没有入选"。

2015年，亚隆接受《赫芬顿邮报》的特伦斯·克拉克（Terence Clarke）采访时，承认知名作家的身份确实戏剧性地改变了他身为心理治疗师的业务，他很"乐意"在未来写一写这个议题。"现在，几乎每一位病人会来找我都是因为读了我写的某些东西，这确实对治疗有重大的影响。这使得我对前来找我的人来说，变成了有一点超乎寻常的人物，而且可能让我拥有更大的权力来做善事，只要我最终能够摆脱他们把我当成某种特殊人物的需求。我不想因为我写的东西而被病人理想化。"

即使有病人的许可并隐藏了身份，也不是每个人都和亚隆一样认为治疗师书写病人故事具有价值。《纽约时报》在2015年和2016年分别刊登一篇文章反对这种做法。心理分析师莉萨·戈尼克（Lisa Gornick）写过两本心理治疗的小说，她在《我为什么从不写我的病人》（*Why I Never Wrote About My Patients*）里一开始就承认，只要有病人的许可并隐藏他们的身份，在专业上是可以接受的。但是，这种做法让她不安，她坚持认为写病人的治疗师是在利用病人。她认为病人会感觉在心理上受到胁迫，病人没有能力允许治疗师书写他们的故事。戈尼克认为治疗上的相遇应该是一个"避难所，在克制自己欲求的治疗师安静的陪伴下，病人可以检视自己最令人不安的思绪和感觉"。她也表示她自己无法"在背地里的心思还同时搜寻着某些我可能会写的东西的前提下，让治疗工作所需要的专注维持不坠"。

加里·格林伯格（Gary Greenberg）在他的《治疗师应该书写病人吗？》（*Should Therapists Write About Patients?*）中也有类似

的结论,但是理由不同。与戈尼克一样,他相信病人会隐约觉得受到操控,而不得不允许治疗师写他的故事,仅仅是为了取悦治疗师。当格林伯格的律师告诉他,其中的问题不在于读者是否认出病人的身份,而在于病人是否认出自己,这让他感到非常惊讶。格林伯格倾向于忽视这个警告。"毕竟,世界不是已经从弗洛伊德和欧文·亚隆这样技巧纯熟的大师以生花妙笔所写出来的个案研究中获益了吗?"当一位给过许可的病人怒气冲冲地来办公室找格林伯格时,他改变了主意;那位病人手上拿着书,愤怒地说:"我知道这是我。我无法相信你会这么做。"格林伯格呆住了。"那个人的故事像是要泄露实情似的埋进书页里。我知道,病人知道,而且那一刻我们都知道我造成了一个无法疗愈的伤口。我为了达到自己的目的而利用了病人。我们的关系结束了。"

在《隐私及不满:心理治疗隐私权的困境》里,保罗·莫舍和我讨论到许多病人发现治疗师未经授权便写出他们故事的恐怖事件。朱迪·利奥波德·坎特罗维茨(Judy Leopold Kantrowitz)在《书写病人》(*Writing About Patients*)中主张,没有获得病人同意而使用重度伪装是可以接受的,但是她的主张受到《伪装或同意》(*Disguise or Consent*)一文作者格伦·加伯德(Glen O. Gabbard)以及彼得·鲁德尼茨基(Peter L. Rudnytsky)与其他人的挑战。艾琳·萨克斯(Elyn R. Saks)和莎罗·戈尔尚(Shahrokh Golshan)在《心理分析的知情同意》(*Informed Consent in Psychoanalysis*)里指出,根据一项对六十二位心理分析师的实证研究,只有一小部分的分析师和病人透露可能会写出他们的故事——一个令人警觉的调查结果。

亚隆通过提前告诉病人他会如何写他们的故事来避免这些问题。因此,他在讨论这样的书写对于治疗的影响方面处于一个独特的立场。他在《直视骄阳》中提供了几个原因,解释为什么病人希望治疗师书写他们的个案研究。病人可以重复阅读个案研究,借此提醒自己在治疗中学到的一切。他们可以读到自己从开始治疗以来成长进步了多少,或者在某些情况下,他们还需要走多远。他们可以读到自己的人生和其他病人有什么相似之处。他们也可以读到治疗师因为病人的故事而学到了什么。而且他们还可以看到自己是如何改变治疗师或读者的生活的。不可否认,有些原因可能有点自恋,如看到治疗师的世界如何围绕着病人打转,即使只是暂时的,也会令人感到愉悦,但其他原因则可能兼具教育性和治疗性。病人希望治疗师书写他们故事的原因还有一个:在治疗师(或病人自己)死后,病人仍能与治疗师保持联系。如同艾琳在《悲伤治疗的七堂进阶课》中承认的:"我不希望和你到此为止。"

对于将病人的故事用在他的作品中,亚隆从未让人感到他是为了自己的利益或是在为自己辩解。在《直视骄阳》中,他让病人自己说出读到自己的治疗故事时的感受:

> 在《给心理治疗师的礼物》里,我提到有位病患因为化疗掉发而对自己的外貌感到极其不适,生怕有人看见她没戴假发的模样。当她鼓起勇气在我面前拿掉假发时,我用手指温和地抚摸她仅剩的几缕头发。几年之后,我再度和她进行短期治

疗,她告诉我,她近来重读我书里关乎她的片段,我把她的故事写进书里以供别的治疗师和病患参考,这让她感到开心。她说,知道自己的经历能让其他人甚至是不相识的人受惠,她由衷地感到喜悦。

自己也是病患的治疗师可能在出版的个案研究中找到安慰。杰夫是精神科医生,他长期参与一个没有带领者的支持团体,亚隆在过去十五年也是这个团体的成员。杰夫得了癌症,将不久于人世,得到癌症晚期诊断的几个月后,他已经成为团体的带领者,指引其他成员"如何以直接、思虑周到而勇敢的方式面对死亡"。虽然有保密协议,杰夫还是同意让亚隆记录一个垂死者的痛苦经历以及他对团体的影响。亚隆写道:"悲伤席卷了我。一定有方法可以留住这一切,要是把聚会拍摄下来,在某个全球放映的频道上播出,让全世界的人观看,说不定这个世界会发生变化。没错,这正是我们需要的:保存下来,战胜遗忘。我不是沉迷于保存吗?这不正是我写作的初衷吗?我为何写下这份笔记?这微不足道的努力难道不是为了留下记录?"故事还有一个结尾。"两周后,在杰夫临终前,我们在他家见面,我再次征求他的同意,让我公开这份笔记,并询问他偏好用假名还是真名发表。他选择真名。"亚隆用涟漪效应来解释杰夫知道自己的临床故事会用真名出现在《直视骄阳》里所获得的"些许安慰"。对于杰夫和亚隆体验到的"些许安慰"还有一个相关解释,就是我在《死得其所》里所认为的,这是作者创造出来的自身的后代子孙。"创造自身后代子孙的欲望,是书写死亡的主要动机之一。我们写作不仅是为了现在,也是为了未来,为了我们不再活着的未来。"杰夫决定用真名,或许还有其他原因:证实亚隆的临床故事是真的,传达他对亚隆记录这个事件的感激以及帮助亚隆的读者面对自己的死亡焦虑。

戏如人生

与《妈妈及生命的意义》一样,《直视骄阳》通过展示亚隆在小说中运用生命经验的方式,让我们可以更加了解他早期的著作。为了举出与临终者保持联系的例子,亚隆告诉我们,几十年前他和一位病人临终前告别时,病人要求亚隆在她身旁躺一会儿:"我答应她并照做了,我相信她能从中得到安慰。对一个即将死亡的人(或身体健康却有死亡焦虑的人)来说,纯粹的陪伴是最好的礼物。"亚隆将这一幕编织成小说情节呈现在《诊疗椅上的谎言》里,让欧内斯特躺在病人伊娃的身旁。这是小说中最令人难忘的情景之一。当时,欧内斯特对自己一时的性冲动而感到羞愧,但是他"设法压抑下来,最后只是慈爱地抱着伊娃"。伊娃很快陷入昏迷,在几小时后过世,欧内斯特和她的妹妹都在身边。亚隆没有告诉我们,这一幕里哪些细节是真的,哪些细节是想象的,我们也没有理由询问。这一幕展现了生者和临终者之间的联系以及在面对离去时陪伴的力量。

另一个戏如人生的例子,是欧内斯特在《诊疗椅上的谎言》里梦到了救火熊(Smokey the Bear)。欧内斯特将这个梦诠释为替伊娃准备火化时的衣着所激发出来的——"救火熊象征了火化！"亚隆在《直视骄阳》里透露，在他为他的治疗师兼导师罗洛·梅即将火化的遗体净身之后，立即做了护林熊（救火熊）的梦。在梦中，他穿着一件睡衣，上面有护林熊微笑的脸，但是熊的脸越来越亮。

"这个梦唤醒了我，倒不是因为恐惧，而是睡衫上耀眼图案的光芒刺眼。"这个梦象征着亚隆试图减弱死亡的恐怖。

三位导师

护林熊的梦出现在第六章《觉察死亡：回忆录》里，亚隆在其中讨论了死亡如何影响他的三位导师：杰罗姆·弗兰克（Jerome Frank）、约翰·怀特霍恩（John Whitehorn）和罗洛·梅。在他们生命接近尾声时，亚隆都陪伴了他们，于是就有了难忘的死亡接触。弗兰克是亚隆在约翰斯·霍普金斯大学时的教授，著有《说服与疗愈》（*Persuasion and Healing*）一书，九十多岁时患上了老年痴呆症。一开始，弗兰克不记得亚隆了，他为自己丧失记忆而道歉。"每天早上醒来，我的记忆就像一块擦得干干净净的黑板一样。"弗兰克最后才隐约认出亚隆。他对亚隆伸出手，表示虽然失去一切，生活还是可以很美好。亚隆说："我珍视这份礼物，一位杰出的导师临终表现出来的雍容大度。"

怀特霍恩是约翰斯·霍普金斯大学另一位具有传奇性的教授，他在严重中风后半身不遂。亚隆一直不了解为什么这位导师临终前要求见他一面。"他把我这个阔别十年、谈不上有深入交情的学生找来。其中所透露出来的讯息，倒不是我有多特别，而是他无法和他所爱的人以及爱他的人联系的悲哀。"亚隆写到怀特霍恩时，怀着同情与批判；这在描写死者时并不容易做到。拉丁文成语有所谓"对于死者唯有赞美"，表明人们不愿意说死者的坏话，免得之后这些话反过来困扰说话者。

在三位导师之中，罗洛·梅对亚隆的人生影响最大，他是一位重要的导师、治疗师和朋友。1958年罗洛·梅与人合编了《存在：精神医学与心理学的新角度》（*Existence: A New Dimension in Psychiatry and Psychology*）一书，本书出版时，亚隆还是精神科第二年的住院医师，对亚隆成为存在心理治疗师的发展有着深刻的影响。读了这本书之后，他选修了西洋哲学概论的本科调查课程，这个决定可能和亚隆决定进入医学院一样重要。"自此以后，不仅持续阅读相关书籍，也经常到哲学系旁听，越来越觉得我的工作受惠于哲人智慧之深，甚于专业书籍。"劳拉·巴尼特（Laura Barnett）和格雷格·麦迪逊（Greg Madison）编辑的《存在主义治疗》（*Existential Therapy*）里有很多文章都在赞扬罗洛·梅的贡献。

我们可以看得出来，亚隆为何这么敬仰罗洛·梅。罗洛·梅拒绝所有被他称为"方法崇拜"的正统科学形式。他让人看到，科学的僵硬变成了"强求一致的普洛克路斯忒斯之床（Procrustean bed）[①]，经验事实受到拉伸，以适应先入为主的模式"。罗洛·梅

[①]普洛克路斯忒斯是古希腊神话中的一个强盗，他逼迫旅人睡在他床上时一定要恰好符合床的长度，身体太短小便将之拉长，太长则切除多余部分。普洛克路斯忒斯之床可以理解为"削足适履"之意。——编注

对焦虑的定义一定让亚隆感到震撼："这不是我可以随意处置的次要威胁，也不是可以归类成和其他反应并列的某种反应，而是对我存在的核心基础的威胁。焦虑是对即将来临的不存在的威胁的体验。"亚隆也必然受到罗洛·梅的治疗技巧的吸引，其中一个技巧包括提出以下问题："当病人进来并坐下之时，我常常发现自己有个冲动，不是想问病人'你好吗'，而是想问他'你在哪里'。"罗洛·梅继续说，这个"在哪里"包括"他究竟是脱离当下还是完全处在当下，他的方向究竟是朝向我并且朝向他的问题，还是远离二者"以及"他是否在逃离焦虑"。

后来，亚隆因为与癌症晚期病人一同工作而开始体验到强烈的死亡焦虑，他决定找罗洛·梅进行心理治疗，每周一次，为期三年。亚隆没有努力将他的焦虑严重性降到最低。"最困扰我的是伴随死亡而来的孤独感，有一次，当我在演讲旅行中经历巨大的夜间焦虑时，我刻意在离他办公室不远的一家偏僻的汽车旅馆投宿，并在投宿之前和之后都与他进行会谈。"亚隆幽默地承认，他们两个"串通好""不愿凝视太阳"，但是治疗仍然有价值，而且结束之后，他们成为莫逆之交。亚隆从陪伴三位导师临终的经历中得出一个结论：若想克服死亡焦虑，必须与他人保持联系，亚隆与他的病人和读者都有这种联系。

抹去死亡

在任何学术领域里，亚隆都是为数不多的会揭露自身的生活经历如何影响了他理论建构的理论家之一。童年时最让他难忘的事件就是从他们的家庭医生曼彻斯特医师那里得到的安慰,那时亚隆的父亲心脏病发作,几乎殒命,于是请医生来出诊。曼彻斯特医师把听诊器按压在亚隆父亲的胸口,让十四岁的亚隆听听父亲的心跳。"你听,滴答滴答,跟时钟一样准呢,爸爸不会有事的。"那个夜晚是亚隆人生的转折点,部分原因是父亲与死亡擦身而过所带来的恐惧,部分原因是母亲的怪罪:"你害死他了!"还有部分原因是医生给他的安慰。"在那时,我立志要像他一样当医生,把他给我的安慰传递给其他人。"亚隆没有多说,但是我们可以猜得出,决定当医生的背后也有抗拒恐惧的动机,一种抵挡心魔入侵的方式。

亚隆回忆他母亲九十三岁死亡时发生了两件大事。其中一件事让我们看到,无意识的运作方式有时很奇怪而且好笑。亚隆在母亲丧礼前一晚,决定烤一些母亲拿手的烙饼来纪念她,那是一种犹太人喜欢吃的甜烙饼。"结果烙饼做得一塌糊涂!"他遗憾地表示,"这可是破天荒头一遭,我竟忘了加糖!说不定这是我捎给自己的一个象征性讯息,我的无意识轻声说着:'瞧,你太关注母亲严厉的一面了。你忘了她好的一面,你忘了她对你的关心,还有永无止境的默默付出。'"亚隆的诠释很符合他的个性,批评自己无法欣赏母亲隐藏的品质。还有一种不那么自我批判的诠释是,除了烘焙之外,他的母亲真的不是一个甜美的人。另一件值得注意的事是丧礼过后那晚他做的梦。梦的一开始,他的母亲尖声呼唤他的名字,他沿着小径匆匆跑回儿时老家,他打开前门,便看见了整个家族的所有人,现实中这些人都已经过世了,他们一排又一排坐在楼梯上，脸上带着亲切的表情。亚隆认为这是"否认死亡"的梦，是一种试图抹去死亡的努力。这个梦还有另一个意义，与第一个意义紧密相关：需要记住过世的人。"母亲呼唤我，是要告诉我：'你要记得我，要记得所有人，别让我们消失。'而我一直将他们牢记在心里。"

"记得我"

紧接着"记得我"这句话，亚隆回忆起令人诧异的遗忘范例。他在写《当尼采哭泣》时，创作了"几行打油诗"，让小说里的哲学家在墓园里念出来："虽然没有石头能够聆听，也没有石头能够见证，每一个都柔声呜咽着，'记得我。记得我'。"

亚隆在"灵光乍现"中写了这几句诗，然后为了自己有机会在书中发表诗作而沾沾自喜，即使这几句诗是为了小说而写的。大约一年之后，他的秘书在办公室发现一个封住的大信封，因为年代久远而泛黄，他打开信封，发现里头装的是他从儿时到青少年创作但后来遗失的诗，"其中一首，竟和上述那首如出一辙，一字不差。我原本以为那首诗是为了小说而写的新作，而事实上，那是在数十年前，我为了老丈人辞世而写的。我竟剽窃了自己的作品！"

人生如戏

"记住"是《直视骄阳》的核心，书中最感人的一幕可能是亚隆写到他如何应对那几乎令自己瘫痪的死亡焦虑。几年前，他的髋关节出现剧痛，他去看骨科医生，照了X光，然后"粗心大意"的医生指着片子上的某个小点，"郑重其事地以同行的口吻"说，它可能是转移性的病灶——"换句话说，我被判了死刑"。接下来的三天，在等待核磁共振成像的结果时，亚隆被死亡焦虑淹没。他用尽各种方法来安慰自己，最有效的方式竟是拿起他刚完成的小说《叔本华的治疗》来读，书中面临死亡的主角朱利亚斯正在开始重新阅读《查拉图斯特拉如是说》并思考尼采关于永恒回归的概念。亚隆在《直视骄阳》里告诉我们，朱利亚斯细细思量尼采提出的挑战，而且他明白了，如果可以的话，他会过着和以往一模一样的生活，没有遗憾。"我从阅读自己的小说当中得到慰藉。发挥潜能，活得精彩。我对尼采的话有了足够透彻的领悟，全靠我书里的人物为我指引迷津，好个人生如戏啊！"

12 《浮生一日》：期待终点

《浮生一日：心理治疗故事集》出版于2016年，让我们得以一瞥这位身兼精神医生与作家的人生在进入八十几岁后半段时是怎样的光景。亚隆每天早上七点到十点间写作，这段时间他通常认为是"不可侵犯"的时段，但是他会愿意放下写作，去见一个迫切需要帮助的病人。他欣然承认，就像他的病人一样，他也是经过一番挣扎才接受死亡焦虑。他对一位患有黑色素瘤的护士建议："你所面对的是我们所有人迟早都要碰到的。我虽然没得什么特别的疾病，但我这花白的年岁，却让我不得不时时想到自己生命的尽头。"

亚隆这本书的书名，来自2世纪罗马皇帝兼哲学家马可·奥勒留的《沉思录》。"我们全都是一日浮生；记人者和被记者都是，全都只是暂时的——记忆与被记忆亦然。等时候到了，你将忘记一切；等时候到了，所有的人也都将忘记你。总要时时记得，很快你将成为一个无名小卒，将不知所终。"亚隆用这段忧伤的话，作为第十本也是最后一本简短故事集的题词以及书名。用马可·奥勒留的话点出亚隆的主题焦点所在，是绝佳的选择。古典学者卢瑟福（R. B. Rutherford）介绍奥勒留的著作时指出："《沉思录》比几乎任何古老文本都更清楚地呈现了哲学在受教育者的生活中扮演了何等重要的角色。"比起题词，《浮生一日》的调性其实没有像挽歌那样哀伤，而且与亚隆之前的心理治疗故事相比，重点不是放在死亡上，而是放在生命上。亚隆劝告读者，及时行乐，掌握今日；但是要记得，对死亡的觉察会加强对生命的欣赏。

《浮生一日》里的故事不是长期的治疗，而是短期的、引人回想的治疗速写，有时甚至只有一两次晤谈而已。故事类似于肖像缩影，每个细节都被精心地描绘。每个故事都引出一些棘手的问题。亚隆要如何帮助一位要求只晤谈一次的老人讨论为期六十年的作家瓶颈？他要如何安慰一位经历了多次损失的年轻人，包括其老板的自杀？他要如何安慰一位总是活在过去的六十九岁的俄国芭蕾舞演员？许多年前他与一位斯坦福放射科医生的治疗以失败收场，近日偶然相逢时，病人的妻子对亚隆说，她今日的人生是拜他所赐，他该如何理解？一位七十七岁的企业前执行长认为治疗是一场竞争，并且拒绝承认他私底下知道是真实的见解，他要如何治疗这位前执行长？当他发现一位护士给予一位重病患者的"无价礼物"是出于残酷而不是慈悲时，他要如何应对？当一个当作家的病人一辈子都将自己写的故事封藏起来时，他要如何说服病人与他分享她的故事？他要如何对一位身为"临终示范"的病人致敬，因为他无法实现他要在她死时陪伴在她身边的承诺？对于一位突然看到过去在她眼前改变的女人，他要如何回应？当哲学家的想法无法安慰人时，他要如何提供哲学家的智慧？

每个故事里，亚隆都显得跟他的病人一样，对治疗的魔力感到困惑而且被降伏。这些心理治疗故事所揭露的病人，往往处于极端状态，折磨他们的不是可以诊断出来的疾病，而是存在的痛苦所造成的问题。故事中的角色都是浮生一日的生物，每个人都有记忆，也被他人记忆。亚隆的挑战是为每位患者即兴设计一种治疗方法，将痛苦的生活转化为一个再生的故事。《浮生一日》展现了治疗的礼物，每一位病人都是治疗感激的施者和受者。

需要见证：《扭曲的治疗》

亚隆首先承认，随着他越来越老，接收病人时就变得更为谨慎了。他在2015年接受英国《独立报》副主编西米·里奇曼（Simmy Richman）访问时说："通过挑选病人，我在自己周遭架设了一圈隐形的盾甲。当然啦，我看的是一群非常有教养的病人，一群对我写的那类东西有兴趣的人。"《浮生一日》里的大部分病人之所以会找亚隆治疗，就是因为他们读过一本或多本他的书。

亚隆的病人不怕他会未经允许就写关于他们的故事，但是并非所有的病人都深受他的著作吸引。保罗·安德鲁斯是开篇第一章《扭曲的治疗》里那位枯瘦的八十四岁的病人，他给《当尼采哭泣》一个反面的赞美："一开始有点儿慢，但后来有了力量，尽管语言呆板，对话风格化、不伦不类，但整体来说，读来并不引人入

335

胜。"亚隆听到这段书评时一定暗笑：每个人都是文学评论家！虽然一直都不清楚保罗在单次的晤谈中想得到什么，但是看起来他长期遭受没有获得解决的哀伤。保罗和自己的论文指导教授克劳德·穆勒通信长达四十五年；这位教授所写的尼采传记颇得亚隆欣赏。穆勒教授于2002年过世了，保罗至今仍为之悲痛。亚隆察觉到保罗现在想寻求与另一位杰出的学者建立关系："我需要一个双脚轻灵的舞伴！"亚隆能做的就是为保罗深沉的哀伤当一位见证者："我猜想，这种失落之痛久久不得平息正是你要寻求咨询的原因。"亚隆对保罗的回避和隐秘感到不知所措，但是因为他提到了保罗和穆勒之间深刻的爱而赢得了病人的尊敬。在不假思索地活着和苏格拉底式的自我审视之间，保罗选择了前者，他感谢亚隆"非常非常有帮助"的咨询，然后离开了，逼得治疗师和读者只能自行推敲关于这位病人的存在的许多谜团。

治疗的结尾与真正的结尾：《虚实人生》

在《浮生一日》里，从头到尾，亚隆都见证了病人和自己的死亡焦虑。他的病人非常清楚他的年纪以及他可能不久之后就没办法在那里帮助他们了。他们担心他的健康，从许多故事里都可以看得到。亚隆告诉《虚实人生》里的查尔斯："没错，你担心我的年纪。"查尔斯仍然为了多年前父亲的过世以及最近他的上司兼导师詹姆斯的过世而哀悼。亚隆将病人的恐惧明明白白地表达出来。"我们都知道，我今年八十一岁了，即将走到生命的尽头。你既然会为詹姆斯和你父亲感到悲伤,那么担心失去我也就是很自然的事。"

在查尔斯承认自己担心亚隆死亡之后,这位治疗师决定也表露自己的恐惧,像贝克特的剧作《克拉普最后的录音带》(*Krapp's Last Tape*)里的主角一样,描述了一个场景,幸好只是幻想,没有成真。

> 我看到已经死去的妻子转头对我嫣然一笑,跟我打招呼。我看着她,突然一阵巨大的悲伤袭来,无法自已。然后,突然之间,一切都消失,我跌回了现实,只见她好端端地在那儿,容光焕发,绽放着亮丽的九月微笑。我心里涌起一阵欢喜的暖意,感激之情油然而生:她和我仍然活着呀,我冲过去,一把抱住她,出发去我们的晚间散步。

亚隆和查尔斯两人都热泪盈眶,而查尔斯听了故事之后,正确地做出结论:人必须"满足当下"。亚隆予以肯定:"完全正确。我是说,预见结果可以激励我们以更强烈的生命力把握当下。"两人看看时钟,知道时间已经超过了,这是一个恰当的细节。

正如《浮生一日》里的所有故事一样,《虚实人生》的结尾令人意外。这场费力的晤谈让查尔斯"累坏了",他很有同理心地说:"你应该也累坏了。"亚隆听了便精力充沛地回道:"一点也不。事实上,像这样深入而坦诚地谈一场下来,反而为我注入了活力。"这是一个完美的结局,对吧?错。查尔斯离开办公室几秒钟后,亚隆猛然一拍额头,心里想着,他必须更诚实才对,于是打开门,把查尔斯叫回来向他承认:"查尔斯,我刚才犯了老毛病,做了不该做的事。事实上,今天这样深入地谈下来,挺费力的,还真是累人,都快有点撑不住了,心想,还好今天没有其他约谈了。"亚隆看着查尔斯,不确定查尔斯对这个实话会有什么反应。"啊,欧老,我知道,我对你的了解其实比你以为的多。我明白,那时候你只是一心想要疗愈我罢了。"

读者不免惊叹,在一篇名为《虚实人生》的故事里,亚隆多么恰当地将"治疗的真相"和"真实的真相"做了对比。无论是在治疗上或写作上,真实的真相都更难以企及,因为我们必须逆反普遍接受的常识。如果亚隆没有打开门并承认自己也累坏了,会发生什么呢?很可能查尔斯还是会从晤谈中获益,或许他对亚隆健康的担忧可以暂时缓解,但是这场治疗晤谈就没那么真诚了。治疗为可敬的治疗师既注入活力,也让他累坏了。亚隆的结局极为完美,而且说来也奇怪,真诚的结局或许也一样有疗愈效果。在此,真实的真相来自亚隆决定承认自己的有限,他的体力和心力都随着年事渐高而耗尽。承认自己已经来日不多之际,他让我们看到(而不只是用说的)我们必须充满活力地掌握当下——即使活力无可避免地也会逐渐衰微。

爱的幻象:《阿拉伯式舞姿》

娜塔莎曾是芭蕾舞者,至今仍然无法忘怀第一任丈夫谢尔盖——一位世界知名的舞者。谢尔盖抛弃她的时候,娜塔莎对他非常愤怒,用破碎的瓶子割伤了他的脸。亚隆在两次晤谈中试图说服娜塔莎，她爱的不是前夫，而是她自己魔幻般的青春岁月，那时她是拉斯卡拉歌剧院的首席芭蕾舞者。《阿拉伯式舞姿》的幽默来自娜塔莎对亚隆的诸多批评，而亚隆好脾气地照单全收。娜塔莎将谢尔盖称为"生命的挚爱"之后，她又补充说："生命的挚爱不一定是发生在我有意识的生命中。你作为一个著名的精神科医师，这一点应该不会不了解吧。"亚隆承认："'是我的不对。'我发觉，她的揶揄反倒显得迷人、活泼。"过了一会儿，她指责亚隆"没在听"，没有掌握到谢尔盖是"神"这个重点，他翱翔在云端，高踞在每一个人之上。她觉得亚隆关于谢尔盖所说的那些话非常残酷，问亚隆是否对所有的病人都这样说话。亚隆说："何不将它看成是一种恭维呢？我在你身上看到的是力量。"娜塔莎很熟悉亚隆的书，她说亚隆是爱情的刽子手。亚隆反驳说他猎杀的并不是爱："爱的幻象才是我的猎物。"然后他引述了叔本华的一句话，将痴迷的爱情与使人盲目的太阳相比："到了晚年，当爱情黯淡时，我们才突然注意到被太阳掩盖、隐藏的灿烂星空。"娜塔莎欣赏亚隆的诚实，但还是忍不住说："再多几次这样的疗程，我就要坐救护车回家了。"晤谈结束时，娜塔莎问亚隆，如果还有问题，是否可以通过电子邮件或视频聊天再来找他？"当然。但请记住：我老了，所以别等太久。"

不确定性原理：《谢谢你，莫莉》

不确定性原理也称为测不准原理，是量子力学的名词，表示无法同时测量一个物体的位置和速度。我们通常不会认为不确定性原理也支配着心理治疗领域——除非我们读过《谢谢你，莫莉》。这个故事的一切都充满不确定性。莫莉是亚隆的长期管家以及万事通，负责各种杂务。她也是他生命中的"芒刺"。他解雇过她四次，但每次都不得不找她回来，证实了她声称自己对他"不可或缺"的事实。我们只能想象亚隆对她的恼怒和依赖。

故事以亚隆参加莫莉的丧礼开始。亚隆看见这么多斯坦福同事出席，他很惊讶。他记起莫莉有她自己一套严格的保密规范，从不透露其他客户的名字。丧礼结束，一位庄严的男子走向他："我是阿尔文·克罗斯，这是我的妻子莫妮卡，半辈子之前，我曾经找你治疗过。"亚隆尴尬地发现自己认不出这位前病人的脸或名字，他试图拖延时间，等记忆浮现。莫妮卡表示很高兴终于见到了亚隆，宣称她的婚姻和两个好孩子都是托了亚隆的福，这让事情更加神秘了。回到家，亚隆翻箱倒柜找出病人的档案，看到厚厚一沓关于阿尔文的治疗笔记，尽管阿尔文只进行了十二个小时的晤谈。接着，亚隆回想起1982年这个他在各方面都搞得"一塌糊涂"的个案。阿尔文为了好几个原因来进行治疗：长久不来往的弟弟刚刚过世；他和男人与女人都不亲近；强迫性的自慰并因此深感羞愧。阿尔文来找亚隆接受治疗主要是因为他听过亚隆针对癌症晚期病人心理治疗所发表的病例研讨。阿尔文是放射科医师，他承认："我就是写那些判决书的家伙。我写这种报告有好长一段时间了，五年了吧，与你的谈话让我对自己的工作有了不同的了解。"[1]他现在了解了当他

---

[1] 因为亚隆在病例研讨中提到病人从肿瘤科医师处得知放射线扫描结果，仿佛收到死亡判决书似的，所以阿尔文有此说法。——编注

宣判死亡诊断时病人的感觉，因此激起了他自己的死亡焦虑。

一开始的治疗很有帮助，阿尔文公开地谈到自己的生活。亚隆的医学训练让他知道如何收集病人的病史，需要检视病人的家庭、教育和成长过程。他自学的文学素养让他可以只用几段话就捕捉到病人故事的精髓。

阿尔文渴望有妻子和孩子，他过去几年和几位女性约会过，但是每一位女性一旦去过他家之后，就和他结束了原本很有希望的关系。为什么？阿尔文拒绝解释。这又是一个神秘之处。很快地，治疗来到了死胡同，他决定终止治疗。"问题不在你，欧文，而是在我。很简单，就只是有些事情我现在还不想谈罢了。"神秘感更浓厚了。亚隆无法接受阿尔文终止治疗的决定，要求知道他强烈抗拒的原因。"我几乎有点在敲诈我的病人了，但我停不下来。我的好奇心已经被点燃，一发不可收了。"读者的好奇心也被点燃了。阿尔文不肯告诉亚隆的到底是什么？阿尔文和莫莉的关系是什么？亚隆提出一个不寻常的建议，希望下一次晤谈在阿尔文家进行，故事越来越古怪。紧张的阿尔文说需要时间想一想。第二天早上，他打电话告诉亚隆要终止治疗。亚隆不断劝说，迫使他同意家访，并在当天晚上进入了阿尔文的家，他看到病人面对着窗户，羞愧到不敢面对他。

原来秘密就是阿尔文有囤积癖。他的房子里塞满旧电话簿、发黄的报纸、积了灰尘的书、医疗表格和X光片，亚隆几乎无法清出一条路走到他那边。亚隆提醒我们，在20世纪80年代早期，"囤积"还不是精神医学熟悉的主题。当亚隆提议帮助他时，阿尔文已经

"掺杂着羞耻与愤怒"断然拒绝。亚隆很懊恼自己竟然如此逼迫阿尔文，于是请教一位同样是精神科医师的朋友以帮助阿尔文了解自己的苦恼。关于放射科医师囤积癖的故事看似到此结束了。

然而，在莫莉的丧礼上，故事意外地继续了下去，那是几十年来，亚隆首次与阿尔文重逢。阿尔文是如何反转了自己的生命的？后来两人同意相约喝杯咖啡。阿尔文很意外亚隆竟然不记得他改变了放射科医师人生的建议。亚隆在最后一次晤谈一两天之后，打电话给阿尔文，告诉他一个可以帮他把家里——以及他的人生——恢复秩序的名字。莫莉为阿尔文工作三十年，打理他的家、账单和税务，直到过世。阿尔文满怀感激地对亚隆说："是你把我的人生扭转过来的，你给我的太多了。但最重要的，是你给了我莫莉。"

退休牢狱：《别把我圈进去》

《别把我圈进去》里的里克·埃文斯七十多岁了，以前是公司执行长，他在这场治疗开始时感叹道："你那本书，《直视骄阳：征服死亡恐惧》很有力量，非常有力量。尤其是对我这个年纪的人。我会在这里，全是因为这本书。"就像保罗·安德鲁一样，里克懂得如何巧妙地表现出不屑。由于他们只做一次晤谈，为了努力加速治疗，亚隆决定自我表露，分享年老所带来的磨难。亚隆四十岁时因为视力出问题去看眼科医生，医生跟他说："啊，年轻人，时候到了，老花眼。"里克回道："好故事。我好像在你的哪一本书里读到过。我懂你的意思，但这根本和我无关嘛。"

里克退休了，搬进一所养老院，他发现自己有"严重的长期适应不良问题"。亚隆认为他放弃先前的随性生活方式，住进一家高度结构化的养老院，致使死亡的念头直接与他连在一起，对此里克驳斥为毫不相关。"我从没把它想成监狱。它经营得很好，好得不得了，我若要离开，随时都可以。"

《浮生一日》里有好几个故事让亚隆有机会写到自己，包括身为作家的生活。里克指责亚隆忽视随性的重要，但是治疗师不同意，亚隆很开心地承认自己在生活中多么重视随性："以我个人来说，我是十分珍视随性的。我写作时就很依赖它，某些突然冒出来的东西以及出其不意地转个方向，我都极为重视。事实上，我爱死它了。"亚隆认为，里克的问题不在于太热爱随性，而是拒绝面对必死的命运，但养老院的生活天天都在提醒他这点。这场治疗让亚隆感觉像是一场竞赛，里克终止治疗，显然没有获得什么帮助。四个月后，亚隆收到一封电子信件，里克感谢治疗带来的见解，并附上了《别把我圈进去》这首歌的歌词，其中含有一句警长说的话："我要把你送进牢里去。"①

行为并非想法：《给孩子们做个榜样》

《给孩子们做个榜样》显示出一句话可以造成惊人的差别。故事从亚隆关于阿斯特丽德的描述开始，亚隆担任她的治疗师与督

---

①里克在晤谈时只对亚隆唱了《别把我圈进去》这首歌的第二段，完全跳过第一段里警长的这句话。而且里克表示"随性"是他的本性。——编注

343

导超过十年。亚隆在她哥哥与十六岁儿子的先后死亡后帮助她看清楚一些事。当阿斯特丽德因为自身免疫造成的严重肝病卧床时,亚隆到她家里探望她。阿斯特丽德将自己的康复归功于肝脏移植和一位坚持严厉的爱的护士,这位护士在她耳边低声说:"给孩子们做个榜样。"阿斯特丽德认为这个建议是她生命的转折点。阿斯特丽德的肝脏移植很成功,不久之后她却因为脑内动脉瘤破裂而猝死。亚隆去参加了丧礼,离开时,阿斯特丽德的护士贾斯汀走近他,告诉他阿斯特丽德送了她一本《叔本华的治疗》。"你是否还接病人?"亚隆对她所提的这个问题有点恼火,因为这等于是在提醒他年纪大了,但他还是同意治疗她,心想她是不是那位帮助阿斯特丽德的护士。

第三次,也是最后一次晤谈时,亚隆决定打破保密原则,问贾斯汀是不是那位对阿斯特丽德耳语而改变了她生活的护士。贾斯汀对这个问题感到震惊,沉默了好一会儿才说:"是的。"接着亚隆便向她解释为什么她的话对于阿斯特丽德是"无价的礼物":"她说,就那一瞬间,这句话奇迹般让她跳脱自我、想到了别人,生出某种意义,让她知道即使自己就要死了,还是有些东西可以给她的家人——她可以示范如何面对死亡。"贾斯汀简直说不出话来。她最后终于说:"老天爷,这真是天底下最残酷的玩笑。"她不是在阿斯特丽德耳边轻语,而是声嘶力竭地说的。为什么?因为她嫉妒阿斯特丽德的富有和众多家人。"她可怜?我才可怜。恶毒的嫉妒,我真被她气得半死。"

治疗师要如何回应贾斯汀的坦白?其他人会如何回应?《浮生

一日》的部分力量在于每个故事都让读者思考，如果自己处在亚隆的位置会有什么样的反应。许多治疗故事都引出心理和道德上令人苦恼的问题。亚隆能够对贾斯汀说出什么既有同情心又诚实的话？他要如何避免让她对自己的感觉更糟糕？每一个心理治疗故事都挑战读者预先猜测亚隆的决定。

亚隆提醒贾斯汀，虽然她对阿斯特丽德怀有矛盾的情绪，但她毕竟还是让阿斯特丽德获得了巨大的安慰。"到了最后，真正算数的是行动而不是思想。"亚隆邀请她做一个想象实验，回想她这一生服务过的病人。然后亚隆引导她想象她帮助过或改变过的所有人。贾斯汀安静点头同意。①故事结束时，亚隆表示愿意在未来成为贾斯汀的导师，希望她接受这个邀请。

翻过黑暗的书页：《放弃指望过去会变好》

下一个故事《放弃指望过去会变好》提供了关于两位作家的见解：一位是亚隆的病人，另一位是他自己。萨莉是物理技术员，六年前跟亚隆做过四次晤谈，亚隆帮助她度过因父亲过世而悲伤的那段日子。那时候，她没有提到自己想当作家。然而，她现在快要过六十岁的生日了，她想要从现在的工作退休，追求一生的梦想。"我已经下定决心要把写作放在第一位。"她一辈子都偷偷写些诗

---

①故事中贾斯汀觉得自己对周遭的人充满邪恶、愤怒的情绪，所以远离他人而极为孤单，于是亚隆在想象实验中引导她看见自己对许多人其实有实质的帮助，与她对别人的想法无关。——编注

和故事,但是很怕拿给任何人看。十八岁时,她获得某个新人写作奖,但是她一直觉得自己不值得获奖,认为自己是个冒牌货。她用两个盒子装她所有的作品,一个盒子封起来,放在别人看不见的地方,里面都是她从青春期到大约十五年前的旧作;另一个盒子装的是最近的作品,放在桌下,"随时待命打开"。亚隆几乎控制不住想读她的作品的热情。但是他警告自己,要小心,"千万不要过度认同"。萨莉在少女时代就开始写诗和故事。十四岁时,她发现父亲曾经翻她的房间,把某些作品拿走,藏在他放毛衣的抽屉里。于是她把自己的诗全都烧掉了。亚隆惋惜道:"你对自己还真是残暴!"为了打消她毁掉另一堆写给她的魔鬼情人奥斯汀的诗,亚隆表露他自己有一个大档案夹,名为"碎片",专门放一些从他的小说和故事中淘汰的材料。没有任何证据显示亚隆有囤积癖,正如之前的阿尔文那样,但是他无法抛弃没有被放进书里的材料。

萨莉很怕重读自己写的故事,尤其是自传体的《巴士行》,其中描述了她十三岁考虑自杀的那一天。她害怕重读这个故事以及她的其他灰暗文字创作,那会将她带回过去,但是亚隆承诺她,他会安全地把她固定在此时。她打开旧作的盒子,念了一首1980年写的诗。亚隆听了之后眼睛涌出泪水,一反常态地一时之间无话可说,然后宣布他很喜欢这首诗。"能够共同拥有这样可贵的关键时光是何其有幸!而倾听她读她的诗又是何等享受。我是个音盲,不懂得欣赏音乐会或歌剧,但却喜爱口说的文辞——戏剧,特别是,诗的朗读。那一天,在这里,有人付钱给我,让我出席了这场盛大演出,聆听精致的诗行。"

为了说服萨莉不要因为她写给奥斯汀的诗是基于一段很快就破裂的恋情就觉得自己是在行骗，亚隆提供了自己对艺术创作的见解："我告诉她，粪堆之转化为美乃是艺术的胜利，如果没有错爱、死亡、绝望与迷失，绝大多数的艺术都不可能诞生。"我们都很难找到另一段由艺术家或理论家表达的关于艺术创作的文章，能够将更多的意义浓缩进一句话中了。亚隆说服萨莉不要再销毁她为奥斯汀写的诗，他理所当然地觉得自己像个"英雄，从烈火中拯救了一批珍贵的古代手稿"。亚隆是个英雄，至少从另一方面来看很有创意：他把萨莉的故事写了出来，将她错误的热情与绝望转化为一个动人的故事。亚隆的故事结尾有个转折。萨莉让亚隆读了《巴士行》，但不是原先的那一篇（她找不到那篇了），而是她前一天重新写的。在修改后的结局中，慈悲的司机买了一瓶可乐给萨莉，邀她坐在他旁边靠近暖气的座位，在那天剩下来的时间里陪着他来来回回，浑然不觉他拯救了萨莉的生命。亚隆认为："你走出了一条极为出色的道路。"亚隆故事的最后一行，是萨莉说的话，而那是他听过的最美好的称赞："这也没什么难的，如果你碰到了一个好心的巴士司机。"

临终的示范：《去你的，你才得了绝症：向埃莉致敬》

亚隆对于他的两个爱好——存在心理治疗及写作——在协同合作中彼此互补的状况写过很多了，但是他从未暗示过身兼治疗师和作家会有利益冲突。这就是为什么《去你的，你才得了绝症：向埃莉致敬》如此吸引人。故事发生于亚隆隐居在夏威夷写作一个月的期间，他接到病人埃莉写来的"道别信"，宣布她决定不吃不喝以加速死亡的到来。亚隆早就知道她即将死去；五个月前，亚隆第一次与她见面时，埃莉告诉亚隆自己得了卵巢癌，只剩下不到一年可活。但这封信仍然让亚隆吓了一跳。

埃莉是科学作家兼编辑，很有才华，文笔很好，从她写给亚隆要求做几次晤谈的电子信中就看得出来。亚隆立刻同意与她晤谈，但是有一个问题：她无法负担费用。他提供了一个选择，就像四十年前与金妮·艾肯相同的交换条件：他愿意提供免费治疗，只要她同意为每一次的晤谈写一份摘要，而他也会写摘要；然后在下一次晤谈之前，把摘要用电子信件寄给对方。这个建议让埃莉很高兴，她立刻欣然接受。亚隆也同意了她的要求，会一直与她见面直到她过世；这是他从未遇过的大胆要求。令人失望的是，六次治疗晤谈的摘要让亚隆觉得"泛泛无甚高论"——在萨莉看来，可能是因为她越来越疲惫了，而且摘要中"满是"对亚隆不收费的感激；在亚隆看来，这显然是因为她"根本没有精神投入"。他担心在她即将死亡之际去评论她的摘要并不恰当。在这期间，亚隆"完全投入"在另一本著作的收尾工作上。而且，当埃莉病弱到无法出门时，亚隆没有去家访，这让他觉得有罪恶感。

别的治疗师作家可能不会写到埃莉这样的个案，或是让故事结束在她的道别信就好了，以显示她的满心感激之情。但亚隆让我们感到惊讶，第一，他承认，在埃莉死前，他放下进行中的小说去重新阅读她的文字；第二，他承认自己在第一次阅读时无法赏识她的文字。在决定把埃莉的文字放进《浮生一日》这本书里之后，他打电话请求她允许。她很高兴，只有一个要求，与《直视骄阳》里临终的精神科医师杰夫一样：用她的真名发表，而不是笔名。她是《浮生一日》里唯一一个亚隆没有改换名字的病人。亚隆写出埃莉的故事，更像是要纪念她，而不是要从中萃取治疗的精华。亚隆引述了几段她的文字，包括第四次晤谈摘要："对方明明是个对临终认识不深的人，你却不得不跟他解释自己的情况，这种情形我很不喜欢。欧老让我很自在，他不怕跟着我一同进入幽暗。……我需要的是那种可以坦然凝视着我的人。欧老就很懂得这一点。他的眼神从不闪躲。"

凝视临终病人的眼睛，让人想到拉罗什福科对于凝视烈日的隐喻。但亚隆指出，这里有个深刻的讽刺。埃莉很感激亚隆愿意免费治疗她，他的陪伴帮助了她。然而，亚隆相信他因为自己的死亡焦虑而转身离开埃莉。他一开始无法欣赏埃莉的文字，并不是因为这些文字拘谨、没什么启发，而是出自否认的力量——他自己的否认。他错误地责备埃莉在治疗中缺乏亲近感，事实上，应该受责备的是他。"我才是问题所在。我在保护自己。"然而，矛盾的是，他的否认让他得以完成自己的工作。故事中还有一个讽刺之处。在思索自己对死亡的恐惧时，亚隆意识到他在跟自己的第一个治疗师奥利芙·史密斯长期进行分析时，没有一次提到过死亡焦虑。"真是难以置信！我的定数——人生最可怕的事实——在那么长的分析中，竟然从来没有浮现，一次都没有被提到过。"亚隆猜测，当时已经七十多岁的奥利芙·史密斯可能是在保护她自己免于面对必死

349

的恐惧。同样令我们惊讶的是，亚隆相信自己也让罗洛·梅在与他的治疗中感到焦虑。

目光超越标签：《一哭、二哭、三哭》

《浮生一日》里最短的故事《一哭、二哭、三哭》只有八页，主题是在抗议精神医学诊断或不针对个人而表达的爱造成了个体性的丧失。多年前，海伦娜和亚隆只晤谈了一次，但是给他留下难以磨灭的印象。晤谈一周前，海伦娜达到了人生的象征性里程碑，通过了国家考试，成为有执照的合格临床心理治疗师。她悲伤地告诉亚隆，里程碑未必都是好事，然后解释她为什么满心悔恨。

海伦娜有个十五年的"资产阶级婚姻"，却一心想念着之前的情人比利；他三个月前因为脑癌过世了。与萨莉为之写下情诗的魔鬼情人奥斯汀并非完全相像，但比利和海伦娜一起共享过许多激情的时刻。当海伦娜用自己全然不同的"治疗师的眼光"看着她最喜欢的比利的照片时，她忽然明白了，比利可能有躁郁症，而他们一起做过的"狂野的事情"可能"只不过是……"。海伦娜无法把话说完，开始哭泣起来。她描述自己收到比利死前不久写给她的信，信中说海伦娜对他意义重大，却让她感到幻灭，这时海伦娜再次哭了起来。比利那封信寄给了一百一十三个人，因此他们之间的友谊的特殊性很令人怀疑。几分钟之后，海伦娜第三次哭泣，她告诉亚隆，她和比利的出生时间只差了几小时。"我还在这里，而他却死了，这完全只是凑巧。事情有可能刚好相反。"

要不是之前已经用过了，亚隆大可以把这个故事取名为"爱情刽子手"，但是在这里，他采取了另一个方向，反对精神医学所赋予的标签："我了解你现在有多么不平衡。那么多年来，在你眼中，你的人生始终就只有那一种，而现在你突然面对一个全新的、完全不同版本的现实。"亚隆的见解安慰了海伦娜，因为她觉得被了解了。《浮生一日》里的故事让我们看到了巨大鸿沟，人们无法了解彼此，甚至无法了解自己，但亚隆的清晰洞察力缩减了与海伦娜之间的鸿沟。亚隆观察到，比利临终时可能觉得孤单绝望，他试图联络所有朋友的努力不是为了摧毁与海伦娜之间的独特关系，这让海伦娜感到欣慰。于是，比利终于回到他"多姿多彩的过去"——故事就此戛然而止。

每一天给自己的讯息：《浮生一日》

正如《浮生一日》所示范的，通常一本心理治疗故事的书里，与书名同名的那个故事会很特别。贾罗德·哈尔西在大学主修哲学，现在是皮肤科医生，他来找亚隆是因为读过这位治疗师的小说。贾罗德不像《叔本华的治疗》里的菲利普·史莱特那样受到贪得无厌的性欲驱迫，但是他觉得自己是个"蠢货"，因为他正在考虑和最近切除了乳房的玛丽亚结束关系。贾罗德无法决定自己想和玛丽亚还是另外一个女人艾丽西亚做出承诺。两个女人都以为贾罗德打算和自己结婚，事实上，贾罗德不确定他想跟她们中的哪一个在一起。

跟菲利普一样,贾罗德宁愿和自己的治疗师进行抽象的哲学辩论,也不愿严格地自我检视。贾罗德承认,他不愿意在治疗时说任何可能让亚隆对他有不良印象的话。他将亚隆理想化,希望亚隆认为他很聪明,有一个光明的前程。亚隆自忖,如果贾罗德这么不愿意表达心中的困扰,那贾罗德要如何从治疗中获益呢?

为了处理这个问题,亚隆决定用一个非正统的策略:念一段古罗马皇帝马可·奥勒留《沉思录》里的文字,说服贾罗德不要在意别人对自己的看法。这位古代哲学家知道,只有自己对自己的看法太在意才会造成伤害。亚隆用这个策略成功治疗了他同时在治疗的另外一位病人安德鲁。但是贾罗德觉得这些哲学内容和他自己的生活搭不上边。为了增加亚隆对他的好印象,贾罗德改而重提一个他在达特茅斯大学询问教授的问题:马可·奥勒留心中有没有读者。亚隆默然思索着,对于贾罗德还在试图美化他在亚隆心里的印象而感到厌烦。尽管如此,亚隆还是回答了贾罗德的问题:"据我所知,根据学者的研究,奥勒留会不断温习这些章节,主要是把它当成一种日课,强化自己的决心,规范自己的生活。"

亚隆的解释对于治疗进展毫无帮助,他因为策略失败责怪自己:"他在紧急关头找上门来,我却跟他掉书袋,自命不凡,念一个2世纪哲学家的玄学给他听。这简直就是业余人员才会犯的毛病!我到底在指望些什么?单单念马可·奥勒留的文句就可以神奇地启发他,快速地改变他吗?"亚隆对治疗失败承担全部的责任,比读者认为他应负的责任要大上许多。越来越受挫折的亚隆,请贾罗德在下一次晤谈之前,思考"不知道自己要什么"和他"渴望获得亚隆赞许"之间的关联。

亚隆提出的问题的震撼效果让贾罗德因此有了突破,贾罗德发现自己一直在指望治疗师找出他生命中想要什么,而不是自己去找出来。然后他打开一个文件夹,让亚隆看他从《沉思录》里抄录的几段和他人生有关的文字。贾罗德念出这些段落给亚隆听,亚隆明白这次晤谈是上次晤谈的镜中影像:"今天是他读我听。"贾罗德拒绝了亚隆的要求,不肯解释这些段落如何具体影响了他,但是他对于奥勒留每日自省的习惯有一个敏锐的观察,"上个星期我提出问题:'他是写给谁的?'现在我知道了。很显然地,他的沉思是他发愿要过美好生活,从他内心深处每天传达给自己的信息。我认为你指的就是这个。没错,现在我也希望自己能做到这一点。我非常崇拜他。我还能说些什么呢?"贾罗德可以说得更多,他对奥勒留个性的观察也可以应用在亚隆身上。我们无法想象有人比亚隆更勤于每日自省。亚隆的沉思写作也是发自他愿好好生活的内心深处每天传达给自己的信息,同时也传达给读者,无论读者是不是治疗师。

治疗师的乐趣

亚隆的智慧充满了喜悦:身兼心理治疗师和作家的喜悦。亚隆所有的心理治疗故事都反映了他对成为一位治疗师的热爱。让亚隆的喜悦变得非比寻常的原因,正如密歇根大学精神医学临床指导迈克尔·舒尔曼(Michael Shulman)发表在2016年《美国心理分析协会期刊》(Journal of the American Psychoanalytic Association)的一篇文章中指出的,在于分析师常常说他们的工作"耗损、痛苦、很难忍受,而其乐趣则鲜少提起"。舒尔曼针对从弗洛伊德时期到当前的心理分析所做的研究显示,许多,或许是大部分"分析师的日常工作经验及困难可能导致这样一个结论,那就是这个行业特别痛苦,而且分析师的工作通常很难忍受,很容易让他感觉倦怠"。

读了《浮生一日》就知道,亚隆治疗病人时感到无上快乐。他非常喜欢顿悟的时刻、微妙的启示。例如,他在《扭曲的治疗》里发现,并不是他在访谈保罗·爱德华,而是病人在访谈他。亚隆深受保罗的吸引,而其他治疗师可能只会觉得沮丧、愤怒或厌烦。在《虚实人生》里,亚隆很享受和查尔斯分享自己的人生,让治疗师得以和另一个人建立联系,带来一场真诚的、肯定生命的相会。在《阿拉伯式舞姿》里,亚隆非常喜欢与娜塔莎对答如流,陶醉于与她的幽默风趣相匹配的笑话。虽然在《谢谢你,莫莉》里犯了治疗上的错误,但亚隆仍然很高兴自己帮助了阿尔文。在《别把我圈进去》里,亚隆对里克承认:"能够帮助别人,我感到很幸运,特别是那些人面对的问题正好是我自己也要处理的——衰老、退休、配偶或朋友的去世、思考自己的死亡等。"在《给孩子们做个榜样》里,贾斯汀可能原本无意让她对阿斯特丽德耳语(或声嘶力竭地说)的话成为"无价的礼物",但是亚隆的故事为许多人提供了乐趣,包括亚隆本人。在《放弃指望过去会变好》里,亚隆听到萨莉朗读自己写的诗和故事时感到非常开心,甚至为享受与她的对话而感到内疚。在《去你的,你才得了绝症:向埃莉致敬》结尾,亚隆表示可惜无法和这位"有伟大灵魂的女性"有更多的晤谈。在《一哭、二哭、三哭》里，亚隆提醒海伦娜，她所说的话感动了他。在《浮生一日》里，亚隆有两次的顿悟经历，一次是跟安德鲁，另一次是跟贾罗德，都让他觉得"谦逊与惊奇"。

我们在亚隆的这些故事里看到，治疗师和病人的亲密不需要越界。治疗师想要写病人也不一定是利用或爱的表现。亚隆不只是宣称他对心理治疗的爱，而且在每个故事都明显流露出来。对亚隆来说，治疗是一场冒险，充满心智与情绪的挑战。每一种冒险都有危险，心理治疗也不例外。亚隆的某些心理治疗策略带有风险，但是成功多过失败，甚至连失败也可以成为学习经验。

结论

《欧文·亚隆的心灵疗愈》与《成为我自己》

《欧文·亚隆的心灵疗愈》是2014年的纪录片，《成为我自己：欧文·亚隆回忆录》是2017年出版的回忆录，这都让我们得以亲近治疗师八十多岁的生活。由萨宾·吉西格（Sabine Gisiger）导演的纪录片，开始和结束的镜头都是大船和帆船慢慢驶过曼哈顿岛，背景配乐是挪威作曲家格里格（Edvard Grieg）轻快的《培尔·金特组曲》（*Peer Gynt Suite*），接着，亚隆提出挑战性的治疗问题：如果你画出一条线，以你的生命为开端，以你的死亡为终点，那么，你现在正在哪里？亚隆承认，这个问题或许很吓人，不过它突显出一个人对人生的"时程安排"。他又提出一个有意思的治疗问题：许多人充满了遗憾，如果我们明年此时再次相见，在这段时间里，你会做出什么改变，以免人生再有任何遗憾？

出生于瑞士的萨宾·吉西格接受企管顾问苏妮塔·塞赫米

（Sunita Sehmi）的访谈时说，她想要拍一部纪录片，像她阅读亚隆的书籍一样以宣泄的方式影响观众，一部"启发观众思考自己和自己的存在"的影片。吉西格因为父亲过世以及自己的离婚而感到极度悲伤和哀痛，她偶然间看到了《爱情刽子手》，这激发出她拍这部纪录片的想法。阅读亚隆的治疗故事"帮助我了解别人，更重要的是，了解我自己。我想要把我感受到的安慰传递给别人，于是就开始了拍摄过程"。《欧文·亚隆的心灵疗愈》是对治疗师的工作及生活的温柔致敬，是一幅透露出成熟的存在的秋季肖像画。

在纪录片中，治疗师坐在加州帕洛阿尔托林木环绕、风景如画的工作室里，从事着他的两大爱好——与病人进行心理治疗和写作。我们看到他坐在书桌前，书架上满满都是临床精神医学和哲学书籍。我们看到一位头戴招牌卡其色高山帽、衣冠楚楚的老头绕着斯坦福和帕洛阿尔托慢慢地骑着自行车。我们看到他在夏威夷隐居写作时优雅地浮潜。我们看到一个世纪前，移民进入美国的档案照片，暗示他的父母通过邻近纽约市、昔日移民涌入所必经的埃利斯岛（Ellis Island）来到美国。我们从家庭录像带里，看到他的父亲、母亲以及他们在华盛顿的落脚处——一间小杂货店的楼上。我们看到年轻的欧文·亚隆和玛丽莲·柯尼克的照片，他们才十四岁便开始约会；也看到1954年快乐的新郎与新娘。我们看到他用奶瓶喂婴儿吃奶，妻子在一旁满足地看着他，从他嘴里拿走香烟。我们看到他和妻子以及四个孩子、五个孙辈一起在法国东南部城墙环绕的安静村庄梅内尔布度假。

七十四分钟的纪录片，探索了亚隆生命的好几个方面：他和父母之间的冲突关系；他决定成为心理医生，主要因为这是追求作家梦的最佳途径；他和妻儿的关系；他对心理治疗和写作持续的投入以及他对于衰老和死亡的想法。有时，《欧文·亚隆的心灵疗愈》像是治疗晤谈或是哲学课堂；纪录片的冥想特质主要会吸引想要对亚隆的人生有更多了解的人，但是他们不会从中获知多少他对心理治疗、小说或非小说创意写作的贡献。

欠缺基础

亚隆肯定此刻此地的治疗方式，但是在一场大型研讨会中，有人问到"你自己人生故事的有趣转折"时，他回到了自己的源头："你知道，我得到很多夸赞和荣誉，但是这些对我的某些方面来说非常不贴切。"他说话的时候，屏幕上呈现出他的父母本杰明和露丝·亚隆的照片。"我的父母完全没有受过教育，所以我总是觉得我的背后没有任何基础。这有一点不稳定。无论我多么成功或是我的书多么受欢迎，我心里总有一点不安。这真的是我吗？我真的做了这些事吗？"

亚隆在纪录片后面又回到缺乏父母关爱的议题上，透露出缺乏基础的得与失。"你成为你自己的创造者、自己的父亲、自己的导师，这个事实会让人感到非常骄傲。这可以给你很多满足感。另外，会有一种渴望，可能是某种生命早期的渴望，渴望有导师或父母引导你，并一路上陪伴着你。"亚隆生命早期缺乏引导的事实持续让他感到哀伤，但他对病人正是扮演着这种角色。"我是自我探索旅程中的引导,而我能够成为引导,是因为我走过这个旅程。"

从纪录片中浮现出来的印象和亚隆所传达出来的自我模样是一致的。他直率地承认他和父母的关系有问题,尤其是与母亲之间的关系。虽然对他们之间的关系很失望,但亚隆承认还是无法将母亲从自己心里驱逐——正如他在《妈妈及生命的意义》里的梦境中所透露的那样。接着他告诉我们,对于有事情未完成的人而言,哀悼会更为困难。在回顾时自问,他是否可以做什么事让母亲的生活更加快乐,他说:"那两年我可能应该和她说说话。"

毕生关系的开始

亚隆不想拥有他父母那样的婚姻。"我不想重复被动的父亲和过度攻击型的母亲那样的循环……玛丽莲是一个有自己想法的人,但是完全不会想压制我。"

吉西格的纪录片将欧文和玛丽莲过去与现在的照片并置在一起。纪录片捕捉了他们与对方共处时的愉快,这是一份随着时间过去只会愈渐增加的喜悦。两人之中,欧文比较放松、含蓄,玛丽莲比较随性、活泼、大胆。我们看着他们裸身坐在热水浴缸里,轻松且享受。为了避免影片变成枯燥的学术性记录,玛丽莲露齿笑着说,拍摄人员应该让观众看到亚隆是一个有血有肉的人。亚隆机智幽默地用诊断的口气说:"我认为你很爱表现。"玛丽莲向他靠过去,开玩笑地说:"嗯,或许吧,或许有这个可能噢。如果我没有观众,那有什么意义?"

纪录片提供了关于亚隆婚姻早期的新信息。玛丽莲解释道，"我爱上的不是他的长相，而是他的个性：他很有意思"。亚隆在接受《赫芬顿邮报》的特伦斯·克拉克的访谈时说，他和玛丽莲的友情一开始是因为他们都热爱阅读。他们喜欢同样的作家：陀思妥耶夫斯基、狄更斯和斯坦贝克。他很确定玛丽莲就是他想要的女人："十六岁时，我就跟一位朋友打赌，我会和她结婚。"玛丽莲说，有些女孩觉得亚隆"有点像书呆子"，还加上一句解释，说这个名词在20世纪50年代尚未出现。"他的另一个优点就是他喜欢我，而且他看起来很安全。"这个时期，欧文比较迷恋玛丽莲。整个中学时期，他已经"情定"玛丽莲一人了，但是他不确定玛丽莲是否情定于他。

在相处的最初几年，他们面临的挑战是磨合各自个性上的差异。玛丽莲比较外向，喜欢社交、有自信，欧文则沉迷于学术研究。在他们青春期的照片和影片中，欧文看起来显得紧张、严肃，一个等不及要闯出一番名堂的年轻人，而玛丽莲看起来妩媚，有着迷人的微笑。在一张照片里，玛丽莲对欧文伸出舌头开玩笑。玛丽莲读韦尔斯利学院时，很想和别的男人约会。她朗诵一封看来是写给亚隆的旧信件，里面说道："我们在非常非常年轻的时候遇见了彼此，不管你怎么想，如果过去六年里我没有认识并享受其他男人的话，我现在会非常后悔。"玛丽莲在大学时的约会经验让她确定，和其他男人在一起时她可以掌握自己。不过，欧文无法理解为什么她需要和别的男人在一起。"很不幸，你无法了解我享受与其他男人在一起这件事并不会减少我对你的感情。事实上，我可以享受和别人的关系并从中获益,而你却不行。"虽然玛丽莲认为自己的女性主义思想来自女儿伊芙,但是年轻的玛丽莲似乎就已经有20世纪50年代女性主义原始的鉴别能力。

欧文·亚隆直接表明,他强烈地想要取得学术成功的驱力排除了其他活动。"我总是在读书。大学和医学院对我来说很可怕,医学院只会录取百分之五的犹太学生,所以我必须成绩非常好才能进得去。"

亚隆写过他在自己生命的某个阶段体验到强烈的焦虑,他的妻子也在影片中确认了这一点。"我想,有些人内在就有一股焦虑。以欧文的例子来说,他的焦虑可能表现在不耐烦或觉得他就是必须证明自己。他无法感到轻松自在。"亚隆也同意:"我开始念医学院的时候,总是十万火急——急着念完医学院,急着结婚,把我遇到的这个漂亮女人给定下来。"

玛丽莲·亚隆

比丈夫小一岁的玛丽莲·亚隆念过韦尔斯利学院、索邦大学和哈佛大学。她拥有约翰斯·霍普金斯大学的比较文学博士学位,曾在加州州立大学系统里担任法文教授,现在是斯坦福大学克莱曼性别研究学院(Clayman Institute for Gender Research)的资深学者,并于1984年到1985年担任主任一职。1975年,夫妻二人一起在斯坦福开了一门讨论"文学与心理学里的死亡"课程。身为文化历史学者,玛丽莲写过十二本书,被翻译成二十种文字。2008年她的著作《美国的安息处：从墓园看美国的四百年历史》(*The American Resting Place: Four Hundred Years of History Through Our Cemeteries and Burial Grounds*)获得加州众议院颁发的感谢状，上面写着："向文学中的非凡领导地位以及持续致力于维护阅读质量的奉献致敬。"该书里的照片都是由他们的儿子里德·亚隆（Reid Yalom）拍摄。1991年，法国政府颁给玛丽莲学术界棕榈叶勋章（Officier des Palmes Académiques）。2012年出版的《法国人如何发明爱情》(*How the French Invented Love*)入围美国大学优秀学生联谊会高斯文学奖（Phi Beta Kappa Gauss Literary Award）和美国巴黎图书馆好书奖（American Library in Paris Book Award）。2015年出版的《闺蜜：女性情谊的历史》(*The Social Sex: A History of Female Friendship*)采取了文化历史的角度，看待西方世界的女性友谊。

《法国人如何发明爱情》是一部复杂的文化历史，也呈现了玛丽莲掩藏不住的幽默感。玛丽莲回忆了和畅销书作家伊丽莎白·巴丹特尔（Elisabeth Badinter）的一次对谈，当时巴丹特尔长期从政的丈夫罗伯特被选为法国国会议员。当玛丽莲"不假思索地"询问罗伯特的年纪时，巴丹特尔用微笑打断她的问题说："他六十八岁了，像神一般英俊。"玛丽莲对她"公开表露感官之爱"感到惊讶，便针锋相对地回答说："美国女性不会像你刚才那样说。"当被问及美国女性会怎么说时，玛丽莲戏谑地说："更可能会说，他六十八岁了，烦人透了。"两个女人便爆笑起来。

玛丽莲·亚隆在《法国人如何发明爱情》中数次提到自己的婚姻，也透露了婚前的两次恋爱经历。她回想起在法国图尔和天主教男友一起去参观一座教堂,当时两人都在国外留学,她正在念大三,她还附加说明:"一位友善的牧师以为我们是寻求婚前咨询的情人!"这本书将近结束前,她忆起二十岁时在法国与一位挪威人的另一场恋爱,还提到四十年后在电话中,他们立即认出彼此的声音。

玛丽莲·亚隆指出法国和美国心理治疗的一个重大差异。法国人认为爱与性应该保持神秘感,这限制了伴侣能够对治疗师坦白的事情。她提到一位巴黎的家庭治疗师对坦率讨论这些主题表达的惊骇。"他说:'对伴侣保持长期兴趣的重要因素就是神秘感。为了让婚姻保持活力,我必须觉得我的妻子永远有我所不知道的部分。'"这位治疗师将婚姻描绘成两个相交但没有完全重叠的圆圈。他说:"在法国,当我们想到'这个关系'时,两个圆圈之间的交集很少超过三分之一。这里的已婚人士不但有权拥有自己的隐私,而且必须有私生活,才能保持对彼此的兴趣和吸引力。"

亚隆夫妻有许多共同的学术兴趣,但是从早期的学术训练开始,就各自朝着不同的方向前进。"曾有一阵子,我对欧文的专业范畴极感兴趣。我从心理分析角度诠释过乔伊斯的《尤利西斯》,然后我从教授文学转向女性研究。对于别人,如果有好的治疗师,我会认为接受心理治疗是明智之举。但是对于我来说,或许我的私人生活里已经拥有太多了,所以那不是我所需要的。"在这段叙述之后,我们看到玛丽莲去上瑜伽课,这是她偏爱的减压方式,瑜伽老师还在一旁告诉她:"对你周围的世界保持敏感,就像你对身体的察觉一样。"

玛丽莲·亚隆深刻的心理学见解丰富了她的女性主义和文化研究，正如她在《法国人如何发明爱情》中讨论普鲁斯特时对"爱情病"（love-as-sickness）和"相思病"（lovesickness）的区分：

> 爱情病比相思病更危险。相思之人因为见不到爱人或是爱人不在乎他而憔悴，这个状况通常因为赢得了爱人或是找到了另一位爱人而终会过去。和相思病相反，爱情病暗示着这个人毫无希望了。他或她会在爱情中一直受苦，永远不会达到"健康的"爱情状态；健康的爱情至少需要关怀一下对方的幸福。普鲁斯特笔下的角色太沉浸于自己的内在痛苦，以致无法以任何成熟的方式关怀另一个人。

传奇的婚姻

亚隆夫妻享受着长久而亲密的婚姻并不令人意外，这从他们在各自的许多书中感谢对方的帮助便可推断出来。欧文在《爱情刽子手》中认为妻子"一直都是我最严格的书评家和最坚定的支持者"。他在《当尼采哭泣》中对此更予以详细说明："我的妻子，总是我的第一位，也是最彻底、最不留情的书评家，在这本书中她更超越了她先前所做的——不但从初稿到定稿都持续提供批评，还建议了书名。"他将《给心理治疗师的礼物》献给"玛丽莲，超过五十年的灵魂伴侣且仍将继续"。岁月累计的快乐在《浮生一日》继续下去，献给"玛丽莲，结婚六十年，但愿更长久"。

在玛丽莲的引述、献词和致谢中，真情真意毫不逊色。在1985年出版的《生产、死亡与关于疯狂的文学》（*Maternity, Mortality, and the Literature of Madness*）一书中，她在讲述美国诗人普拉斯（Sylvia Plath）的章节中引述了丈夫的文字，"身为心理医生，欧文·亚隆写过：'失去父母让我们接触到自身的脆弱；如果父母无法拯救他们自己，谁还能拯救我们？'"她在1997年出版的《乳房的历史》（*A History of the Breast*）的献词是吸引人的头韵体："给欧文，至永远。"（For Irv, For ever）在2001年出版的《太太的历史》（*A History of the Wife*）的结尾，她嘲讽地致谢道："一如既往，我总是仰赖我的丈夫欧文·亚隆——斯坦福精神医学系荣誉教授——仔细阅读我的手稿，并在我们意见相左时与我进行热烈的讨论。和他结婚四十六年了，我已经开始了解小小的'妻子'一词中埋藏的过多含义。"她以中古时代的文字将《法国人如何发明爱情》献给丈夫："你不能没有我，我也不能没有你。"

亚隆夫妻都是杰出的作家，彼此互为灵魂伴侣，但又各自专注不同的主题。玛丽莲写过一本关于墓园的书，但最著名的是她讨论"爱情"的书。欧文最有名的是关于存在心理治疗的书，他作为爱情刽子手的身份以及对死亡焦虑的强调。亚隆夫妻的婚姻似乎是对立的偶然结合：厄洛斯（Eros）与塔纳托斯（Thanatos）的结合——爱与死亡的结合。①

这部纪录片并没有将亚隆的婚姻理想化。我们可以感觉到他们

---

①厄洛斯是古希腊神话中的爱与情欲之神；塔纳托斯是古希腊神话中的死神。——译注

的婚姻数次面临危险。玛丽莲承认:"我确信在婚姻的某些时刻,我可能会离开,我是说,总是会有这种时刻。但最后,我与欧文、孩子们以及家族的关系都变得更加牢固,所以我从未离开过。"亚隆也有同感:"有些时候,我可能爱上别人或被别的女人爱上,那是很棒的感觉,但总是非常非常短暂。我对玛丽莲的依附关系一直都坚若磐石。"用玛丽莲的话说,两人都强调,如果婚姻要成功,"你的主要承诺是对你的配偶。你必须随时提醒自己这一点,一再、一再地提醒自己"。

文化与性别对待"爱情"的差异

玛丽莲非常清楚文化对爱情的影响以及法国和美国在婚姻看法上的差异。她在巴黎的索邦大学念书时,第一次意识到这些文化差异。在2012年出版《法国人如何发明爱情》时,她接受《访问》杂志记者罗亚尔·扬(Royal Young)的采访,谈到了法国经验中浓烈的爱情:"最重要的是,他们相信爱情本身有其正当性,应该尽可能热情地体验爱情。法文有一个词语很棒:热烈如火的爱(amour passion),这是爱情的最高境界。如果你在法国住得够久,总有一天会有人告诉你他们热烈如火的爱、他们对自己生命热烈的爱,或是他们会问你是否有过热烈如火的爱。"如果一个人没有过这样的爱,那会如何?"啊,他们会很哀伤地看着你。对法国人来说,缺乏对他人的欲望会被视为一种缺陷。"

玛丽莲在访谈中指出,法国人对于爱情有九百年的传统,可以追溯到民谣歌手和吟游诗人的时代。"这是最高级的英勇。《包法利夫人》里的修道院学校墙上挂的是什么？法国国王的情妇的画像。（笑了起来）他们无意识中觉得爱情很重要，性很重要，爱情体现在肉体中。"

玛丽莲·亚隆从未批判婚外情，但表示越来越难和另一个人拥有长久的关系，无论这个人是不是配偶。她在访谈中对自己婚姻的看法和纪录片里的一致。"和同一个人结婚五十七载，有时确实有很大的压力和困难，但我必须说，我很感谢我们的婚姻能够维持得如此长久，感谢我们共同拥有的历史，并且仍然希望对方过得好。这是非常珍贵的。"

欧文与玛丽莲都承认"坠入爱河"和热烈如火的爱的力量，但是用了不同方式书写这个现象。欧文对陷入爱情的状况表示怀疑，从临床角度认为这是痴迷或迷恋，不但无法持久，而且可能导致严重冲突。"我的想法是，应该在爱中好好存在，而不是沦陷在爱里。"玛丽莲则从文化的观点书写火热的爱，她观察到有些文化中婚姻和婚外情可以并存。她举了法国女权运动作家波伏娃和法国哲学家萨特的例子，提倡婚姻这个选项之外的主要关系。"也就是说，你在爱情与性关系方面是自由的。重点是自由。"欧文与玛丽莲都肯定永不熄灭的爱，都非常努力将这个理想变成现实，但是玛丽莲对法国人的观点有更深刻的体会，认为爱与激情各有其存在的理由。

在《欧文·亚隆的心灵疗愈》里，夫妻彼此产生强烈意见分歧的唯一时刻，就是他们谈到男人和女人是否以不同方式爱对方的时候。身为女性主义研究者的玛丽莲相信爱情有重大的性别差异。她在纪录片里提到了海洛斯（Heloise）和阿伯拉尔（Abelard）的故事，《太太的历史》和《法国人如何发明爱情》里也都提过这个故事。"阿伯拉尔不再爱她之后，海洛斯还是一直爱着他。于是在历史中，他们成为男性主要被色欲驱使而女性对情感的执着维持更久的原型。"欧文反对妻子的概括论述："不，等一下。所有女人？还是说男人不会经历这种现象？我是说，我看过许多男人坐在那里，为他们的旧情人消瘦。这种现象也会发生在男人身上。这不是——这不纯粹是性别议题。"玛丽莲坚持自己的立场，引用当代研究者的话作为支持："我想到了神经心理医生劳安·布里曾丹（Louann Brizendine）的书。她说：'男性负责性追求的脑部空间，是女性的两倍半，而女性脑部的同理心系统则比男性的要活跃得多。'"欧文仍然没有被说服，"这样几乎等于在说男人无法对女人有真爱，或是不会想要和女人在一起，想要驱赶女人。我不会想要驱赶你。"玛丽莲笑着说："这是真的！"

即使我们在爱的性别本质这个有争议性的议题上没有选边站的意思，但还是会注意到劳安·布里曾丹对这个主题改变了看法。布里曾丹是神经心理医生，是旧金山加州大学精神医学系的名誉教授，也是畅销书《女人为什么来自金星》（*The Female Brain*）和《男人的大脑很那个》（*The Male Brain*）的作者。她在《女人为什么来自金星》里主张："女孩已经被设计成女孩了，男孩也已经被设计成男孩。出生时，他们的脑部已然不同，而脑子驱动了他们的冲动、价值观和现实。"她承认在写《女人为什么来自金星》时，

"脑子挣扎于两个声音——一个是科学真相，另一个是政治正确。我选择强调科学真相，而不是政治正确，即使科学真相不一定受欢迎"。她一定后悔自己说了这些话，因为2014年在接受美国新闻记者艾琳娜·图根德（Alina Tugend）的访谈时，她承认自己强调先天的性别差异时可能"让摆锤往另一边摆荡得太远了一些"。她现在认为："男性与女性之间，相似性远大于相异性。毕竟，我们都是同一个物种。"

亚隆的小说里有性别差异吗？亚隆笔下的男性角色比女性角色更易受性欲驱使，但这可能是因为四本小说的主角都是男性：《当尼采哭泣》里的布雷尔和尼采、《诊疗椅上的谎言》里的欧内斯特、《叔本华的治疗》里的叔本华和菲利普·史莱特。布雷尔迷恋他的病人安娜·欧，直到小说尾声才解除了他可怕的痴迷。尼采显得似乎沉溺于路·莎乐美背叛了他的这个想法，而不是沉迷于她的性吸引力。在《诊疗椅上的谎言》里，西摩·特罗特对贝拉·费里尼的性诱惑投降，但是很难知道移情和反移情的爱在何时终止，以及敲诈保险公司的念头何时开始；卡萝追求欧内斯特不是出于色欲，而是为了复仇：她的丈夫为了一位年轻女子离开了她。在《叔本华的治疗》里，菲利普·史莱特成了贪婪性欲的化身，是玛丽莲·亚隆所说的男人被性欲驱使、女人被依附关系驱使的最佳例子。

亚隆笔下的女性角色有时也会陷入痴迷之爱，如《爱情刽子手》里的莎尔玛。但是读完这个故事后，读者比较清楚地记得亚隆承认自己受到痴迷之爱的折磨：他在同一个故事中承认自己在研讨会上遇到一个女人,她"侵入了我的脑子、我的思考、我的梦境"。一开始,这痴迷之爱令人着迷,但最终需要他重新接受治疗,努力了几个月,脑子才再度属于他自己。仔细阅读亚隆的小说和心理治疗故事就会发现,里面的男性角色比女性角色更容易受到色欲驱动,也更容易受到性欲痴迷的折磨。或者用玛丽莲的话来说,她丈夫如同普鲁斯特一样,书中的男性角色展现出比相思病更为危险的爱情病。

显然,亚隆笔下的男性角色不像女性角色那样有依附关系。因为我们在亚隆的小说或心理治疗故事里,看不到任何男性角色因孩子或配偶死亡而长久哀悼不止,但是我们确实看到《爱情刽子手》里的彭妮为了女儿过世哀悼不已,也看见《妈妈及生命的意义》里的艾琳为了丈夫之死哀痛逾恒。《浮生一日》里的娜塔莎不断怀念前夫,虽然亚隆认为这主要是她想重返神奇的青春岁月。在讨论亚隆那三本心理治疗故事里的性别差异时,一个使得情况更为复杂的事实是,他经常改变病人的性别以保护隐私。

期待的终点

亚隆于2015年接受西米·里奇曼的访谈,让人联想到告别的意味。访谈最后就像《欧文·亚隆的心灵疗愈》的开场,谈到了没有遗憾的人生。亚隆告诉里奇曼:"或许,如果我活在另一个时代,我可能就走上写作生涯,而不进医学院了——这并不是说我不会受到成为疗愈者的强烈吸引。很幸运地,我能够用我从未想象过的方式结合二者。"

《欧文·亚隆的心灵疗愈》结尾引述了两段话。一段是托马斯·哈代说的话:"要达到更好的状态,就要全面审视最糟糕的状态。"还有就是叔本华的洞见,只有在晚年太阳落下时,我们才突然看到美妙的星空。亚隆暗示,就某些方面而言,八十多岁的生命比七十岁时更好。"七十岁的时候,身体各处都出了毛病,许多事情你想做而无法做。很多人因为面对终点的绝望而感到痛苦,但我刚好相反。我现在更自由了,不会为事情焦虑,我觉得我的工作很有创造力,而且对我的工作感到兴奋。所以我只想对比较年轻的人说,未来的日子可能更好……现在的我,很享受夜空。"

书写道别:《成为我自己》

在亚隆八十六岁时出版的自传《成为我自己》中,他持续享受着夜空。书名来自尼采说的"成为你自己"。自传最后的《新手老人》是最为动人的一章,可能因为亚隆就像莎士比亚最后一部剧作《暴风雨》(*The Tempest*)里的主角普洛斯彼罗(Prospero)一样,宣布将魔杖埋起来了。他还是每周用六七天的早上花三到四小时写作,但是他相信《成为我自己》会是他的最后一本书。"朋友和同事听我说这样的话,无不嗤之以鼻,他们听过太多回了,但我怕这一回是真的了。"

亚隆在《成为我自己》里并没有对自己身为文学作家的职业生涯作出最终评价,但他在《直视骄阳》中提到他很喜欢写作的过程,认为这很像做木工:"找到最贴切的字眼、修饰粗略的语句、调整行文节奏使句子流畅等种种对文句的精雕细琢。"亚隆从未厌倦写作的美学乐趣,这是文字的技艺。"作为一个文字工作者,我深感自己欠缺当今伟大作家如罗斯、贝娄、欧琪克、麦克尤恩、班维尔、米歇尔以及我所景仰的其他无数作家的诗意才情,但我还是充分发挥了自己的天赋。我是个还不赖的讲故事好手,写了小说和散文,所拥有的读者群和喝彩声远比我想象的多得多。"

亚隆从未将自己和其他讲述心理治疗故事的作家相比,但除了最伟大的心理个案研究作家弗洛伊德,亚隆显然是将治疗洞见和高超的讲故事技巧结合得最为巧妙的作家。亚隆在《成为我自己》里提到,他获得过的最高文学赞美来自罗洛·梅针对《爱情刽子手》所说的话:"亚隆像天使一样写出围困着我们的魔鬼。"亚隆讲故事的才华让他得到"咨询室里的一千零一夜"(Scheherazade in the Consulting Room)称号,这是美国新闻记者兼评论家劳拉·米勒(Laura Miller)2003年在《纽约时报》上发表的一篇文章中对亚隆的有趣描述。她提到的是《爱情刽子手》,认为里面包含"惊人的揭露、来之不易的转变和最诡异的道德困惑",但是"咨询室里的一千零一夜"头衔也可以用来描述亚隆所有的心理治疗故事。《诊疗椅上的谎言》里的西摩·特罗特抱怨大部分心理学书籍在书架上寿命短暂,只能延续一个时代;亚隆的小说和非小说书籍将会持续更久,在这个领域的经典书籍中占有一席之地。

亚隆要如何结束自己将近半个世纪的写作事业呢?他引述了尼采在《查拉图斯特拉如是说》里的话:"这就是生命吗?那么,

再来一次吧。"这也是帕姆在《叔本华的治疗》接近尾声时引述的话。在结束一本关于欧文·亚隆的书时,我们最好引用尼采在《查拉图斯特拉如是说》里那句肯定生命的话之前的一句,这句话传达出亚隆身兼心理医生和作家的本质,"勇气……是最佳杀手,进击的杀手:它甚至追击死亡"。

在喧嚣的世界里，
坚持以匠人心态认认真真打磨每一本书，
坚持为读者提供
有用、有趣、有品位、有价值的阅读。
愿我们在阅读中相知相遇，在阅读中成长蜕变！

好读，只为优质阅读。

欧文·亚隆的心理课

策划出品：好读文化	监　　制：姚常伟
责任编辑：陈　吉	产品经理：程　斌
特邀编辑：云　爽	营销编辑：陈可心
装帧设计：TT Studio	内文排版：鸣阅空间

图书在版编目（CIP）数据

欧文·亚隆的心理课／（美）杰弗里·伯曼著；丁凡译．— 广州：广东旅游出版社，2023.7
ISBN 978-7-5570-3029-2

Ⅰ.①欧… Ⅱ.①杰… ②丁… Ⅲ.①心理学 Ⅳ.①B84

中国国家版本馆 CIP 数据核字 (2023) 第 074457 号

Writing the Talking Cure: Irvin D. Yalom and the Literature of Psychotherapy by Jeffrey Berman
The Chinese Simplified Character language translation of this book is made possible by permission of the State University of New York Press © 2013, and may be sold throughout the Mainland China.
Simplified Chinese edition copyright © 2023 by Beijing GoodReading Cultural Media Co., Ltd.
All Rights Reserved
本书简体中文译稿经由心灵工坊文化事业股份有限公司授权
本书因故删除原版第十二章，特此说明。我们对此深表歉意

著作权合同登记号：图字 19-2023-093

欧文·亚隆的心理课
OUWENYALONG DE XINLIKE

出 版 人：刘志松
责任编辑：陈　吉
责任技编：冼志良
责任校对：李瑞苑

广东旅游出版社出版发行
地址：广州市荔湾区沙面北街 71 号首、二层
邮编：510130
电话：020-87347732（总编室）　020-87348887（销售热线）
投稿邮箱：2026542779@qq.com
印刷：河北鹏润印刷有限公司
（地址：河北省沧州市肃宁县工业聚集区）
开本：880 毫米 ×1230 毫米　1/32
字数：257 千
印张：12
版次：2023 年 7 月第 1 版
印次：2023 年 7 月第 1 次印刷
定价：68.00 元

【版权所有 侵权必究】
如发现图书质量问题，可联系调换。质量投诉电话：010-82069336